# 日本語の地殻変動

## ラレル・テアル・サセルの文法変化

### 角田太作

くろしお出版

表紙の絵と裏表紙の絵はオーストラリアの画家John Cumminsさんの作品である。Cumminsさんはクイーンズランド州北部のGugu Yalanjiグループのメンバーである。Cumminsさんの作品は主に原住オーストラリア人の神話に基づいている。表紙の絵と裏表紙の絵はそれぞれクイーンズランド州北部の町Cooktownの南にあるBlack Mountainという山の創造を描いたものである。この山はGugu Yalanjiグループにとって、祖先伝来の土地にあり、また、極めて神聖で重要な場所である。

　John Cumminsさんは、故Alf Palmerさんの孫娘Rachel Cumminsさんの夫である。Alf Palmerさんは1971年から1974にかけて著者にクイーンズランド州北部のWarrongo語を教えてくださった。

　Alf Palmerさんは、Warrongo語を教えることを通して、著者の学問の最も重要な一部分を形成してくださった。

# 目　次

# はしがき

　本書の主な目的は現代の日本語に起こっている変化について述べることである。比喩的に言えば、そして、やや大袈裟に言えば、現代の日本語に地殻変動のようなものが起こっていることについて、主に述べる。

　振り返ってみると、本書を書くきっかけとなったのは下記のことである。1980年代の前半だったと思う。或る日、NHK教育テレビの番組を見ていた。スキタイ民族に関する番組だったと思う。語り手が金杯について以下のように言った。「鹿の絵が掘られています」。私はこの受動文はおかしいなと思った。私なら「鹿の絵が掘ってあります」と言う。その後、私から見て違和感を覚える受動文の例を多数見た、あるいは、聞いた。例えば、NHKの夜7時のニュース（多分2002年）で、下記の文を聞いた。「熊がやむを得ず射殺されました」。この文は滑稽だ。思わず笑ってしまった。

　多分1990年代のことだったと思う。ある研究会で、「受動文で、私から見て違和感を感じる例が沢山あります」と話した。すると、故金子尚一（かねこ・ひさかず）先生が「違和感を感じることを記録しておくこと自体が重要だ」という助言をくださった。

　私から見て違和感を覚える受動文について、私が初めて書いたのは2003年の「変な受動文：「熊がやむを得ず射殺されました。」」という題の論文である。（巻末の参照文献に挙げてある。）　連体修飾節における受動文の変化については、日本語では、2004年の「日本語の連体修飾節：フィリピンを通り過ぎてマダガスカルに達する？」という題の論文で書き、英語ではTsunoda（2008）で書いた。

　国立国語研究所に勤務していた時のことである。2011年だったと思う。所内の集まりで、私から見て違和感を覚える受動文について話したところ、そこにいた所員のほぼ全員が、違和感が無いと言った。「どこがおかしいんですか？」という反応であった。日本語の専門家の方々がこのような反応をしたので、私は「これは大変だ。本にして書かなければ」と強く思った。その結果が本書である。

　本書では、私がラレル受動文と呼ぶものを第 1 章から第 3 章で、私がテアル受動文と呼ぶものを第 4 章で、私がサセル使役文と呼ぶものを第 5 章と第 6 章で見る。これらの章では文法における変化を見る。現代の日本語では、文法の面だけでなく、意味の面でも変化が起こっている。意味の変化の例として、第 7 章で動詞「楽しむ」を見る。私の観察では、「楽しむ」に三つの意味変化が起こっているようだ。「楽しむ」は現代の日本語で私が最も注目している語の一つである。

　日本語に関する研究は非常に多い。本書で扱うことに関連する研究に限定しても実に多数ある。本書では、特に重要と思うもの、または、特に参考になったものだけを引用する。

　本書の読者として、言語研究の専門家の方々と、言語研究の専門家ではない方々の両方を考えている。言語研究の専門家ではない方々でも理解できるように書くよう努めた。高校で習う国文法と英文法の知識があれば理解できる本を目指した。同時に、言語研究の専門家にとっても新しい分析を提示した。

　文献について鈴木泰氏から、例文について杉浦滋子氏と角田三枝氏からご教示をいただいた。ここでお礼を申し上げる。

　上記では、お名前を挙げる時に「先生」または「氏」を付けた。以下の章ではお名前を挙げる時に敬称を使わない。

つくば

2020 年 12 月

角田太作

# 第1章　ラレル受動文(第1部)：
# 　　　　その使用の実態

## 1.1　受動文とは何か？

　受動文とは一体何だろうか？　詳細を語り始めると長くなってしまう。ここでは、非常に簡単に、かつ、大まかに述べておく。

　私が中学校と高校で習った英語の教科書では、受動文は能動文と対比して書いてあり、大体(1-1)と(1-2)のような形式で書いてあったと思う。私が作った例文も添える。

(1-1)　能動文：　主語　動詞　　　　　　　目的語

(1-2)　受動文：　主語　be＋過去分詞　by＋動作者

(1-3)　Mary scolded John.
　　　　「メアリーがジョンを叱った。」

(1-4)　John was scolded by Mary.
　　　　「ジョンがメアリーに叱られた。」

能動文と受動文は動詞の形、語順、前置詞の三つの点で異なる。受動文では動詞に「be＋過去分詞」が付く。能動文の目的語が受動文の主語になる。能動文の主語は、受動文では主語ではない。前置詞の by が付く。受動文では語順も変わる。

　日本語の能動文の構造、受動文の構造、能動文と受動文の対応は、以下のように示すことができる。これは日本語文法研究者の間で、一致した見解であろう。奥津(1982: 70-71)、高橋(2003: 134)など参照。(詳細を語り始めると長くなってしまう。ここでは、非常に簡単に、かつ、大まかに述べておく。)

(1-5)　能動文：　X が　　Y を　　　　する。
　　　　　　　　　主語　　目的語

(1-6)　受動文：　Y が　　X に　　　られる。
　　　　　　　　　主語

(1-7)　受動文：　Y が　　X から　　られる。
　　　　　　　　　主語

　　(1-8)　　花子が　太郎を　叱った。
　　(1-9)　　太郎が　花子に　叱られた。
　　(1-10)　太郎が　花子から　叱られた。

能動文と受動文は動詞の形、語順、格助詞の三つの点で異なる。受動文では動詞に「られる」が付く。「られる」が付いた動詞の形を「ラレル形」または「ラレル動詞」と呼ぶことにする。能動文の目的語が受動文の主語になる。格助詞が「を」から「が」に変わる。能動文の主語は、受動文では主語ではない。格助詞が「が」から多くの場合は「に」に変わる。「から」に変わる場合もある。「によって」に変わる場合もある。例文は挙げていないが。受動文では語順も変わる。

　日本語の、このような受動文を「ラレル受動文」と呼ぼう。実は日本語には受動文と呼べるものがもう一つある。それは「テアル受動文」と呼べる文である。テアル受動文については第4章で詳しく述べる。

　英語の教科書には、能動文の構造、受動文の構造、能動文と受動文の対応が、きちんと、分かりやすく書いてあった。一方、国文法ではどうかと言うと、私が中学校と高校で習った国語の教科書には、こんなことは全然書いてなかったと思う。少なくとも習った記憶は無い。

　私は英文法の勉強は大好きだったが、国文法の勉強は大嫌いだった。これは英語自体が原因でもなく、日本語のせいでもない。国文法の教科書に問題がある。英語の教科書には英語の文の構造が理路整然と、分かりやすく書いてある。一方、国文法の教科書はそうではない。少なくとも、私が習った国文法の教科書はそうではなかった。大変残念である。国文法はこんなに面白いのに。

## 1.2　ラレル受動文の使用頻度上昇と使用範囲拡大

　ラレル受動文の使用頻度が上昇している。奥津(1982: 67, 79)、高橋(1985: 20, 1988: 64–65, 1990: 62)と金水(1991)などはラレル受動文の増加を指摘している。ラレル受動文の使用頻度の上昇についての統計的な研究がある。残念ながら手元には無いが、1990年代の前半に私が筑波大学に勤務していた時に、或る学生が卒業論文で、或る新聞(朝日新聞だったと思う)の記事に現れる能動文とラレル受動文の頻度を調べた。その調査によると、ラレル受動文の使用頻度は既に1950年くらいから増加していたが、1970年頃に急激に増加した。また、私も別の資料を用いてラレル受動文の頻度を調べてみた。やはり、

ラレル受動文の頻度の上昇を裏付けている。

ラレル受動文の使用頻度は、特に若者の言葉や、新聞、テレビなどの言葉で高いようだ。奥津(1982: 79)によると、ラレル受動文の使用頻度は文体によって違うそうだ。話し言葉よりも書き言葉において高いそうだ。また、書き言葉の中でも、物語、小説の類よりも評論、随筆などにおいて、高いそうだ。テレビのアナウンサーは、原稿を読む場合と、原稿に基づかないで話す場合がある。原稿を読む場合はいわば書き言葉である。原稿に基づかないで話す場合は話し言葉である。私の観察では、原稿に基づかないで話す場合でも、即ち、話し言葉でも、テレビのアナウンサーはラレル受動文を頻繁に使う。ラレル受動文は、話し言葉でも、使用頻度が上昇していると思う。

ラレル受動文は使用頻度が上昇しているだけではない。使用範囲もかなり広がっているようだ。その結果であろうか、ラレル受動文を、私の日本語では使わないところで使う例が無数にある。私から見て違和感を覚えるラレル受動文、あるいは私の判断では間違いであるラレル受動文をほぼ毎日、目にする、あるいは、耳にする。

ラレル受動文の使用について、主に 1990 年代の後半から 2000 年代の前半にかけて、大学の授業などで、学生(ほぼ全員 20 代)の意見を聞いたことがある。学生のほぼ全員が、私から見て違和感を覚えるラレル受動文の大部分に違和感を覚えないそうであった。私が間違いと判断したラレル受動文の大部分を間違いではないと判断した。このこともラレル受動文の使用範囲が拡大していることの裏付けであろう。

私から見て違和感を覚えるラレル受動文、あるいは私の判断では間違いであるラレル受動文は、以下のように分類できる。

(a) 私の日本語では能動動詞を使うところでラレル動詞を使った場合

　(a-1) 滑稽なラレル受動文　(1.3)

　(a-2) 意味が不自然なラレル受動文　(1.4)

　(a-3) 誤解を招くラレル受動文　(1.5)

　(a-4) 文の流れを悪くするラレル受動文　(1.6)

　(a-5) 文を分かりにくくするラレル受動文　(1.7)

　(a-6) 締まりの無い文にするラレル受動文　(1.8)

　(a-7) 無責任に聞こえるラレル受動文　(1.9)

　(a-8) 他人事に聞こえるラレル受動文　(1.10)

　　　(a-9)　ラレル動詞の使用そのものに違和感を覚えるラレル受動文
　　　　　　(1.11)
　(b)　私の日本語ではテアル動詞を使うところでラレル動詞を使った場合
　　　　(第4章)
　(c)　私の日本語では自動詞を使うところでラレル動詞を使った場合
　　　　(1.12)
　(d)　私の日本語ではラレル動詞が存在しない場合　　(1.13)
この分類は大まかな分類である。これ以外に種類を立てることも可能である。
特に(a)の場合はそうである。種類を峻別できるわけではない。例えば、一つ
のラレル受動文が、同時に(a-1)であり、(a-2)であり、(a-3)であるというも
のもある。
　(a)の例が最も多い。しかし(b)の例も、(c)の例も、(d)の例もある。
　(a)の場合は能動文を使えば、私から見て違和感の無い、間違いではない文
になる。能動形ではあるが「…してもらう」の形の方が良い場合もある。(b)
の場合はテアル受動文を使えば良い。(c)の場合は自動詞を使えば良い。(d)の
例は一つあった。この例では自動詞を使えば良い。
　誤解の無いように、以下のことを述べておく。ラレル受動文の全てが、私か
ら見て違和感を覚える、あるいは私の判断では誤りであるというわけではな
い。私から見て、違和感の全く無い、自然なラレル受動文も多数ある。例を挙
げる。例文(1-11)は、2013年10月25日のサンケイスポーツで見たものであ
る。プロ野球のロッテと楽天の試合で、ロッテ打線が内角攻めされたという
記事である。
　　　(1-11)　　ロッテ打線は外を待っているところで内角のシュート系を打た
　　　　　　　　されて、併殺に打ち取られていた。左打者も内角のカットボー
　　　　　　　　ルをファウルさせられて、カウントを稼がれた…
これらのラレル受動文には違和感は全く感じない。見事なラレル受動文である。
　以下では、(a)と(c)と(d)の種類のラレル受動文を見て行く。((b)について
は第4章の4.4で述べる。)私から見て違和感を覚えるラレル受動文、あるい
は誤りであるラレル受動文には疑問符(？)を付ける。これはあくまでも私から
見ての話である。違和感を覚えない人、誤りと思わない人も多数いるであろ
う。どの言語でも個人差がある。同じ言語を話している人達、あるいは、同じ
言語を話していると思う人達の間でも、厳密に言えば、個人差がある。ラレル

受動文についての判断にも、個人差がある。以下では、「私から見て」や「私の判断では」と言わないで、単に、正しいあるいは間違いと言うことがある。

　はしがきで述べたように、金子尚一（かねこ・ひさかず）が、「違和感を感じることを記録しておくこと自体が重要だ」という助言をくださった。従って、私から見てどんなラレル受動文に違和感を覚えるか、どんなラレル受動文が誤りであるかを記録しておく。

### 1.3　滑稽なラレル受動文

　ラレル受動文には滑稽なもの、思わず笑ってしまうものがある。以下で例を挙げる。

　　　（1-12）　？熊がやむを得ず射殺されました。
　　　（1-13）　　熊をやむを得ず射殺しました。

(1-12)は NHK の夜 7 時のニュース（多分 2002 年）で聞いた。私の判断ではこの文は間違いである。この文は、熊が「そうか、俺様が人里に現れると、人間に迷惑をかけるのか。それではやむを得ない。射殺されよう」という決心をしたということを表す。しかし、熊はそんな決心はしない。私の判断では正しくは(1-13)のように言う。

　同様な例を追加する。

　　　（1-14）　？魚が一生懸命運ばれています。
　　　（1-15）　　魚を一生懸命運んでいます。

(1-14)は或る民放テレビ局の朝の番組で、多分 1990 年代の中頃に、聞いた。若い女性アナウンサーが漁港の様子を述べている。魚を水揚げしている場面である。私の判断では、この文も間違いである。この文を聞いた時、まるで、魚がわっしょいわっしょいと言っているような感じがした。魚は一生懸命運ばれるなどという努力はしないのに。私の判断では、正しくは(1-15)のように言う。

　次の追加例は下記である。

　　　（1-16）　？誤って発射されたミサイルは…
　　　（1-17）　　誤って発射したミサイルは…

(1-16)は 1992 年 10 月 1 日に「ニュースフロンティア」というテレビ番組で聞いた。私の判断では、この文も間違いである。ミサイルが「おっとっと、俺、出ちゃった」などと言うことはない。ミサイルが誤ることは無い。（あっ

たら大変だ。）人間が誤ることはあるが。私の判断では、正しくは(1−17)の
ように言う。

「誤って」という表現を誤って使った例はかなり見つかった。以下の1.4節
でも例を挙げる。

次の追加例は下記である。

 (1−18) ?築地市場の仲卸店で、食中毒を引き起こす恐れのある「バラ
    ハタ」が売られてしまったニュースが話題を集めました。

 (1−19) …「バラハタ」を売ってしまった…

(1−18)は2016年4月23日のwithnews(Yahoo! JAPANに転載)で見た。私
の判断では、この文も間違いである。まるで魚が「おっとっと！俺、売られ
ちゃった」とでも言っているように聞こえる。また、魚に責任があるようにも
聞こえる。私の判断では、正しくは(1−19)のように言う。

次の追加例は下記である。

 (1−20) ?…全国の組合から届いた「応援ファックス」が、市民が行き
    交う通路の掲示板に張り出されるという"暴挙"…

 (1−21) …全国の組合から届いた「応援ファックス」を、市民が行き
    交う通路の掲示板に張り出すという"暴挙"…

(1−20)は2014年10月27日の産経ニュース(インターネット版)で見た。神
奈川県鎌倉市の職員労働組合が鎌倉市議会の決定に抗議したら、全国の組合か
ら応援ファックスが届いた。それを掲示板に張り出したら、今度は或る議員が
これについて、抗議したという状況である。私の判断では、(1−20)の文も間
違いである。まるで応援ファックスが暴挙をしたように聞こえる。応援ファッ
クスに罪は無い。この議員が言いたかったことは、応援ファックスを掲示板に
張り出すことが暴挙だということであろう。私の判断では、正しくは(1−21)
のように言う。

上で述べたように、(1−12)、(1−14)、(1−16)、(1−18)、(1−20)のラ
レル受動文は私の判断では間違いである。しかも、滑稽である。私はこれらの
ラレル受動文を読んだ時に、あるいは、聞いた時に、思わず笑ってしまった。

なぜ、私の判断ではこれらのラレル受動文が間違いであるか？ なぜ、滑稽
であるか？ (1−12)には「やむを得ず」という表現がある。即ち、あたかも
熊が自分の判断で射殺されたように言っている。しかし、熊はそんな判断はし
ない。(1−14)には「一生懸命」という表現がある。即ち、あたかも魚が運ば

れる努力をしているように言っている。しかし、魚はそんな努力はしない。
(1−16)には「誤って」という表現がある。即ち、あたかもミサイルが判断を
誤って発射されたように言っている。ミサイルはそんな判断はしない。これら
の文に共通することは、熊あるいは魚あるいはミサイルが、あたかも自分の判
断で何かをされたように言っているから、間違いなのである。これらの文は、
能動文にすれば、全て正しい文になる。また、滑稽な文ではなくなる。

　(1−18)と(1−20)には「やむを得ず」や「一生懸命」や「誤って」という
表現は無い。しかし、(1−18)は魚に落ち度があるような言い方をしている。
(1−20)は、あたかも応援ファックスが暴挙をしたように言っている。だから
滑稽なのである。魚にも応援ファックスにも罪は無い。

## 1.4　意味が不自然なラレル受動文

　意味が不自然なラレル受動文も多数ある。例を挙げる。これらのラレル受動
文の中には、滑稽なラレル受動文と呼んでも良いようなものもある。大多数の
例では、文の中に、意味を不自然にする語句が存在する。以下では、主にこの
ような語句を中心にして、例を分類する。

　例 1.　「意図的に」
　　(1−22)　？…データが意図的に操作された可能性が否定できない…
　　(1−23)　　…データを意図的に操作した可能性が否定できない…
(1−22)は 2014 年 12 月 9 日の読売新聞(YOMIURI ONLINE)で見た。千葉大
学の或る教授が書いた論文に不正があったかもしれないというニュースであ
る。(1−22)は意味が不自然である。データは意図を持たない。その教授は意
図を持ったかもしれないが。私の判断では、正しくは(1−23)のように言う。
　「意図的に」の例を追加する。
　　(1−24)　？軍への追求を避けるために、意図的に隠された可能性がある…
　　(1−25)　　軍への追求を避けるために、意図的に隠した可能性がある…
(1−24)は 2012 年 6 月 30 日に NHK テレビのニュースで聞いた。文脈は下記
の通りである。1902 年に陸軍が八甲田山で行った雪中の行軍で多くの兵士が
死んだ。軍が行軍の写真を軍が撮ったが、隠しておいた。それが見つかったと
いう文脈である。(1−24)も意味が不自然である。写真は意図を持たない。軍
は意図を持ったであろうが。正しくは(1−25)のように言う。

　次の例は下記である。

　　(1-26)　？意図的に頭が切り落とされていました。

　　(1-27)　　意図的に頭を切り落としていました。

(1-26)は2012年11月11日に、NHKテレビの番組で聞いた。中国の殷の国の生け贄について述べている。私の日本語では、この文は生け贄が自分の意志・意図で頭を差し出したという意味になる。しかし、実際には生け贄はそんなことはしなかっただろうと思う。従って、(1-26)も意味が不自然である。正しくは(1-27)のように言う。

　例2.　「故意に」

　　(1-28)　？農薬の付いたソーセージが故意に置かれた疑いがあります。

　　(1-29)　　農薬の付いたソーセージを故意に置いた疑いがあります。

(1-28)は2013年1月9日にNHK首都圏ニュースで聞いた。犬が毒の付いたソーセージを食べて、立ち上がれなくなったというニュースである。この文も意味が不自然である。農薬の付いたソーセージが故意に置かれるということは、絶対にありえない。ソーセージには意図が無い。正しくは(1-29)のように言う。

　例3.　「人為的に」

　　(1-30)　？…人為的に削り取られた可能性があり、…

　　(1-31)　　…人為的に削り取った可能性があり、…

(1-30)は2015年4月27日の朝日新聞(デジタル版)で見た。世界遺産の熊野古道にある円座石(わろうだいし)という大きな石を覆っていた苔が無くなり、茶色の石がむき出しになったというニュースである。(1-30)も意味が不自然だ。(1-31)のように言えば良い。

　例4.　「目的」

　　(1-32)　？このイラストが描かれた目的は？

　　(1-33)　　このイラストを描いた目的は？

(1-32)は2014年9月11日にテレビ朝日で聞いた。イラストは目的を持たない。人間が目的を持ってイラストを描くのである。正しくは(1-33)のように言う。

例 5. 「ために」、「ため」

（1−34）　？何のために書かれたか？

（1−35）　　何のために書いたか？

（1−34)は 2018 年 8 月 3 日の NHK テレビの「ららら クラシック」という番組で聞いた。モーツァルトのアイネ・クライネ・ナハトムジークについて述べている。曲が目的を持っていたように聞こえる。（1−35)のように言う。例を追加する。

（1−36）　？手抜き工事を隠すため掘られた偽工事現場

（1−37）　　手抜き工事を隠すため掘った偽工事現場

（1−36)は 1993 年 3 月 3 日の朝日新聞(朝刊)で見た。工事現場の写真の説明である。この文も間違いである。偽工事現場は手抜き工事を隠そうなどという意図は持たない。人間が意図を持つのである。正しくは(1−37)のように言う。（1−37)があった記事はラレル文が多数あって、分かりにくかった。

例 6. 「ように」(目的)

（1−38）　？…、今後このようなことが繰り返されないよう、学校を挙げて再発防止を徹底してまいります…

（1−39）　　…、今後このようなことを繰り返さないよう、…

（1−38)は 2013 年 1 月 23 日のスポーツ報知(インターネット版)で見た。或る学校の生徒が不祥事を起こして、学校側が謝罪したという記事にあった。人間が再発防止に努める。正しくは(1−39)のように言う。

例 7. 「ように」(祈り、願い)

（1−40）　？この命の楽園がいつまでも守られますように。

（1−41）　　この命の楽園をいつまでも守りますように。

（1−40)は 2014 年 4 月 6 日に TBS テレビの、アフリカのある動物保護区(ンゴロンゴロ保護区かもしれない)についての番組で聞いた。人間が守るのだ。楽園が守るのではない。願うなら人間に願うしかない。正しくは(1−41)のように言う。

例 8. 「動機」

（1−42）　？この研究が行われた動機…

  （1-43）  この研究を行った動機…

（1-42）は 2018 年 7 月 14 日に、Yahoo! JAPAN で見た、古代人ゲノムの研究に関する記事にあった。研究者が動機を持つのであって、この研究が動機を持つのではない。正しくは（1-43）のように言う。


 例 9.　「理由」、「わけ」

「理由」の例を挙げる。

  （1-44） ？木材が大型建築材に採用される理由…

  （1-45）  木材を大型建築材に採用する理由…

（1-44）は 2013 年 12 月 1 日に NHK ONLINE で見た記事にあった。採用は人間が決める。木材が決めるのではない。正しくは（1-45）のように言う。


 例 10.　「なぜ」

  （1-46） ？書類はなぜ書き換えられたか？

  （1-47）  書類はなぜ書き換えたか？

（1-46）は 2018 年 3 月 18 日に、多分、テレビ朝日の番組で聞いた。（（1-46）には疑問符が二つある。文末の疑問符は、この文が疑問文であることを示す。文頭の疑問符は、私から見て、この文の意味が不自然であることを示す。）森友学園への国有地売却に関する書類を財務省の誰かが書き換えたという問題である。財務省の誰かに質問すべきだ。書類に質問するのではなく。正しくは（1-47）のように言う。


 例 11.　「予定」

  （1-48） ？ロンドンの中心部でも大規模デモが開かれる予定だ。

  （1-49）  ロンドンの中心部でも大規模デモを開く予定だ。

（1-48）は 2003 年 3 月 21 日の日本経済新聞で見た。アメリカのイラク攻撃に反対する反戦運動について述べている。デモが予定するのではない。人間が予定するのだ。正しくは（1-49）のように言う。


 例 12.　「方針」

  （1-50） ？羽生結弦選手に国民栄誉賞が与えられる方針です。

  （1-51）  羽生結弦選手に国民栄誉賞を与える方針です。

(1−50)は 2018 年 3 月 3 日に、テレビ朝日のニュース番組で聞いた。スケートの羽生結弦選手が五輪で二連覇を遂げたことへの政府の対応である。国民栄誉賞が方針を立てることは絶対ありえない。政府が方針を立てたのである。(1−51)のように言う。

例 13. 「しよう」

(1−52) ？また、12 年 2 月の試験の際も、同様の操作が行われようとしたが、告発者の指摘で行われなかった、としている。

(1−53) …同様の操作を行おうとしたが、告発者の指摘で行わなかった…

(1−52)は 2013 年 3 月 19 日に YOMIURI ONLINE(読売新聞)で見た。或る大学の入試で不正採点があったというニュースである。人間が行おうとする。正しくは(1−53)のように言う。「行われなかった」も「行わなかった」に直す。

例 14. 「積極的に」

(1−54) ？世界へ踏み出すきっかけとして積極的に英語が学ばれている。

(1−55) 世界へ踏み出すきっかけとして積極的に英語を学んでいる。

(1−54)は 2014 年 7 月 20 日の朝日新聞(朝刊)の或る記事の見出しである。英語が積極的に学ばれることは無い。英語に意志は無い。人間が積極的に学ぶのである。正しくは(1−55)のように言う。

例 15. 「必死に」

(1−56) ？雨粒から必死に守られる国王の姿がありました。

(1−57) 国王を雨粒から必死に守る姿がありました。

(1−56)は 2017 年 3 月 13 日に、テレビ朝日の番組で聞いた。サウジアラビアの国王がイスラエルを訪問した時の映像である。雨が降っている。6 人の護衛が一人一つ傘を国王の上にかざして、国王が濡れないようにしている。護衛が必死に努力している。国王が努力しているのではない。(1−57)のように言う。

例16. 「勝手に」

例17. 「不正に」

（1-58） ？個人情報が勝手に売り買いされている。

（1-59） 個人情報を勝手に売り買いしている。

（1-60） ？不正に持ち込まれた情報

（1-61） 不正に持ち込んだ情報

（1-62） ？顧客の情報が不正に持ち出された。

（1-63） 顧客の情報を不正に持ち出した。

（1-58）、（1-60）、（1-62）は2014年7月17日にNHKテレビのニュースで聞いた。或る会社の顧客情報のニュースにあった。これらのラレル受動文も意味が不自然である。情報が勝手なことをすることはない。情報が不正をすることはない。正しくは（1-59）、（1-61）、（1-63）のように言う。

例18. 「お構い無しに」

（1-64） ？猛暑もお構いなく試合が行われる…

（1-65） 猛暑もお構いなく試合を行う…

（1-64）は2018年7月19日にリアルライブの記事（Yahoo! JAPANに転載）で見た。高校野球の地区予選について述べている。猛暑の場合にどうするかは人間が決める。試合が決めるのではない。正しくは（1-65）のように言う。

例19. 「正しく」

（1-66） ？正しく裁かれる社会を

（1-67） 正しく裁く社会を

（1-66）は2019年5月11日の朝日新聞DIGITALで見た。加害者を正しく裁いて欲しいと訴えている。正しくは（1-67）のように言う。

例20. 「適切に」、「適正に」

（1-68） ？千葉市は家庭ごみが適切に捨てられるよう対策を強化するため、新年度予算に9655万円を計上した。

（1-69） …家庭ごみを適切に捨てるよう…

（1-70） ？…適正には排出されている…

（1-71） …適正に排出している…

(1-68)と(1-70)は2014年3月22日の毎日新聞の記事(Yahoo! JAPANに転載)で見た。ゴミは捨て方を左右できない。人間が左右するのである。正しくは(1-69)と(1-71)のように言う。

例21．「有効に」
例22．「活用する」
　　(1-72)　　?…会計検査院で調べたところ、15府県で有効に活用されていないことが分かった。
　　(1-73)　　…会計検査院で調べたところ、15府県で有効に活用していないことが分かった。

(1-72)は2013年9月29日に、朝日新聞DIGITALで見た。会計検査院が或る補助金の無駄遣いを指摘したというニュースである。責任は活用しない側にある。補助金に責任はない。正しくは(1-73)のように言う。

例23．「ずさんな」
　　(1-74)　　?…復興予算のずさんな使われ方が続いている。
　　(1-75)　　…復興予算のずさんな使い方が続いている。

(1-74)は2013年6月3日の朝日新聞デジタルの記事(Yahoo! JAPANに転載)で見た。東北の震災の復興予算について述べている。(1-74)は滑稽なラレル受動文の例とも言える。予算がずさんなことをしているように聞こえる。予算は使い方を左右できない。正しくは(1-75)のように言う。

例24．「無計画に」
　　(1-76)　　?…灌漑事業が無計画に行われた結果だ。
　　(1-77)　　…灌漑事業を無計画に行った結果だ。

(1-76)は2018年8月19日の朝日新聞DIGITALで見た。なぜアラル海が干上がったか述べている。灌漑事業が計画を立てることは無い。正しくは(1-77)のように言う。

例25．「無届けで」
　　(1-78)　　?…東武線館林駅前の同市所有の温度計が気象庁に無届けで設置されていたことがわかった。

　　(1-79)　　…温度計を気象庁に無届けで設置していた…

(1-78)は、2014年8月14日の読売新聞の記事(Yahoo! JAPANに転載)で見た。温度計が届けるのではない。館林市役所が届けるべきである。正しくは(1-79)のように言う。


　　例26.　「無断で」

　　(1-80)　　?河口湖の桜30本、無断で切られる

　　(1-81)　　河口湖の桜30本、無断で切る

(1-80)は、2014年3月31日に朝日新聞 DIGITAL で見た記事の見出しである。間違いである。正しくは(1-81)のように言う。


　　例27.　「許可なしに」、「許可を得ずに」

　　「許可なしに」の例を挙げる。

　　(1-82)　　?建設工事の大部分が司教区の許可なしに進められたとされる。

　　(1-83)　　建設工事の大部分を司教区の許可なしに進めたとされる。

(1-82)は、2013年10月11日の msn 産経ニュースで見た。ドイツ西部リンブルク司教区で、或る司教が勝手に工事を進めたという記事である。工事が許可を得ることは無い。正しくは(1-83)のように言う。


　　例28.　「誤って」

　　1.3の(1-16)に「誤って」の例を挙げた。この例は滑稽なラレル受動文の例として挙げた。「誤って」の例は他にもかなりある。意味は不自然である。例を挙げる。1番目の例は下記である。

　　(1-84)　　?賞味期限を過ぎた商品が誤って販売された。

　　(1-85)　　賞味期限を過ぎた商品を誤って販売した。

(1-84)は2014年8月10日の Aviation Wire(Yahoo! JAPANに転載)で見た。あたかも商品に責任があるように聞こえる。商品が誤ることは無い。販売者が誤ったのである。私の判断では、正しくは(1-85)のように言う。

　　2番目の例は下記である。

　　(1-86)　　?4人の男性が誤って逮捕されました。

　　(1-87)　　4人の男性を誤って逮捕しました。

(1-86)は 2013 年 2 月 10 日に NHK テレビのニュースで聞いた。この文は滑稽なラレル受動文の例とも言える。これではまるで 4 人の男性に責任があるように聞こえる。4 人の男性が誤ったのではない。警察が誤ったのだ。正しくは(1-87)のように言う。

不思議な例を見つけたので、挙げておく。

　　(1-88)　誤って着陸許可を出し、誤って着陸許可が出され…

(1-88)は 2015 年 10 月 12 日に NHK のニュース番組で聞いた。鹿児島空港で日本航空の旅客機が新日本航空のプロペラ機にぶつかりそうになった。アナウンサーが管制官について(1-88)を言った。「着陸許可を出し」は正しい。しかし、「誤って着陸許可が出され」は間違いである。このアナウンサーは、最初正しい言い方をしたのに、間違った言い方で言い換えた。不思議である。「誤って着陸許可を出し」が間違いで、「誤って着陸許可が出され」が正しいと思っているのだろうか。


　例 29.「反省」
　　(1-89)　？これまで木材が有効に使われなかったという反省があります。
　　(1-90)　これまで木材を有効に使わなかったという反省があります。

(1-89)は(1-44)と同じ記事にあった。木材が反省するのではない。人間が反省するのだ。(1-89)には「有効に」もある。((1-72)と(1-73)参照。)これも(1-89)が不自然である理由だ。正しくは(1-90)のように言う。


　例 30.「問題」
　　(1-91)　？プロ野球の統一球が飛びやすく変更されながら公表されなかった問題…
　　(1-92)　プロ野球の統一球を飛びやすく変更しながら公表しなかった問題…

(1-91)は 2013 年 10 月 25 日のサンケイスポーツで見た。日本野球機構が統一球を飛びやすいように変更したのに公表しなかったという問題である。(1-91)は、まるで統一球に責任があるように聞こえる。責任は日本野球機構にある。正しくは(1-92)のように言う。

　例31.　「疑い」
　　(1-93)　？…架空の人件費などが計上された疑いがある…
　　(1-94)　　…架空の人件費などを計上した疑いがある…
(1-93)は2012年8月2日の毎日新聞の記事(Yahoo! JAPAN 転載)で見た。
京都大学で、或る元教授が行った人件費などの支出に不審な点があるという記
事である。これではまるで人件費に責任があるように聞こえる。元教授に責任
があるのだろうが。人件費に疑いをかけてはいけない。正しくは(1-94)のよ
うに言う。「疑い」の例はもう一つある。(1-28)である。これも意味が不自
然なラレル受動文の例として挙げた。


　例32.　「告発」
　　(1-95)　？昨年のロンドン五輪前にジャマイカでドーピング検査が実施
　　　　　　　されなかったという告発があり、…
　　(1-96)　　…ドーピング検査を実施しなかったという告発があり、…
(1-95)は2013年10月16日のデイリースポーツで見た。検査を告発しては
いけない。当事者を告発すべきだ。正しくは(1-96)のように言う。


　例33.　「べき」
　　(1-97)　？…資金は医療、教育、住宅、交通機関などの公共サービスに
　　　　　　　使われるべきだ…
　　(1-98)　　…資金は医療、教育、住宅、交通機関などの公共サービスに
　　　　　　　使うべきだ…
(1-97)は2014年5月20日に、msn産経ニュースで見た。ブラジルでサッ
カーのワールドカップ大会を開催することに反対する意見を紹介している。私
は(1-97)を見て「それは無理だ」と思った。使うかどうか、資金が決めるの
ではない。人間が決めるのだ。正しくは(1-98)のように言う。


　例34.　「なければならない」
　　(1-99)　？その活動は継続されなければならない。
　　(1-100)　　その活動は継続しなければならない。
(1-99)は2012年11月26日にNHKテレビの赤十字の活動についての番組
で聞いた。活動に義務は無い。正しくは(1-100)のように言う。

例 35. その他

　（1 – 101）？犯罪意識がないまま子どもが売買されている。

　（1 – 102）　犯罪意識がないまま子どもを売買している。

（1 – 101）は 2012 年 9 月 26 日の朝日新聞で見た、中国で起きている子どもの誘拐についての記事の中にあった。子どもに犯罪意識が無いことが問題だと言っているように感じる。意味が不自然だ。正しくは（1 – 102）のように言う。

　以上、1.4 では意味が不自然なラレル受動文の例を挙げた。ではこれらのラレル受動文は、なぜ意味が不自然か？　例えば（1 – 22）を見よう。データには意図は無い。それなのに、あたかもデータに意図があるように言っている。他の例も同様である。意図、目的、動機、判断、予定、積極性、決定権、義務、責任などを持っていない人または物について、あたかも持っているかのごとく言っている。だから、これらの文は意味が不自然なのである。これらの文の中には滑稽なものもある。これらの例の全てが、能動文を使えば、自然な文になる。ラレル受動文を使わなければ良いのに。

## 1.5　誤解を招くラレル受動文

### 1.5.1　はじめに

　誤解を招くラレル受動文がある。実に多数ある。これらのラレル受動文が誤解を招く原因はいくつかに分類できるようだ。ただし、厳密に区別することは困難である。一つの例がいくつかの類に属すこともある。以下では、仮に分類して、種類毎に例を挙げる。これらの例の中には、滑稽なラレル受動文もあり、意味が不自然なラレル受動文もある。

### 1.5.2　誤解の原因（1）：意図、目的、動機、判断、予定、積極性、決定権、義務、責任など

　1.3 で挙げたラレル受動文は滑稽であり、1.4 で挙げたラレル受動文は意味が不自然である。同時に、これらのラレル受動文は誤解を招くラレル受動文でもある。意図、目的、動機、判断、予定、積極性、決定権、義務、責任などを持っていない人または物について、あたかも持っているかのごとく言っている。これが誤解を招く原因である。例えば、（1 – 12）は、熊が「そうか、俺様が人里に現れると、人間に迷惑をかけるのか。それではやむを得ない。射殺

されよう」という決心をしたという誤解を招く。また、(1-14)は、魚がわっしょいわっしょいと言っているような誤解を招く。(1-16)は、ミサイルが誤ったという誤解を招く。1.3 で挙げたラレル受動文の他のものと 1.4 で挙げたものも同様である。

### 1.5.3 誤解の原因(2)：迷惑、被害

奥津(1982: 66)によると、ラレル受動文は迷惑を表すと主張している研究がかなりあるそうだ。ただし、奥津はこの主張にそのままでは賛成していないが。私の判断でも、ラレル受動文は迷惑または被害を表すものが多数ある。例を挙げる。

　　　(1-103)　10歳で誘拐され売られた女性…

(1-103)は(1-101)が載っていた記事で見た。このラレル受動文は迷惑または被害を表す。

　私の語感では、或る種のラレル動詞は迷惑・被害の意味が強い。文脈も影響しているかもしれないが。しかし、これらのラレル動詞を迷惑・被害の意味無しで使う人がいる。これは誤解を招く。以下では、迷惑・被害の意味のために、ラレル受動文が誤解を招く例を見る。動詞で分類する。

　例1.　「売られる」
　　　(1-104)　？3万冊以上の本が売られています。
　　　(1-105)　　3万冊以上の本を売っています。

(1-104)は2016年4月1日にNHKテレビのニュースで聞いた。東京都千代田区神田の古本屋街であった古本祭りのニュースである。(1-104)を聞くと、本が悲しい運命になったように感じる。例えば、本が安寿と厨子王丸のように売られる感じがする。これでは本が可哀想だ。正しくは(1-105)のように言う。

　例2.　「吊られる」、「吊るされる」
　　　(1-106)　？魚が吊られている。
　　　(1-107)　？鮭が吊るされていました。
　　　(1-108)　　鮭が吊るしてありました。

(1-106)と(1-107)は2017年5月16日に、テレビ朝日の番組で聞いた。新

潟県村上市の人たちはよく鮭を食べるそうだ。村上駅に鮭が吊るしてある。それを見て、レポーターが(1‐106)と(1‐107)を言った。鮭が吊るし首にされて処刑されたように聞こえる。(1‐107)は(1‐108)のように言う。私の日本語では「吊る」はこの意味で使わない。従って(1‐106)の代案は無い。

例3. 「押される」

(1‐109)　？最終回の放送を終えても、フィーバーは衰えず、「倍返し」と焼き印を押された番組特製のまんじゅうを求めて、東京・赤坂の TBS ショップには 300 人近くが行列。

(1‐110)　…「倍返し」と焼き印を押した番組特製のまんじゅう…

(1‐109)は 2013 年 9 月 24 日のスポニチアネックス(Yahoo! JAPAN に転載)にあった。TBS テレビの連続ドラマ「半沢直樹」が大ヒットした。ドラマの中で、主人公の半沢直樹が、何かの仕返しをする時に「倍返しだ！」と言ったので、この言葉は流行語となった。(1‐109)の文は、まんじゅうが悪事を働いて、烙印を押されたような感じがする。正しくは(1‐110)のように言う。

例4. 「破られる」

(1‐111)　？日本！壁が破られました！

(1‐112)　日本！壁を破りました！

(1‐111)は 2008 年 8 月に北京五輪のテレビ実況中継で聞いた。陸上競技の男子 4x100 リレーで、日本チームが 3 位に入った。この種目では日本初のメダルである。アナウンサーが興奮して(1‐111)を言った。この文は、まるで、日本チームの宿舎が泥棒に侵入されたかのような文である。正しくは(1‐112)のように言う。(なお、1 位に入ったジャマイカ・チームが後に失格となり日本チームは 2 位に繰り上げになった。)

例5. 「打ち切られる」

(1‐113)　？東京名所図はなぜ打ち切られたか？

(1‐114)　東京名所図はなぜ打ち切ったか？

(1‐113)は 2015 年 3 月 1 日に NHK の E テレの「日曜美術館」という番組で聞いた。小林清親(こばやし・きよちか)という版画家の版画シリーズ「東京名所図」についての番組である。私は(1‐113)を聞いた時、他人に打ち切られ

て、小林清親が迷惑を受けたのだと思った。しかし、番組を見ていたら、本人が打ち切ったと分かった。ここで「打ち切られた」と言ってはいけない。(1－114)のように言うべきである。

　　例6.　「貼られる」

　　　　(1－115)　？駅にはられた「ただいま避難中！」の紙

　　　　(1－116)　　駅にはった「ただいま避難中！」の紙

(1－115)は2015年2月18日に毎日新聞(インターネット版)で見た。駅が貼り紙をされて迷惑したのではない。(1－116)のように言う。

　　例7.　「撮られる」

　　　　(1－117)　？奈良公園で撮られた3頭の鹿の写真…

　　　　(1－118)　　奈良公園で撮った3頭の鹿の写真…

(1－117)は2017年3月14日の朝日新聞社(夕刊)で見た。鹿が悪いことをしていて写真に撮られたのかと思った。実は悪いことはしていなかった。正しくは(1－118)のように言う。

　　例8.　「食べられる」

　　　　(1－119)　？ただ今回の五輪で食べられることは想定外だったと言う。

　　　　(1－120)　　…食べてもらう…

(1－119)は2018年2月21日の日刊スポーツ(インターネット版)で見た。北海道北見市の、清月という老舗菓子店の「赤いサイロ」というチーズケーキに関する記事にあった。地元のカーリング・チーム「LS北見」が国際大会に出る時に、この店はこのケーキを協賛品として提供する。平昌五輪のテレビ中継で、試合中の休憩時間にLS北見の選手がこのチーズケーキを食べている姿が話題になり、清月の店に注文が殺到したという記事である。しかし、この文を見ると、食べられて迷惑した感じがした。(1－120)のように言えば良い。

　1.2で、私から見て違和感を覚えるラレル受動文、あるいは私の判断では間違いであるラレル受動文を分類したそのうちの一つは下記である。

　　(a)　私の日本語では能動動詞を使うところでラレル動詞を使った場合。

(a)について以下の通り述べた。「(a)の場合は能動文を使えば、私から見て違和感の無い、間違いではない文になる。能動形ではあるが「…してもらう」の

形の方が良い場合もある。」(1-120)はその例である。


例9.「見られる」

　　(1-121)？読者によく見られた映像ニュース、7月23日〜29週間の
　　　　　　トップ5。

　　(1-122)　読者がよく見た映像ニュース、…

(1-121)は2016年7月31日の日本経済新聞(インターネット版)で見た。映像
ニュースが見られて迷惑したわけではない。正しくは(1-122)のように言う。


例10.「聴かれる」

　　記事の題

　　(1-123)？日本で最もラジオが聴かれている県は？

　　(1-124)　ラジオを最も聴くのは沖縄県

　　記事の中

　　(1-125)？日本で最もラジオが聴かれているのは沖縄県－－。

　　(1-126)　最もラジオを聴いていた都道府県は…

　　(1-127)　…、習慣的にラジオを聴いている人が沖縄と岩手に多い…

(1-123)から(1-127)は2018年6月2日の毎日新聞(インターネット版)で
見た。((1-123)には疑問符が二つある。文末の疑問符はもともと記事にあっ
た。文頭の疑問符は私が付けた。私から見て違和感を覚える、あるいは間違い
であるという印である。) これらの例では見出しに能動文とラレル受動文の両
方がある。記事の中にも両方ある。なぜ両方使うか分からない。私なら能動文
に統一する。ラジオが何か悪いことをしていたわけではない。


例11.「踏み込まれる」

　　(1-128)？…重大関心事なのに踏み込まれていない。

　　(1-129)　…踏み込んでない。

(1-128)は2016年8月7日の産経ニュース(インターネット版)で見た。皇室
に関する或る記事がことの核心に踏み込んでいないと批判している。私は皇室
が土足で踏み込まれたのかと思った。正しくは(1-129)のように言う。

　例1から例10までで見た動詞は他動詞である。一方、「踏み込む」は自動
詞と呼ぶべきであろう。しかし、迷惑・被害の意味がある点では共通なので、

ここで挙げた。

　私が見つけた、迷惑・被害の意味が強いラレル動詞は和語である。「漢語＋
られる」にもあるかもしれないが。

### 1.5.4　誤解の原因(3)：「ラレルのねじれ」

#### 1.5.4.1　はじめに

　ラレル受動文が誤解を招く3番目の原因は、ラレル動詞と他の動詞の間
に、ねじれとでも呼べるようなものが存在する場合があることである。ラレル
動詞を使ったために、不整合とでも呼べるようなものが文の構造に生じた場合
である。これを「ラレルのねじれ」と呼ぶことにする。このねじれのある文
は、大まかに言って以下の五つの型に分類できる。

　　　（1-130）　自動詞　＋　他動詞ラレル

　　　（1-131）　他動詞　＋　他動詞ラレル

　　　（1-132）　他動詞ラレル　＋　自動詞

　　　（1-133）　他動詞ラレル　＋　他動詞

　　　（1-134）　他動詞ラレル　＋　他動詞ラレル

以下で、これらの五つの型を見る。

#### 1.5.4.2　ラレルのねじれ（その1）：自動詞　＋　他動詞ラレル

　誤解の無いように、以下を述べておく。（1-130）の型の文の全てにラレル
のねじれがあるわけではない。例を挙げる。

　　　（1-135）　花子は遅刻して、叱られた。

（1-135）は（1-130）の型の文である。（「遅刻する」は自動詞で、「叱る」は他
動詞である。）しかし、ラレルのねじれは無い。誤解も無い。遅刻したのは花子
である。叱られたのも花子である。

　以下で、ラレルのねじれのある例を挙げる。

　　　（1-136）　？この歌は遠足に出かけた時、よく歌われたそうです。

　　　（1-137）　　この歌は遠足に出かけた時、よく歌ったそうです。

（1-136）は2014年10月22日に日本テレビの、スペインの町を訪問する番
組で聞いた。「出かける」は自動詞で、「歌う」は他動詞である。この文は誤解
を招く。歌が遠足に出かけたように聞こえる。実際は、誰かが遠足に出かけて
歌を歌ったのに。「出かけた」と「歌われた」の間にラレルのねじれがある。

(1-137)のように言えば良い。そうすれば、ラレルのねじれは無くなる。

　次の例は下記である。

　　（1-138)　？広島—阪神オープン戦に合わせ、本紙の号外が配られた。

　　（1-139)　　広島—阪神オープン戦に合わせ、本紙の号外を配った。

(1-138)は2003年3月22日(土)のデイリースポーツで見た。「合わせる」は他動詞の用法もあるが、（1-138)では自動詞と見るべきであろう。「配る」は他動詞である。ラレルのねじれがある。誰かがオープン戦に合わせたのだ。号外が合わせたのではない。（1-139)のように言えば良い。

　例を追加する。

　　（1-140)　？情報公開条令に違反して書き直された文書

　　（1-141)　　情報公開条令に違反して書き直した文書

(1-140)は2015年10月7日に、NHKテレビのニュースで聞いた。千葉県八千代市の情報公開で違反があったというニュースである。「違反する」は自動詞で、「書き直す」は他動詞である。（1-140)は、あたかも文書が条令に違反したように言っている。実は、八千代市の職員が違反したのであろう。ラレルのねじれがある。（1-141)のように言えば良い。

　（1-140)では「情報公開条令に違反して書き直された」の部分が連体修飾節であり、（1-141)では「情報公開条令に違反して書き直した」の部分が連体修飾節である。

　連体修飾節の例を一つ追加する。

　　（1-142)　？各国に事前通告せずに実施されたアルジェリア軍の作戦行
　　　　　　　動。

　　（1-143)　　各国に事前通告せずに実施したアルジェリア軍の作戦行動。

(1-142)は2013年1月19日の朝日新聞で見た。アルジェリア軍が人質救出の作戦を行ったと報じる記事にあった。「事前通告する」は自動詞で、「実施する」は他動詞である。（1-142)にもラレルのねじれがある。正しくは(1-143)のように言う。

### 1.5.4.3　ラレルのねじれ（その2）：他動詞　＋　他動詞ラレル

　次に(1-131)の型のラレルのねじれの例を見る。例を多数見つけた。無論、このような文を書いた人達はこの文にラレルのねじれがあるとは気づいていないであろう。例を多数挙げる。先を急ぐ方が読み流してくださって結構であ

る。例は連体修飾節の中ではないものと連体修飾節の中のものに分けて挙げる。

　誤解の無いように、以下を述べておく。(1−131)の型の文の全てにラレルのねじれがあるわけではない。例えば(1−144)は(1−131)の型の文である。

　　　(1−144)　花子はピアノコンクールで金賞を獲得して、賞賛された。

「獲得する」も「賞賛する」も他動詞である。しかし、ラレルのねじれは無い。誤解も無い。金賞を獲得したのも、賞賛されたのも花子である。

　以下で、ラレルのねじれのある例を挙げる。

［1］連体修飾節の中ではない例

1番目の例は下記である。

　　　(1−145)　？県警は…（名前）被告を…、組織犯罪処罰法違反容疑で逮捕
　　　　　　　　し、その後、釈放された。

　　　(1−146)　…（名前）被告を…逮捕し、…、釈放した。

(1−145)は2015年7月26日の朝日新聞DIGITALで見た。「逮捕する」も「釈放する」も他動詞である。(1−145)は、まるで県警が釈放されたように言っている。ラレルのねじれがある。正しくは(1−146)のように言う。そうすれば、ラレルのねじれは無くなる。

　2番目の例は下記である。

　　　(1−147)　？…、英ケンブリッジ大学建築学科の教授が、80階建ての超高
　　　　　　　　層ビルを立てる構想を立案し、ロンドン市長に提出された…

　　　(1−148)　…構想を立案し、…提出した。

(1−147)は2016年7月12日にYOMIURI ONLINEで見た。「立案する」も「提出する」も他動詞である。(1−147)は、まるで教授を提出したように言っている。構想を提出したのに。(1−147)にラレルのねじれがある。正しくは(1−148)のように言う。そうすれば、ラレルのねじれは無くなる。

　3番目の例は下記である。

　　　(1−149)　？同センター長らが存在を把握したが、当時の政務三役には報
　　　　　　　　告されていなかった。

　　　(1−150)　…存在を把握したが、…報告しなかった。

(1−149)は2018年4月4日のYOMIURI ONLINEで見た。陸上自衛隊は、イラン派遣時の日報が存在しないと言っていたが、日報が教訓センターで見つかったという記事にあった。「把握する」も「報告する」も他動詞である。(4

－149)はセンター長らを報告しなかったように言っている。存在を報告しなかったのに。正しくは(1－150)のように言う。そうすれば、ラレルのねじれは無くなる。

4番目の例は下記である。

(1－151) ？1000人の子どもたちがそれぞれの思いを込めたビデオレターを作り、ネット配信されて話題になった。

(1－152) …ビデオレターを作り、ネット配信して…

(1－151)は2012年11月4日の朝日新聞で見た。「込める」も「インターネット配信する」も他動詞である。(1－151)は子どもたちを配信したように言っている。ビデオレターを配信しなかったのに。正しくは(1－152)のように言う。そうすれば、ラレルのねじれは無くなる。

5番目の例は下記である。

(1－153) ？…「日本ハリストス正教会教団圷ハリストス正教会」が、取り壊して立て替えられることになった。

(1－154) …「日本ハリストス正教会教団圷ハリストス正教会」を取り壊して立て替えることになった。

(1－153)は2012年10月7日の朝日新聞で、茨城県に或る教会についての記事で見た。この教会は東日本大震災で大きな被害を受けた。「取り壊す」も「立て替える」も他動詞である。(1－153)にもラレルのねじれがある。教会が何かを取り壊すように聞こえる。(1－154)のように言えば良い。そうすれば、ラレルのねじれは無くなる。

6番目の例は下記である。

(1－155) ？12月になると、一年を感謝して栃餅がつかれます。

(1－156) 12月になると、一年を感謝して栃餅をつきます。

(1－155)は2012年11月17日に、或るテレビ番組で聞いた。山形県鶴岡市の或る地区で12月に栃の実を使った餅をつく習慣を紹介している。「感謝する」も「つく」も他動詞である。(1－155)は栃餅が感謝しているように聞こえる。ラレルのねじれがある。(1－156)のように言えば良い。そうすれば、ラレルのねじれは無くなる。

7番目の例は下記である。

(1－157) …京成電鉄が自ら手を挙げて建設された。

(1－158) …京成電鉄が自ら手を挙げて建設した。

(1-157)は 2016 年 7 月 7 日の東洋経済オンラインで見た。京成電鉄の東成田線について述べている。「挙げる」も「建設する」も他動詞である。正しくは(1-158)のように言う。


[2] 連体修飾節の中にある例

1 番目の例は下記である。

　　(1-159)　？国際社会を欺くような方法でミサイルが発射されました。

　　(1-160)　　国際社会を欺くような方法でミサイルを発射しました。

(1-159)は 2012 年 12 月 13 日にフジテレビの番組で聞いた。前の日に北朝鮮が発射したミサイルについて述べている。「欺く」も「発射する」も他動詞である。(1-159)にもラレルのねじれがある。ミサイルが欺いたように聞こえる。(1-160)のように言えば良い。そうすれば、ラレルのねじれは無くなる。

2 番目の例は下記である。

　　(1-161)　？雄勝町の女性たちが考えて作り、会場で販売されたホタテごはん

　　(1-162)　　雄勝町の女性たちが考えて作り、会場で販売したホタテごはん

(1-161)は 2013 年 10 月 12 日に朝日新聞 DIGITAL で見た。岩手県石巻市雄勝町であったホタテ祭りで販売したホタテごはんについて述べている。「作る」も「販売する」も他動詞である。(1-161)にもラレルのねじれがある。私は(1-161)を読んだ時、女性たちが売られるのかと思った。(1-162)のように言えば良い。そうすれば、ラレルのねじれは無くなる。

3 番目の例は下記である。

　　(1-163)　？この歌は石炭をふるい分ける時、労働者に口ずさまれた歌です。

　　(1-164)　　この歌は石炭をふるい分ける時、労働者が口ずさんだ歌です。

(1-163)は 2003 年 3 月 27 日に角田三枝(私信)がテレビで聞いた。炭坑節について述べている。「ふるい分ける」も「口ずさむ」も他動詞である。(1-163)にもラレルのねじれがある。この文は、あたかも歌が石炭をふるい分けると言っていると誤解しやすい。歌がふるい分けるのではない。労働者がふるい分けるのだ。(1-164)のように言えば良い。そうすれば、ラレルのねじれは無くなる。

4 番目の例は下記である。

　　(1-165)　？シガニー・ウィーバーを意識して作られたドレス

　　（1－166）　シガニー・ウィーバーを意識して作ったドレス

（1－165）は2003年3月24日に或る民放テレビの番組で聞いた。或るドレスについて述べている。シガニー・ウィーバーとはアメリカの女優である。「意識する」も「作る」も他動詞である。（1－165）にもラレルのねじれがある。この文は、あたかもドレスがシガニー・ウィーバーを意識しているかのような誤解を招く。ドレスがシガニー・ウィーバーを意識することはない。ドレス制作者が意識するのである。（1－166）のように言えば良い。そうすれば、ラレルのねじれは無くなる。

　5番目の例は下記である。

　　（1－167）　？ボールをリズミカルにたたきながら作られるオムレツ

　　（1－168）　ボールをリズミカルにたたきながら作るオムレツ

（1－167）は2015年9月26日にNHKテレビで聞いた。フランスのモン・サン・ミッシェルのレストランでオムレツを作っている様子について述べている。「たたく」も「作る」も他動詞である。（1－167）にもラレルのねじれがある。（1－168）のように言えば良い。

　6番目の例は下記である。

　　（1－169）　？農作業中に元気をつけるために飲まれるチャン

　　（1－170）　農作業中に元気をつけるために飲むチャン

（1－169）は2015年3月21日にNHKテレビで聞いた。ネパールの村についての番組で、コドという穀類で作ったチャンという酒について述べている。「つける」も「飲む」も他動詞である。（1－169）にもラレルのねじれがある。（1－170）のように言えば良い。

　7番目の例は下記である。

　　（1－171）　？砂と岩を使って表現された日本庭園です。

　　（1－172）　砂と岩を使って表現した日本庭園です。

（1－171）は2018年4月28日にNHKテレビの「ブラタモリ」という番組で聞いた。「使う」も「表現する」も他動詞である。（1－172）のように言う。

　8番目の例は下記である。

　　（1－173）　？…那須野が原の清乳を与えて飼育された元気な母豚…

　　（1－174）　…那須野が原の清乳を与えて飼育した元気な母豚…

（1－173）は2019年7月30日に「宇都宮餃子　満天家の餃子」という店の看板に書いてあるのを見た。「与える」も「飼育する」も他動詞である。（1－

174)のように言う。

　9 番目の例は下記である。

　　（1 - 175）？厳しい監視の目をくぐって撮影されたものです。

　　（1 - 176）　厳しい監視の目をくぐって撮影したものです。

(1 - 175)は 2018 年 4 月 17 日に「NHK スペシャル」という番組で聞いた。北朝鮮の市場などを写したビデオについて述べている。「くぐる」も「撮影する」も他動詞である。(1 - 176)のように言う。

　10 番目の例は下記である。

　　（1 - 177）？学生の試験前のストレスや不安を少しでも和らげようと設けられたスペース…

　　（1 - 178）　…ストレスや不安を…和らげようと設けたスペース…

(1 - 177)は 2018 年 1 月 31 日に Yahoo! JAPAN で見た。英国のノッティンガム・トレント大学のキャンパスについて述べている。「和らげる」も「設ける」も他動詞である。(1 - 178)のように言う。

　11 番目の例は下記である。

　　（1 - 179）？店を貸し切って開かれた約 1 時間半の会食…

　　（1 - 180）　店を借り切って開いた…

(1 - 179)は 2014 年 6 月 23 日に朝日新聞 DIGITAL で見た。サッカーのワールドカップ大会でブラジルに行っている日本代表チームが会食に出かけたという記事にあった。(1 - 180)のように言う。「貸し切って」も間違いで、「借り切って」と言うべきであろう。

　12 番目の例は下記である。

　　（1 - 181）？「確信犯」の意味は、「政治的・宗教的などの信念に基づいて正しいと信じてなされる行為(その行為を行う人)」だが、その意味と回答したのはわずか 17%で、7 割は「悪いことだとわかっていながらなされる行為(その行為を行う人)」の意味だと答えた。

　　（1 - 182）　…信じて行う行為…

　　（1 - 183）　…わかっていながら行う行為…

(1 - 181)は 2015 年 9 月 22 日に朝日新聞社 DIGITAL で見た。文化庁が 2015 年に世論国語調査を行った結果を報告している。ラレルのねじれが二つある。一つ目を直すと(1 - 182)になる。二つ目を直すと(1 - 183)になる。

(1-181)があった記事を丁寧に読んでみた。どうも(1-181)は文化庁が出した報告書にあったらしい。文化庁は「言葉の乱れ」というようなことについて調査しているようだ。私の希望としては、文化庁は、ラレルのねじれのある文は使って欲しくない。他人の言葉の乱れを調べる前に、まず、ラレルのねじれのある文を使うのをやめていただきたい。

### 1.5.4.4 ラレルのねじれ(その3):他動詞ラレル ＋ 自動詞

次に(1-132)の型を見る。誤解の無いように、以下を述べておく。(1-132)の型に必ずラレルのねじれがあるわけではない。例えば(1-184)は(1-132)の型の文である。

(1-184) 怒られて泣いたこともあったが…

(1-184)は2012年6月25日の朝日新聞で見た。三根梓という若手女優に関する記事にあった。「怒る」(「叱る」の意味で)は他動詞であり、「泣く」は自動詞である。しかし、ラレルのねじれは無い。誤解は無い。

(1-132)の型は頻度が極めて低い。ラレルのねじれの例を一つ見つけた。

(1-185) ？一部のデモ隊が暴徒化。韓国・現代(ヒュンダイ)自動車の販売店や銀行の支店などの窓ガラスが割られ、ついに警官隊と全面衝突する結果となったという。

(1-186) …。…窓ガラスを割り、ついに警官隊と全面衝突する…

(1-185)は(1-97)(「べき」)が載っていた記事にあった。「割る」は他動詞であり、「衝突する」は自動詞である。(1-185)にもラレルのねじれがある。窓ガラスが警官隊と全面衝突したように感じる。正しくは(1-186)のように言う。そうすれば、ラレルのねじれは無くなる。

### 1.5.4.5 ラレルのねじれ(その4):他動詞ラレル ＋ 他動詞

次に(1-133)の型を見る。誤解の無いように、以下を述べておく。(1-133)の型の文に必ずラレルのねじれがあるわけではない。例えば(1-187)は(1-133)の型の文である。

(1-187) 花子は絶賛されて、金賞を獲得した。

「絶賛する」も「獲得する」も他動詞である。しかし、ラレルのねじれは無い。誤解も無い。

この型も頻度が極めて低い。ラレルのねじれの例は、連体修飾節の中ではな

い例を五つ見つけた。連体修飾節の中にある例を一つ見つけた。

　[1] 連体修飾節の中ではない例
例を二つ挙げる。1番目の例は下記である。
　　　(1-188)　？跡地は品川区に売り渡され、公園にすることになっています。
　　　　　　　　　す。
　　　(1-189)　　跡地は品川区に売り渡し、公園にすることになっています。
(1-188)は、2003年3月26日に日本テレビのニュースで聞いた。当時の皇后陛下のご実家、正田邸を取り壊した跡地について述べている。「売り渡す」は他動詞である。「する」は他動詞の用法と自動詞の用法があるが、(1-188)では他動詞である。この文は、あたかも跡地が何かを公園にするというような誤解を招く。しかし、跡地が何かを公園にするのではない。跡地を公園にするのである。(1-188)にもラレルのねじれがある。(1-189)のように言えば良い。そうすれば、ラレルのねじれは無くなる。
　2番目の例は下記である。
　　　(1-190)　？映画では、英軍人8人と村人との40日間に間に及ぶ交流が
　　　　　　　　　描かれ、村民が言葉や文化の壁を乗り越えながら彼らを救お
　　　　　　　　　うとする姿を追っている。
　　　(1-191)　　…交流を描き、…姿を追っている。
(1-190)は2013年9月30日の産経ニュースで見た。終戦翌年に新潟県佐渡島に英軍機が不時着して、住民が再飛行を手助けしたという実話を映画化したというニュースである。「描く」も「追う」も他動詞である。(1-190)にもラレルのねじれがある。交流が姿を追うのではない。(1-191)のように言えば良い。そうすれば、ラレルのねじれは無くなる。


　[2] 連体修飾節の中にある例
　　　(1-192)　？米航空宇宙局(NASA)は1日、太陽の影響下にある「太陽
　　　　　　　　　圏」を離れて飛行中の無人探査機ボイジャー1号に搭載さ
　　　　　　　　　れ、1980年以来使っていなかったエンジンを37年ぶりに噴
　　　　　　　　　射させることに成功したと発表した。
　　　(1-193)　　…搭載し、…使っていなかった…
(1-192)は2017年12月2日のYOMIURI ONLINEで見た。「搭載する」も

「使う」も他動詞である。この文にもラレルのねじれがある。(1-193)のように言う。

### 1.5.4.6　ラレルのねじれ(その5)：他動詞ラレル　＋　他動詞ラレル

最後に(1-134)の型を見る。(1-133)の型の例も一つ挙げる。以下で挙げる例は以下のように分類できる。

　(a)　(1-134)の型：他動詞ラレル　＋　他動詞ラレル

　　　(a-1)　ラレルのねじれが無い。

　　　　(a-1-1)　自然な文：(1-194)。

　　　　(a-1-2)　おかしな文：(1-199)、(1-203)。

　　　(a-2)　ラレルのねじれがある。

　　　　(a-2-2)　おかしな文：(1-195)、(1-197)。

　(b)　(1-133)の型：他動詞ラレル　＋　他動詞

　　　(b-2)　ラレルのねじれがある。

　　　　(b-2-2)　おかしな文：(1-201)。

　誤解の無いように、以下を述べておく。(1-134)の型の文に必ずラレルのねじれがあるわけではない。例えば(1-194)は(1-134)の型の文である。

　　(1-194)　　…5人は洞窟入り口近くの簡易医療施設に運ばれ、救急車でヘリに移された…

(1-194)は2018年7月10日の産経新聞の記事(Yahoo! JAPANに転載)にあった。タイ北部でサッカーチームの少年が洞窟から一時、出られなくなったが、ついに救出されたというニュースである。「運ぶ」も「移す」も他動詞である。しかし、ラレルのねじれは無い。誤解も無い。

　(1-134)の型も頻度が極めて低い。ラレルのねじれの例を二つ見つけた。二つとも挙げる。1番目の例は下記である。

　　(1-195)？　この映画は多くの人に支えられて作られました。

　　(1-196)　　この映画は多くの人に支えられて作りました。

(1-195)は1992年10月8日に茨城県のつくば地域のテレビ番組で聞いた。「支える」も「作る」も他動詞である。この文にはラレルのねじれがある。映画が人に支えられたように聞こえる。実は制作者が人に支えられたのである。正しくは(1-196)のように言う。そうすれば、ラレルのねじれは無くなる。

　2番目の例は下記である。

(1-197) ？北軽井沢の酪農は仲間にささえられて営まれてきました。

(1-198) 北軽井沢の酪農は仲間にささえられて営んできました。

(1-197)は2013年9月7日にNHKテレビで見た。「ささえる」も「営む」も他動詞である。(1-197)にもラレルのねじれがある。酪農が仲間に支えられているように聞こえる。実は酪農家が仲間に支えられているのだ。(1-198)のように言えば良い。そうすれば、ラレルのねじれは無くなる。

次に、以下の例をご覧いただきたい。

(1-199) ？熊は解体され、参加者全員で競売されます。

(1-200) 熊は解体して、参加者全員で競売します。

(1-199)は1992年7月3日に千葉テレビの「ふるさと」という番組で聞いた。猟師が熊を撃った後の状況を述べている。「解体する」も「競売する」も他動詞である。(1-199)も(1-134)の型(他動詞ラレル ＋ 他動詞ラレル)の例である。ラレルのねじれは無いと言えそうである。この点では、(1-194)と同じであると言えそうである。仮に、(a-1)に分類しておいた。しかし、(1-199)は私の日本語では、参加者全員が競売にかけられると誤解する文である。即ち、熊が解体され、参加者全員が競売されると誤解する。(1-199)は、(1-194)とは違って、私の日本語では間違いである。(1-200)のように言えば良い。誤解は無くなる。

以下の例もご覧いただきたい。

(1-201) ？…、イチローにとっては計算され尽くしたプレーだった。

(1-202) …、…計算し尽くしたプレー…

(1-203) ？計算され尽くされたわざ

(1-201)は2014年4月15日のスポニチアネックス(Yahoo! JAPANに転送)で見た。当時ニューヨーク・ヤンキーズにいたイチロー選手が、守備の時、相手チームの打者が打った、非常に難しい外野フライを、フェンスに激突しながら好捕したというニュースである。「計算する」も「尽くす」も他動詞である。(1-133)の型(他動詞ラレル ＋ 他動詞)の例である。ラレルのねじれがある。私なら(1-202)のように言う。そうすれば、ラレルのねじれは無くなる。

(1-203)は2012年8月10日にフジテレビのロンドン五輪の中継で聞いた。シンクロナイズドスイミングのチームのフリーでロシアが優勝した。その時、アナウンサーが(1-203)を言った。(1-203)は二つの点で(1-194)と同

じである。第一に(1−134)の型(他動詞ラレル　＋　他動詞ラレル)の例である。第二に、ラレルのねじれが無い。しかし、(1−194)とは違う点がある。私から見て、(1−194)はごく自然な文である。一方、(1−203)は間違いである。私の日本語では、このような場合にはラレル動詞は使わない。私から見ると、こういうところでラレル動詞を使うことは不思議である。能動動詞を使う。「計算し尽くしたわざ」と言う。(1−202)と同じ言い方である。

　なお、上で見たラレル動詞は、(1−201)と(1−203)では連体修飾節の中にあり、(1−194)、(1−195)、(1−197)、(1−199)では連体修飾節の中にない。

### 1.5.5　誤解の原因：まとめ

　以上、1.5では、ラレル受動文が誤解を招く場合を見た。誤解を招く原因は少なくとも三種類ある。

　一つ目は、1.5.2で見たように、意図、目的、動機、判断、予定、積極性、決定権、義務、責任などを持っていない人または物について、あたかも持っているかのごとく言う場合である。二つ目は、1.5.3で見たように、迷惑・被害が感じられるラレル動詞を、迷惑・被害が無い状況で使う場合である。三つ目は、1.5.4で見たように、ラレルのねじれがある場合である。ラレルのねじれは五つの型に分類できる。

　　(1−130)　自動詞　＋　他動詞ラレル
　　(1−131)　他動詞　＋　他動詞ラレル
　　(1−132)　他動詞ラレル　＋　自動詞
　　(1−133)　他動詞ラレル　＋　他動詞
　　(1−134)　他動詞ラレル　＋　他動詞ラレル

そのうち、(1−131)の型の例が大多数である。(1−130)の型の例も少しある。(1−132)、(1−133)、(1−134)の例は殆ど無い、または、極めて少ない。(1−130)と(1−131)に共通することは、何か動詞を言って、次に他動詞ラレルを言う(あるいは、他動詞ラレルで文を終える)型であることだ。この言い方を好む人が多数いるようだ。特に、(1−131)の例が多いので、他動詞を言って、次に他動詞ラレルを言う(あるいは、他動詞ラレルで文を終える)型を好む人が多数いるのであろう。

　誤解を招く原因は上に挙げた三種類の他にもあると思う。一つ例を挙げる。どのように分類したら良いか、今の段階では分からない。

　　　(1−204)　? ラーメンの鬼　遺されたレシピ
　　　(1−205)　　ラーメンの鬼　遺したレシピ
(1−204)は 2015 年 1 月 7 日のスポーツ報知の記事(Yahoo! JAPAN に転載)の
見出しである。私はこの見出しを見た時に、誰かがラーメンの鬼にレシピを遺
したのだと思った。しかし、この記事を読んでみて、「ラーメンの鬼」の異名
を取った佐野実という人が弟子のためにレシピを書いて遺したということが分
かった。この見出しは誤解を招く。(1−205)のように言うべきである。(1−
204)はラレルのねじれの一種と呼んで良いかもしれない。

## 1.6　文の流れを悪くするラレル受動文
### 1.6.1　はじめに
　ラレル受動文を使ったために、文の流れが悪くなった例がある。以下で例を
挙げる。実は 1.5.4.2 から 1.5.4.6 で挙げた文は全て文の流れが悪い。ラレルの
ねじれが原因である。以下で挙げる例にもラレルのねじれがある。ただし、
(私の判断では)以下の例は誤解を招くほどではない。しかし、文の流れが悪
い。ラレルのねじれが原因である。以下の型の例が見つかった。
　　　(1−130)　自動詞　＋　他動詞ラレル
　　　(1−131)　他動詞　＋　他動詞ラレル
他の三つの型の例は見つかっていない。この傾向は 1.5.5 で述べた傾向に似て
いる。(1−130)と(1−131)は 1.5.5 で述べた、ラレルのねじれの例が多い型
である。

### 1.6.2　自動詞　＋　他動詞ラレル
　例を挙げる。1 番目の例は下記である。
　　　(1−206)　? 閣僚が集まって、話し合いが行われました。
　　　(1−207)　　閣僚が集まって、話し合いを行いました。
(1−206)は 2003 年 3 月 20 日に TBS テレビのニュースで聞いた。対イラク開
戦を控えたアメリカ政府について述べている。「集まる」は自動詞で、「行う」
は他動詞である。この文は、ラレル受動文を使ったために、文の流れが悪く
なってしまった。なぜわざわざ文の流れを悪くするのだろうか？　私なら(1−
207)のように言う。これなら文の流れが滑らかである。
　2 番目の例は下記である。

（1-208）？シャープの広報が出て来て、このような資料が配られました。

（1-209）　シャープの広報が出て来て、このような資料を配りました。

（1-208）は 2016 年 3 月 30 日にテレビ朝日の「報道ステーション」という番組で聞いた。シャープという会社の買収に関してのニュースで、或るアナウンサーがシャープの本社前から報告している時に言った文である。「出て来る」は自動詞で、「配る」は他動詞である。（1-208）も文の流れが悪い。（1-209）のように言えば、文の流れが滑らかになる。

3 番目の例は下記である。

（1-210）？観客の中に女性の医師がいたため、土俵上で心臓マッサージが行われた。

（1-211）　…女性の医師がいたため、…心臓マッサージを行った。

（1-210）は 2018 年 4 月 4 日の日刊スポーツの記事（Yahoo! JAPAN に転載）にあった。土俵上で挨拶していた人が倒れたが、観客の中に女性の医師がいて、土俵に上がり、心臓マッサージを行ったというニュースである。「いる」は自動詞で、「行う」は他動詞である。（1-210）も文の流れが悪い。（1-211）のように言えば、文の流れが滑らかになる。

4 番目の例は下記である。

（1-212）？日本代表は 5 日に帰国して、田嶋会長、西野監督、長谷部が出席して会見が行われる予定。

（1-213）　…出席して会見を行う予定。

（1-212）は 2018 年 7 月 4 日の日刊スポーツの記事（Yahoo! JAPAN に転載）にあった。「出席する」は自動詞で、「行う」は他動詞である。（1-212）も文の流れが悪い。（1-213）のように言えば、文の流れが滑らかになる。

更に、（1-212）は 1.4 で見た、意味が不自然なラレル受動文の例でもある。人間が予定するのだ。会見が予定するのではない。（1-48）（「予定」）参照。

5 番目の例は下記である。この例には（いや、「この例にも」というべきか）本当に驚いた。

（1-214）？年男が壇上に上がると、豆がまかれます。

（1-215）　年男が壇上に上がって、豆をまきます。

（1-214）は多分 2000 年頃、東京の地下鉄のポスターにあった、節分の豆まきの案内で見た。湯島天神か神田明神の豆まきだったと思う。「上がる」は自動

詞で、「まく」は他動詞である。私は（1–214）を見た時、「え？」と思った。意味が分からなかった。この文を或る授業で学生に読んで聞かせてみた。学生は私よりもラレル受動文を多用するようだ。私が間違いと判断するラレル受動文でも、正しいと判断する学生が多数いる。しかし、こんな学生諸君も、さすがに、（1–214）は日本語としておかしいと思ったようだ。或る学生がこう言った。「年男が豆をぶつけられるんですか？」。私の判断では、正しくは（1–215）のように言う。（1–214）のような文を使う人がいることは正に驚きであった。

### 1.6.3　他動詞　＋　他動詞ラレル

　この型の例はかなりあった。ラレルのねじれの場合でも、（1–131）（他動詞＋　他動詞ラレル）の型の例が最も多いのと同じ傾向である。例を挙げる。1番目の例は下記である。

　　　　（1–216）　？…、金メダルを狙うロシア勢 2 人が驚異の高得点を叩き出
　　　　　　　　　し、歴代世界最高得点が 2 度も塗り替えられたほどだ。
　　　　（1–217）　…ロシア勢 2 人が驚異の高得点を叩き出し、歴代世界最高得
　　　　　　　　　点を 2 度も塗り替えた…

（1–216）は 2018 年 2 月 22 日の Sportiva の記事（Yahoo! JAPAN に転載）にあった。平昌五輪の女子フィギュアスケートに関する記事である。「叩き出す」も「塗り替える」も他動詞である。この文も、ラレル受動文を使ったために、文の流れが悪くなったしまった。なぜわざわざ文の流れを悪くするのだろうか？　私なら（1–217）のように言う。これなら文の流れが滑らかである。
　2 番目の例は下記である。

　　　　（1–218）　？…、韓国ファンはイに声援を送り、レース後には会場で彼女
　　　　　　　　　の名前が連呼された…
　　　　（1–219）　…イに声援を送り、…彼女の名前を連呼した…

（1–218）は 2018 年 2 月 19 日の THE PAGE の記事（Yahoo! JAPAN に転載）にあった。平昌五輪での、韓国の女子スピードスケートの李相花（イ・サンファ）選手への声援について述べている。「送る」も「連呼する」も他動詞である。（1–219）のように言う。
　3 番目の例は下記である。

　　　　（1–220）　？日本陸連は 6 日、今年度の優秀選手を発表し、最優秀選手

　　　　　　　に当たる「アスリート・オブ・ザ・イヤー」には世界選手権
　　　　　　　50 キロ競歩で銀メダルを獲得した荒井広宙(自衛隊)が選ばれ
　　　　　　　た。

　(1-221)　　…優秀選手を発表し、…荒井広宙…を選んだ。

(1-220)は 2017 年 12 月 6 日の JIJI.COM の記事(Yahoo! JAPAN に転載)に
あった。「発表する」も「選ぶ」も他動詞である。(1-221)のように言う。

　4 番目の例は下記である。

　(1-222)　？巨人はこの日の会見で詳細を明らかにしたが、不透明な部分
　　　　　　　も数多く残された。

　(1-223)　　…詳細を明らかにしたが、不透明な部分も数多く残した。

(1-222)は 2015 年 10 月 7 日の東スポ Web の記事(Yahoo! JAPAN に転載)に
あった。巨人球団が選手の野球賭博について、記者会見を行ったというニュー
スである。「明らかにする」も「残す」も他動詞である。(1-223)のように言う。

　5 番目の例は下記である。

　(1-224)　　…、海軍特殊部隊は 10 日、少年 12 人とコーチ 1 人の全員を
　　　　　　　救出し、安全が確認されたと発表した。

　(1-225)　　…全員を救出し、安全を確認した…

(1-224)は(1-194)があった記事で見た。「救出する」も「確認する」も他動
詞である。(1-225)のように言う。

　6 番目の例は下記である。

　(1-226)　？愛媛・道後温泉がこの春、改築 120 周年を迎えることを記念
　　　　　　　し、アートフェスティバル「道後オンセナート」が開催され
　　　　　　　る。

　(1-227)　　…ことを記念し、…アートフェスティバル…を開催する。

(1-226)は 2014 年 2 月 13 日の朝日新聞 DIGITAL で見た。「記念する」も
「開催する」も他動詞である。(1-227)のように言う。

　7 番目の例は下記である。

　(1-228)　？朝倉市では、自衛隊がボートを使って、取り残された住民の
　　　　　　　救助作業が行われています。

　(1-229)　　…ボートを使って、…救助作業を行っています。

(1-228)は 2017 年 7 月 6 日に NHK テレビの番組で聞いた。福岡県と大分
県の水害に関するニュースである。「使う」も「行う」も他動詞である。(1-

229)のように言う。

　8番目の例は下記である。記事の見出しと記事の中の文を比べる。

　　見出し

　　(1-230)　？城主がカレイを食べて集落が開かれた？

　　(1-231)　　城主がカレイを食べて集落を開いた？

　　記事の中

　　(1-232)　…、北畠氏がカレイを食べて集落を開いたという説。

(1-230)と(1-232)は2014年10月19日の産経ニュース(インターネット版)で見た。青森県にある「かれいざわ」という集落の名前の由来について推測している。城主とは北畠顕義(あきよし)氏である。「食べる」も「開く」も他動詞である。(1-230)も文の流れが悪い。(1-231)のように言う。(2-232)はこのままで良い。問題は無い。

　今まで挙げた、文の流れを悪くするラレル受動文の例は連体修飾節の外にある。連体修飾節の中にある例を一つ見つけた。

　　(1-233)　？拘束した政府軍の兵士、警官、政府民兵が収容されている建物

　　(1-234)　　拘束した政府軍の兵士、警官、政府民兵を収容している建物

「拘束する」も「収容する」も他動詞である。(1-233)も文の流れが悪い。(1-234)のように言う。((1-233)は新聞記事で見たと思う。)

### 1.6.4　文の流れを悪くするラレル受動文：まとめ

　1.5.4.2から1.5.4.6で、ラレルのねじれの例を見た。1.6.2と1.6.3で文の流れを悪くするラレル受動文の例を見た。この二つのグループの例は似ている。しかし、違いがある。文の流れを悪くするラレル受動文の例では、ラレル動詞が最後の動詞として現れて、更に、自分の主語を持っている。例えば、(1-230)では、「開かれた」が最後の動詞として現れて、更に、自分の主語「集落が」を持っている。(最初の動詞「食べて」も自分の主語を持っている。「城主が」である。)一方、ラレルのねじれの例では、ラレル動詞が最後の動詞として現れる場合でも、自分の主語を持たない。例えば、(1-147)では、「提出された」が最後の動詞として現れている。自分の主語が無い。(最初の動詞「立案し」は自分の主語を持っている。「教授が」である。)

　　(1-230)　？城主がカレイを食べて集落が開かれた？

　　(1-147)　？…、英ケンブリッジ大学建築学科の教授が、80階建ての超高

層ビルを立てる構想を立案し、ロンドン市長に提出された…
ラレルのねじれの場合は誤解を招く。ラレル動詞が最後の動詞として現れる
場合でも、自分の主語を持たないからである。例えば、(1-147)は、まるで
教授を提出したように言っている。一方、文の流れを悪くするラレル受動文の
例の場合は、誤解を招くほどではない。最後のラレル動詞が自分の主語を持っ
ているからである。しかし、流れを悪くする。

では、なぜ、ラレルのねじれを起こすラレル受動文をわざわざ使うのだろ
う？ 不思議だ。なぜ、文の流れを悪くするラレル受動文を使うのだろう？ 不
思議だ。奥津(1982)が大変興味深い見解を提示している。

奥津(1982)は古典の『枕草子』と『徒然草』にある受動文の用法を分析し
て、どのような状況で受動文を使うかについて、いくつかの原理を提案してい
る。その原理の一つが下記である(奥津 1982: 78)。

（1-235） 一度立てた主語は、必要のない限り、途中で変えない。
この原理の実現の例として、奥津は『徒然草』から例を一つ挙げている。

（1-236） この僧都、みめよく、力強く、大食にて、能書、学匠、弁説、
人にすぐれて宗の法塔なれば、寺中にも重く思はれたりけれど
も、世を軽く思ひたる曲者にて、万自由にして、大方、人に従
ふということなし。

奥津によると、この文の主語は「僧都」であり、この文には述語が九つある。
そのうちの「思はれたりけれども」だけは受け身になっている。この文につい
て奥津は以下のように述べている。「主語をそのままにして受け身文とし、後
に続けて行く方が、文の流れが自然になる。」

すでに 1924 年にオットー・イェスペルセン Jespersen (1924)が受動文に
ついて、同様のことを言っている。Jespersen (1924: 167-168)は受動文の
用法を五つ挙げ、その一つとして、下記を挙げている。The passive turn may
facilitate the connexion of one sentence with another ... 「受動態は一つの文をも
う一つの文と結びつけることを容易にする…」。イェスペルセン Jespersen は
例を挙げたが、その文はやや分かりにくいので、私が作った例を挙げる。

（1-237） John returned to his hometown and was welcomed by everyone.
「ジョンは故郷の町に帰り、みんなに歓迎された。」
この文は受動文を使わなければ、下記になる。

（1-238） John returned to his hometown and everyone welcomed him.

　　　　「ジョンは故郷の町に帰り、みんなが彼を歓迎した。」

(1−237)では、1番目の文の主語は he である。2番目の文で受動態を用い
た。そのために、2番目の文の主語も he になり、2番目の主語 he を言わなく
ても済んでいる。文の流れが良くなった。

　実は、1.5.4.2 から 1.5.4.6 で挙げた、ラレルのねじれの例文でも、文の流
れが悪い。1.6.2 と 1.6.3 で、ラレル受動文を使ったために、文の流れが悪く
なった例を見た。ここでも、ラレルのねじれが生じたのである。私が言い換え
た方の文ではラレル受動文を使っていない。ラレルのねじれが無い。文の流れ
が良い。

　なぜ、わざわざラレル受動文を使って、ラレルのねじれを起こしたり、文の
流れを悪くしたりするのだろうか？　不思議である。この人達の日本語は、少
なくとも受動文の使用に関しては、『枕草子』、『徒然草』といった古典の日本
語と比べて、退歩しているように見える。

## 1.7　文を分かりにくくするラレル受動文

　ラレル受動文を使ったために、文が分かりにくくなってしまった例も多数あ
る。(1−214)を再度挙げる。私はこの文を見た時、「え？」と思った。意味が
分からなかった。

　　　(1−214)　？年男が壇上に上がると、豆がまかれます。

この他にも多数ある。例を挙げる。1番目の例は下記である。

　　　(1−239)　？外部からの規律付けから隔離した経営がなされてきた同業者

　　　(1−240)　　外部からの規律付けから隔離した経営をしてきた同業者

(1−239)は 2003 年 3 月 21 日の日本経済新聞で見た。私はこれを読んだ時、
意味が分からなかった。この記事を繰り返し繰り返し読んでみた。(1−240)
の意味のつもりらしい。(1−240)のように、能動文を使えば意味は明瞭であ
る。(1−239)も、わざわざラレル受動文を使ったために、意味が分からなく
なってしまった。

　2番目の例は下記である。

　　　(1−241)　？保健所に相談することなく、バルブの検査が行われました。

　　　(1−242)　　保健所に相談することなく、バルブの検査を行いました。

(1−241)は角田三枝(私信)がテレビのニュースで見た。私はこの文を聞いた
時、意味が分からなかった。バルブの検査が保健所に相談するはずは無いの

で。説明を聞いてみて、或る違法行為をした業者が(バルブの検査が、ではない)保健所に相談しなかったということであった。(1−242)のように言えば良い。(1−241)もわざわざラレル受動文にしたから、意味が分からなくなってしまったのである。能動文なら分かり易いのに。

　3番目の例は下記である。

　　　(1−243)　?…白組司会で嵐の二宮和也(31)から、長渕が自然災害の被災
　　　　　　　　者にむけたメッセージが読まれた。

　　　(1−244)　長渕が自然災害の被災者にむけたメッセージを、白組司会で
　　　　　　　　嵐の二宮和也(31)が読んだ。

(1−243)は2014年12月31日の産経デジタルで見た。NHKの紅白歌合戦について述べている。意味が分からなかった。繰り返し読んでみると、(1−244)の意味らしい。能動文にすれば分かりやすい。更に、「白組司会で嵐の二宮和也(31)が」の部分を後ろに移すと一層分かりやすくなる。(「嵐」というのは或る男性の歌手(?)のグループである。)

　1.4で、意味が不自然なラレル受動文の例の一つとして、(1−36)(1993年3月3日の朝日新聞)を挙げた。偽工事現場の写真の説明である。実はこの例はもっと長い説明の一部分である。(1−245)にその文全体を挙げる。

　　　(1−245)　?手抜き工事を隠すため掘られた偽工事現場。木矢板(穴の上
　　　　　　　　部に見える)が使われ、偽工事写真が撮影されていた。

　　　(1−246)　手抜き工事を隠すため掘った偽工事現場。木矢板(穴の上部
　　　　　　　　に見える)を使い、偽工事写真を撮影していた。

(1−245)はラレル受動文を乱発している。意味が分かりにくい。(1−246)のように、能動文で言い換えると分かりやすくなる。わざわざラレル受動文にしなければ良いのに。

　私は(1−214)、(1−239)、(1−241)、(1−243)、(1−245)を読んだ時、または、聞いた時、なぜこんな分かりにくい文を書くのか、不思議に思った。能動文を使えば分かりやすい文になる。なぜわざわざラレル受動文を使って文を分かりにくくするのか、理解できない。

## 1.8　締まりの無い文にするラレル受動文

　ラレル受動文を使ったために、文が締まりの無いものになった例がある。私の感じでは、文がだらだらしていて、だらしなく聞こえる。例は無数と言って

良いくらい多数ある。

　読者の皆さんの中には、一つの文にラレル動詞が一つしか無い場合には、だらしない、締まりが無いと感じない方もいるかもしれない。しかし、一つの文でも長いもので、ラレル動詞が続くと、だらしない、締まりが無いと感じる方がいるかもしれない。文が続いて段落になり、そこにかなりの数のラレル動詞が出てくると、だらしない、締まりが無いという感じが強くなると実感する方もいるかもしれない。これらの場合に分けて、例を挙げる。


　　[1]　一つの文に、ラレル動詞が一つしか無い場合

例を挙げる。1番目の例は下記である。

　　（1-247）？アメリカ軍による空爆が行われました。

　　（1-248）　アメリカ軍が空爆を行いました。

　　（1-249）　アメリカ軍が空爆しました。

(1-247)は多分2001年に、テレビのニュースで聞いた。アメリカのアフガニスタン攻撃について述べている。この文は締まりが無い。(1-248)のように言えば、文が引き締まる。(1-249)のように言えば、もっと引き締まる。

　2番目の例は下記である。

　　（1-250）？消防による消火活動が行われています。

　　（1-251）　消防が消火活動を行っています。

　　（1-252）　消防が消火活動をしています。

(1-250)は2018年5月12日にテレビ朝日で聞いた。京都の老舗の料亭が全焼した。現場でアナウンサーが(1-250)を言った。この文も締まりが無い。(1-251)のように言えば、文が引き締まる。(1-252)のように言えば、もっと引き締まる。

　3番目の例は下記である。

　　（1-253）？専門職員による対策委員会が開かれています。

　　（1-254）　専門職員が対策委員会を開いています。

(1-253)は2014年2月28日にNHKテレビニュースで聞いた。この文も締まりが無い。(1-254)のように言えば、文が引き締まる。

　4番目の例は下記である。

　　（1-255）？箱根町による甘酒のサービスが行われています。

　　（1-256）　箱根町が甘酒のサービスを行っています。

　　（1-257）　箱根町が甘酒のサービスをしています。

　（1-255）は2013年1月2日に日本テレビの箱根駅伝中継で聞いた。この文も締まりが無い。（1-256）のように言えば、文が引き締まる。（1-257）のように言えば、もっと引き締まる。

　5番目の例は下記である。

　　（1-258）　？（名前）から（名前）へたすきが渡されました。

　　（1-259）　（名前）から（名前）へたすきを渡しました。

（1-258）は（1-255）の箱根駅伝中継の2日目、即ち、1月3日に聞いた。東京農業大学の第9区の選手が第10区の選手に、たすきを渡した場面である。アナウンサーは選手の名前を言ったが、私はメモできなかった。（1-258）も締まりが無い。（1-259）のように言えば、文が引き締まる。

　1月2日と3日の2日間の箱根駅伝の中継の間、「たすきが渡されました」という表現を何回も聞いた。「たすきを渡しました」と言えば良い。

　6番目の例は下記である。

　　（1-260）　？日の丸が振られています。

　　（1-261）　日の丸を振っています。

（1-260）は2015年6月17日にNHKテレビで見た、女子サッカーのワールドカップの日本対エクアドル戦の再放送で聞いた。スタンドの応援者について述べている。この文も締まりが無い。（1-261）のように言えば、引き締まる。

　スポーツ中継では、アナウンサーは短時間に沢山のことを言うとして、早口で話す。ではなぜ、ラレル受動文を使うのだろうか？　能動文は簡潔なのに。不思議である。このことは（1-258）にも当てはまる。

　7番目の例は下記である。

　　（1-262）　？一番後ろの車両からも乗客の避難が行われました。

　　（1-263）　一番後ろの車両からも乗客が避難しました。

（1-262）は2017年9月11日にNHKテレビのニュースで聞いた。線路脇の火事が燃え移って、小田急電車の車両の屋根が燃えたというニュースである。この文も締まりが無い。（1-263）のように言えば良い。

　8番目の例は下記である。

　　（1-264）　？話し合いの場が持たれました。

　　（1-265）　話し合いをしました。

　　（1-266）　話し合いました。

(1-264)は2013年9月22日にNHKテレビで聞いた。どうしてこんな回りくどい言い方をするのだろうか？　こんな変な日本語を聞くと、胃がもたれる。(1-265)のように言えば、すっきりする。(1-266)のように言えば、もっとすっきりする。胃もすっきりする。

　9番目の例は下記である。

　　　(1-267)　？政府に対して、国立美術館設立の要望が、多くの芸術家から
　　　　　　　出されました。

　　　(1-268)　　多くの芸術家が国立美術館設立の要望を政府に出しました。

(1-267)は2014年4月4日にテレビ番組で聞いた。イギリスの芸術家が政府に要望を出したというニュースである。(1-267)も締まりが無い。かなり回りくどい。(1-268)のように言えば、すっきりする。


　[2] 一つの文に、ラレル動詞が二つ以上ある場合

例を挙げる。1番目の例は下記である。

　　　(1-269)　？国立環境研究所(茨城県つくば市)の公開シンポジウムが16
　　　　　　　日、大津市のびわ湖ホールで開かれ、気候変動や生態系な
　　　　　　　ど、研究員の最新の研究成果が市民に披露された。

　　　(1-270)　　国立環境研究所(茨城県つくば市)が公開シンポジウムを16
　　　　　　　日、大津市のびわ湖ホールで開き、気候変動や生態系など、
　　　　　　　研究員の最新の研究成果を市民に披露した。

(1-269)は2017年6月18日の京都新聞の記事(Yahoo! JAPANに転載)にあった。この文も締まりが無い。(1-270)のように言う。

　2番目の例は下記である。

　　　(1-271)　？元女優で実業家の千葉麗子さん(42)が今月12日に行われる
　　　　　　　予定だったサイン会が抗議の電話やFAXがあったとして、
　　　　　　　中止されたことが分かった。

　　　(1-272)　　元女優で実業家の千葉麗子さん(42)が今月12日に行う予定
　　　　　　　だったサイン会を、抗議の電話やFAXがあったとして、中
　　　　　　　止したことが分かった。

(1-271)は2017年1月9日の産経新聞の記事(Yahoo! JAPANに転載)にあった。(1-272)のように言う。

　3番目の例は下記である。

(1-273) ？植えられた苗は氏子に育てられ、秋には収穫されて、神社に
供えられます。

(1-274) 植た苗は氏子が育て、秋には収穫して、神社に供えます。

(1-273)は2018年5月10日にNHKテレビのニュースで聞いた。水戸農業
高校の女生徒が田植えをした。神社かどこかで田植えを行ったらしい。(1-
274)のように言う。

一つの文にラレル動詞が二つ以上ある場合を見た。一つの文にラレル動詞が
一つしか無い場合と比べて、締まりが無い感じが強くなったと感じるであろ
う。段落になると、その感じが一層強くなる。以下で見る。

[3] 段落に、ラレル動詞がある場合

例を挙げる。1番目の例は下記である。

(1-275) ？伊勢丹の手提げ袋のデザインが30日、半世紀ぶりにリ
ニューアルされた。全国の10店で一斉に切り替わり、新宿
本店(東京都)では同じタータンチェック柄を使った洋服や雑
貨など約100商品も売り出された。

(1-276) 伊勢丹が手提げ袋のデザインを30日、半世紀ぶりにリ
ニューアルした。全国の10店で一斉切り替え、新宿本店(東
京都)では同じタータンチェック柄を使った洋服や雑貨など
約100商品も売り出した。

(1-275)は2013年10月30日に朝日新聞(夕刊)で見た。この文も締まりが
無い。(1-276)のように言えば、引き締まる。

2番目の例は下記である。

(1-277) ？関係者によりますと、当初、大阪地検に提出されたのは書き
換えられた後の文書で、その後、書き換え前の文書があるこ
とを把握し、新たに入手したということです。特捜部は決済
文書が書き換えられた経緯について詳しく調べています。

(1-278) 関係者によりますと、当初、大阪地検に提出したのは書き換
えた後の文書で、その後、書き換え前の文書があることを把
握し、新たに入手したということです。特捜部は決済文書を
書き換えた経緯について詳しく調べています。

(1-277)は2018年3月13日のTBS NEWSの記事(Yahoo! JAPANに転載)

で見た。森友学園への国有地売却に関する決済文書を財務省が改ざんしたといゥ疑いを報道している。(1-275)よりも一層、文の締まりが無い。だらだらしている。(1-278)のように言えば、引き締まる。

　3番目の例は下記である。

　　(1-279)　？夏から秋にかけて露地栽培される夏秋キューリで出荷量全国
　　　　　　一の福島県。その最大の産地、須賀川市で出荷作業が最盛期
　　　　　　を迎えている。JAすかがわ岩瀬の選果場では、コンベヤーに
　　　　　　並べられたキューリが等級ごとに箱詰めされている。キュー
　　　　　　リはカメラで撮影して長さや太さ、曲がりや傷の有無などを
　　　　　　検査され、自動的に7等階級に選別される。

　　(1-280)　　夏から秋にかけて露地栽培する夏秋キューリで出荷量全国一
　　　　　　の福島県。その最大の産地、須賀川市で出荷作業が最盛期を
　　　　　　迎えている。JAすかがわ岩瀬の選果場では、コンベヤーに並
　　　　　　べたキューリを等級ごとに箱詰めしている。キューリはカメ
　　　　　　ラで撮影して長さや太さ、曲がりや傷の有無などを検査し、
　　　　　　自動的に7等階級に選別する。

(1-279)は2013年8月20日に朝日新聞(夕刊)で見た。ラレル受動文を多用している。(1-277)よりも一層、文の締まりが無い。だらだらしている。(1-280)のように言えば、引き締まる。なお、(1-279)にはラレルのねじれもある。(1-280)で直しておいた。

　以上、締まりの無い文にするラレル受動文、だらだらした文にするラレル受動文の例を見た。一つの文の場合よりも段落の場合の方が、締まりが無い、ダラダラしている感じが強いことを感じられただろうか?

　なぜこんな回りくどい言い方をするのだろうか?ラレル受動文を使わなければ、すっきりした文になるのに。これも不思議である。

### 1.9　無責任に聞こえるラレル受動文

　無責任に聞こえるラレル受動文、責任逃れに聞こえるラレル受動文がある。例を挙げる。1番目の例は下記である。

　　(1-281)　？電源が失われました。

　　(1-282)　　電源を失いました。

(1−281)は2011年3月の福島原発の事故の際に東京電力が行った記者会見の
ニュースで聞いた。（日付やテレビ局名は記録しておかなかった。）私はこの文
を聞いた時、これはひどいと思った。東京電力は無責任な言い方をしていると
思った。自分たちが電源を失ったのだから、そうはっきり言うべきである。
(1−282)のように言うべきだ。

　2番目の例は下記である。

　　（1−283）？なによりも実験は確実に行われており…

　　（1−284）　なによりも実験は確実に行っており…

　　（1−285）？STAP細胞は何度も確認された真実です。

　　（1−286）　STAP細胞は何度も確認した真実です。

(1−283)と(1−285)は2014年4月9日の朝日新聞DIGITALで見た。理化学
研究所の或る女性研究員が、STAP細胞という細胞の研究に問題があったとい
う指摘を受けて、記者会見を開いて反論した。その際、「不服申し立てに際し
てのコメント」という文書を配布した。(1−283)と(1−285)はそのコメント
の中にあった。（朝日新聞の記者がこの女性研究員の言葉を書き換えたもので
はない。）私は(1−283)と(1−285)も無責任な言い方だと思った。自分で実験
をしたのだから、(1−284)と(1−286)のように言うべきだ。

## 1.10　他人事に聞こえるラレル受動文

　他人事に聞こえるラレル受動文がある。無責任な言い方の例ではないが、
やや似ている。滑稽なラレル受動文(1.3参照)と呼べるものもある。例を挙げ
る。1番目の例は下記である。

　　（1−287）？泥棒は盗まれた金を全て使いました。

　　（1−288）　泥棒は盗んだ金を全て使いました。

(1−287)は2012年にNHKテレビのニュースで聞いた。泥棒が金を盗んで、
その金を全て使ったというニュースである。私はこの文を聞いて、笑ってし
まった。これではまるで、泥棒が金を盗まれたかのようである。即ち、泥棒が
被害を受けたように感じる。これは滑稽なラレル受動文の例でもある。正しく
は(1−288)のように言う。

　2番目の例は下記である。

　　（1−289）？犯人は事件に使われた拳銃は自分で捨てたと言った。

　　（1−290）　犯人は事件に使った拳銃は自分で捨てたと言った。

(1-289)は2003年12月22日にNHKテレビのニュースで聞いた。私は、犯人が拳銃を他の人に使われたのかと思った。しかし、犯人は自分で拳銃を使ったということが分かった。(1-290)のように言う。

　3番目の例は下記である。

　　(1-291)　？焼かれた遺体を遺棄しました。

　　(1-292)　　焼いた遺体を遺棄しました。

(1-291)は2017年12月16日にNHKテレビのニュースで聞いた。殺人事件の犯人について述べている。私は、他の人が遺体を焼いたのかと思った。その後で、犯人が自分で焼いたと分かった。(1-292)のように言う。

　4番目の例は下記である。

　　(1-293)　？男の首には爆弾が取り付けられていた。

　　(1-294)　　男は首に爆弾を取り付けていた。

(1-293)は2013年1月21日の朝日新聞で見た、テレビドラマの紹介にあった。バスジャックをした男について述べている。男が自分で自分の首に爆弾を取り付けた。自爆覚悟であったのだろう。(1-293)は不自然な感じがする。(1-294)のように言えば良い。

　5番目の例は下記である。

　　(1-295)　？警察は逮捕された容疑者を再逮捕しました。

　　(1-296)　　警察は逮捕した容疑者を再逮捕しました。

(1-295)は2016年4月21日にNHKテレビのニュースで聞いた。警察が以前、逮捕したことの或る人を再逮捕したというニュースである。警察が以前、逮捕したのだから、(1-296)のように言う。

　6番目の例は下記である。

　　(1-297)　？国はこれまで施行されていたガイドラインを改訂しました。

　　(1-298)　　国はこれまで施行していたガイドラインを改訂しました。

(1-297)は2015年3月10日にNHKテレビの「クローズアップ現代」という番組で聞いた。論文の不正について国が研究倫理のガイドラインを変更したという話である。国がガイドラインを施行していたのだから、(1-298)のように言う。

　7番目の例は下記である。

　　(1-299)　？気象庁は7日午後7時20分、宮城県に出されていた津波警
　　　　　　　報、青森県太平洋沿岸、岩手県、福島県、茨城県に出されて

　　　　　　　いた津波注意報をいずれも解除した。

（1-300）　　気象庁は 7 日午後 7 時 20 分、宮城県に出していた津波警
　　　　　　　報、青森県太平洋沿岸、岩手県、福島県、茨城県に出してい
　　　　　　　た津波注意報をいずれも解除した。

（1-299）は 2012 年 12 月 7 日に Yahoo! JAPAN で見た。気象庁が自分で出し
たのだから、（1-300）のように言う。

　8 番目の例は下記である。

（1-301）　？準決勝で使われるシートで氷の状態を確かめていました。

（1-302）　　準決勝で使うシートで氷の状態を確かめていました。

（1-301）は 2018 年 2 月 23 日に NHK テレビで聞いた。平昌五輪での日本の
女子カーリング・チームについて述べている。このチームが自分で使うのだか
ら、（1-302）のように言う。

　9 番目の例は下記である。

（1-303）　？二重投稿は許されない。

（1-304）　　二重投稿は許ない。

2000 年頃だったと思う。私は日本言語学会の機関誌『言語研究』の編集委員
会の委員をしていた。或る会議で、『言語研究』の投稿規定について話し合っ
た。規定の一つとして、編集委員会委員長が（1-303）を提案した。私は提案
の趣旨自体には賛成だったが、文言について修正を提案した。日本言語学会が
許さないのだから、「二重投稿は許ない」と書くべきだと提案した。或る委員
は私の修正案に賛成した。

　10 番目の例は下記である。（1-303）に似ている。

（1-305）　日本体操協会の役員の言葉
　　　　　　　暴力は許さない。

（1-306）　アナウンサーの言葉
　　　　　　　？暴力は許されないと言っています。

（1-305）と（1-306）は 2018 年 8 月 29 日に TBS テレビの番組で聞いた。体
操のコーチが選手に暴力を振るったという事件があり、それについて日本体操
協会の役員が（1-305）を言った。その後、番組のアナウンサーが（1-306）を
言った。（1-305）のように言うべきだ。日本体操協会が許さないのだから。

　（1-306）にはもう一つ問題がある。この問題とは、このアナウンサーが日
本体操協会の役員の言葉を言い換えたことだ。人間には権利がある。様々な権

利がある。人権、肖像権、プライバシー権など多数ある。このアナウンサーが
したことは、やや大袈裟に言えば、言語に関する肖像権のようなものの侵害だ
と思う。この言い換えは些細なものかもしれない。日本体操協会の役員は怒ら
なかったかもしれない。しかし、もっとひどい例がある。2018 年 8 月 27 日
頃に、或るテレビ番組で、プロ野球の元近鉄の金村義明氏が自分の経験を語
り、怒っていた。高校 3 年の時、近鉄への入団が決まり、近鉄から契約金を
もらった後、パンチパーマをかけた。報道の取材を受けた時に、本人は「僕」
と言ったのに、記事には「わし」とか「わい」と書いてあった。新聞記者が記
事を書く時に、勝手に「僕」を「わし」あるいは「わい」に変えてしまったの
である。記者はパンチパーマの人には「僕」よりも「わし」あるいは「わい」
の方が相応しいと思ったのかもしれない。しかし、記者は人の言ったことを勝
手に変えてはいけない。金村義明氏が怒るのは当然だ。時代が変わり、世の中
の風潮が変われば、記者が人の言ったことを勝手に変えると訴えられるように
なるかもしれない。

　他人事に聞こえるラレル受動文の話に戻る。11 番目の例は下記である。

　　(1-307)　？菜七子の鍛え上げられた筋肉に黒柳徹子驚がく

　　(1-308)　　…鍛え上げた筋肉…

(1-307)は 2019 年 6 月 18 日のデイリースポーツの記事(Yahoo! JAPAN に転
載)の見出しである。競馬の女性騎手の藤田菜七子という人がテレビの「徹子
の部屋」という番組に出演したというニュースである。藤田菜七子騎手が自分
で鍛えたのだから、(1-308)のように言う。

　12 番目の例は下記である。

　　(1-309)　？カグラザメが掛かった定置網は 1 月 8 日、後藤さんにとって
　　　　　　　1 回目のダイオウイカが入っていた時と同じ場所に仕掛けら
　　　　　　　れていた。

　　(1-310)　　…同じ場所に仕掛けておいた。

(1-309)は 2014 年 2 月 14 日に、msn 産経ニュースで見た。新潟県の後藤繁
紀さんという漁師が以前、ダイオウイカを 2 回水揚げして、今回はカグラザ
メという巨大ザメを水揚げしたというニュースである。後藤さんが自分で定置
網を仕掛けたのだから、(1-309)は不自然だ。更に、後藤さんが迷惑してい
るように感じる。(1-310)のように言う。

　上記の、私が言い換えた文ではラレル動詞は能動動詞に変えた。更に、(1

－310)では、能動動詞ではあるが、「仕掛けておいた」に変えた。(1－310)では「…しておく」の言い方が自然だと思うので。

## 1.11 ラレル動詞の使用そのものに違和感を覚えるラレル受動文

始めに、誤解の無いように以下を述べておく。私はラレル動詞あるいはラレル受動文を全く使うべきではないと主張しているのではない。ラレル動詞とラレル受動文には立派な役目がある。能動動詞と能動文にはできない役目である。例として、(1－11)を再度、挙げる。プロ野球のロッテと楽天の試合で、ロッテ打線が内角攻めされたという記事である。

　　　(1－11)　ロッテ打線は外を待っているところで内角のシュート系を打たされて、併殺に打ち取られていた。左打者も内角のカットボールをファウルさせられて、カウントを稼がれた…

ここではラレル受動文を使わなくてはならない。能動文を使ったら、この文は意味をなさない。例を追加する。

　　　(1－311)　…完璧に抑えるよりは打たれた方がいろいろ分かる…

　　　(1－312) ?…完璧に抑えるよりは打つ方がいろいろ分かる…

(1－311)は2018年3月18日に産経ニュース(インターネット版)で見た。元西武ライオンズの牧田和久投手がアメリカのサンディエゴ・パドレスに入り、練習試合で3失点して、試合後に(1－311)を言ったというニュースである。ラレル動詞を能動動詞に変えると(1－312)になる。しかし、(1－312)はこの文脈では意味をなさない。

このように、ラレル動詞とラレル受動文には立派な役目がある。しかし、ラレル動詞とラレル受動文の例の中には、私から見て「おい、おい。こんなところでラレルを使うなよ。ラレルを無闇に使うなよ。ラレルを大事にしろよ。大事な時に使えよ」と言いたくなる例が無数にある。既に多数挙げてある。例を追加する。以下の場合に分けて例を挙げる。

　　[1] 連体修飾節の中ではない場合
　　[1－1] 複合動詞を使う場合
　　[1－2] 複合動詞を使わない場合
　　[2] 連体修飾節の中にある場合
　　[2－1] 複合動詞を使う場合
　　[2－2] 複合動詞を使わない場合

例を挙げる。

　　［1］連体修飾節の中ではない場合
　　［1-1］複合動詞を使う場合
　　1番目の例は下記である。
　　　（1-313）？農家にとって水は不可欠。農家の中で水不足が心配され始め
　　　　　　　　ています。
　　　（1-314）　…。農家が水不足を心配し始めています。
（1-313）は2017年7月21日にTBSテレビの番組で聞いた。私の感覚では、
（1-313）の2番目の文は、一見日本語に見えるが、日本語ではない。日本語
では（1-314）のように言う。
　　2番目の例は下記である。
　　　（1-315）？あるものが作り始められておった。
　　　（1-316）　あるものを作り始めていた。
（1-315）は2017年10月22日にNHKの大河ドラマ「直虎」(なおとら)で聞い
た。これも私の感覚では日本語ではない。日本語では（1-316）のように言う。
　　ラレル動詞は「心配され始めて」では先に来て、「作り始められて」では後
に来ている。ラレル動詞が先に来るかどうかについて、一貫性は無いようだ。
　　3番目の例は下記である。
　　　（1-317）？これは磨かれ終わっています。
　　　（1-318）　これは磨き終えてあります。
（1-317）は2018年1月28日にNHKテレビのスポーツ番組で聞いた。大相
撲初場所で優勝力士に渡す優勝杯について述べている。（1-317）も私の感覚
では日本語ではない。日本語では（1-318）のように言う。（「終えてある」は
テアル動詞である。テアル動詞は第4章で扱う。）
　　4番目の例は下記である。
　　　（1-319）？三つ四つと買われて行きます。
　　　（1-320）　三つ四つと売れて行きます。
（1-319）は2018年1月29日にNHKテレビのニュースで聞いた。大雪が降
るという天気予報が出たので、スコップがよく売れているというニュースであ
る。（1-319）も私の感覚では日本語ではない。日本語では（1-320）のように
言う。

5番目の例は下記である。

（1-321）？…、物語が練りに練られている。

（1-322）　…、物語が練りに練ってある。

（1-323）　…、物語を練りに練っている。

（1-321）は（1-289）が載っている記事で見た。（1-321）も私の感覚では日本語ではない。更に（1-321）にはラレルのねじれがある。（ラレルのねじれについては、1.5.4 参照。）（1-322）または（1-323）のように言う。


［1-2］複合動詞を使わない場合

1番目の例は下記である。

（1-324）？厳しいトレーニングを続けているアスリートにエネルギーが
　　　　　届けられます。

（1-325）　…エネルギーを届けます。

（1-324）は 2018 年 8 月 31 日にテレビで見た、スポーツドリンクか何かの飲み物の宣伝で聞いた。陸上競技選手が練習しているところに飲み物を届ける場面である。私の感覚では（1-324）は日本語ではない。日本語では（1-325）のように言う。

2番目の例は下記である。

（1-326）？選手への質疑応答終了後、代理人から報道各社に向けて以下
　　　　　のような"お願い"が述べられた。

（1-327）　…、代理人が…"お願い"を述べた。

（1-326）は 2018 年 5 月 22 日の BUZZ Feed JAPAN の記事（Yahoo! JAPAN に転載）にあった。日本大学のアメリカンフットボール部で不祥事があり、選手たちが記者会見を行ったというニュースである。私の感覚では、（1-326）も日本語ではない。日本語では（1-327）のように言う。

3番目の例は下記である。

（1-328）？彼に対してヨーロッパ各国から強い関心が示されている。

（1-329）　ヨーロッパ各国が彼に強い関心を示している。

（1-328）は 2019 年 2 月 5 日の GOAL の記事（Yahoo! JAPAN に転載）にあった。日本の冨安健洋というサッカー選手についての記事である。（1-329）のように言う。

4番目の例は下記である。

　　(1-330)？西武ファンの声援が送られています。

　　(1-331)　　西武ファンが声援を送っています。

(1-330)は2018年6月2日にテレビの野球中継でアナウンサーが言った。(1-331)のように言う。

　5番目の例は下記である。

　　(1-332)？再び、スタートが切られました。

　　(1-333)　　再び、スタートを切りました。

(1-332)は2018年月2日に日本テレビの平昌五輪中継で聞いた。スケート女子、ショートトラックの予選で選手がぶつかって、スタートし直した。その時、アナウンサーが(1-332)を言った。(1-333)のように言う。


　[2]　連体修飾節の中にある場合

　[2-1]　複合動詞を使う場合

　(1-321)で、「練りに練られている」の例を見た。この表現を連体修飾節に使った例を見つけた。

　　(1-334)？練りに練られたその曲

　　(1-335)　　練りに練ったその曲

(1-334)は2019年7月にNHKテレビの「らららクラシック」という番組で聞いた。ラベルの弦楽四重奏の作品について述べている。(1-334)はラレル動詞の使用そのものに違和感を覚えるだけではない。ラレルのねじれもある。(1-335)のように言う。


　[2-2]　複合動詞を使わない場合

　1番目の例は下記である。

　　(1-336)？…、財務省側から提出された資料…

　　(1-337)　　…、財務省側が提出した資料…

(1-336)は(1-277)と同じ記事にあった。(1-277)と同じく財務省による文書改ざんについてのニュースである。(1-337)のように言う。

　2番目の例は下記である。

　　(1-338)？…江戸時代に掘られた古井戸…

　　(1-339)　　…江戸時代に掘った古井戸…

(1-338)は2018年7月16日の毎日新聞(インターネット版)で見た。(1-

339)のように言う。

　3番目の例は下記である。

　　（1－340）？…彼の口から語られた言葉…

　　（1－341）　…彼が語った言葉…

（1－340）は2018年6月30日のNumber Webの記事（Yahoo! JAPANに転載）
にあった。サッカー日本代表サッカーの監督をしたイビチャ・オシムという人
を取材した記事である。（1－341）のように言う。

　4番目の例は下記である。

　　（1－342）？バックスクリーン後方に掲げられた球団旗…

　　（1－343）　バックスクリーン後方に掲げた球団旗…

（1－342）は2018年2月1日にデイリースポーツ（インターネット版）で見た。
阪神タイガースの春季キャンプ初日の様子である。（1－343）のように言う。

　5番目の例は下記である。

　　（1－344）？様々な人の気持ちが込められた「甦る」

　　（1－345）　様々な人の気持ちを込めた「甦る」

（1－344）は2018年3月21日にNHKテレビで聞いた。鈴木さんという人が
福島県浪江町にあった酒蔵を原発事故で失ったが、山形県で酒造りを再開し
た。その酒の名前は「甦る」である。アナウンサーが（1－344）を言った。ぜ
ひ、甦って欲しい。ただし、（1－345）のように言う。


## 1.12　私の日本語では自動詞を使うところでラレル動詞を使った場合

　例を少し見つけた。もっと多数あるだろう。和語の場合と漢語の場合に分け
て、例を挙げる。


　［1］和語の場合

　1番目の例は下記である。

　　（1－346）？橋脚が残されています。

　　（1－347）　橋脚が残っています。

（1－346）は2018年7月14日に、テレビ朝日の「サタデーステーション」と
いう番組で聞いた。西日本の水害で、鉄道の鉄橋が流れたことを報道した。私
から見ると（1－346）は間違いである。誰かが橋脚を残したのではない。（1－
347）のように言う。

　2番目の例は下記である。(1-222)と(1-223)を再度、挙げる。(1-348)を加える。

　　　(1-222)　?巨人はこの日の会見で詳細を明らかにしたが、不透明な部分
　　　　　　　も数多く残された。

　　　(1-223)　…詳細を明らかにしたが、不透明な部分も数多く残した。

　　　(1-348)　…詳細を明らかにしたが、不透明な部分も数多く残った。

私から見ると(1-222)は間違いである。(1-223)のように他動詞「残す」で言い換えても良い。(1-348)のように自動詞「残った」で言い換えても良い。

　3番目の例は下記である。

　　　(1-349)　?濃霧注意報が出されています。

　　　(1-350)　濃霧注意報が出ています。

(1-349)は2020年10月19日にNHKテレビの天気予報で聞いた。私なら(1-350)のように言う。

　4番目の例は下記である。

　　　(1-351)　?店や家が焼かれても…

　　　(1-352)　店や家が焼けても…

(1-351)は2018年7月1日にNHKテレビで聞いた。江戸の町人が火災にあっても街を復興したという話である。私は(1-352)のように言う。


　[2]　漢語の場合

　1番目の例は下記である。「解決する」は他動詞としても使えるし、自動詞としても使える。

　　他動詞：

　　(1-353)　問題を解決する。

　　自動詞：

　　(1-354)　問題が解決する。

下記をご覧いただきたい。

　　　(1-355)　?問題が解決されたわけではない。

　　　(1-356)　問題が解決したわけではない。

(1-355)は2015年10月2日にNHKテレビのニュースで聞いた。TTP担当大臣の甘利明氏がTTP交渉について述べた。「解決する」を他動詞として用い、そのラレル形を用いている。私なら、自動詞として用いる。私は(1-

356)のように言う。

　2番目の例は下記である。「固定する」は他動詞としても使えるし、自動詞としても使える。

　他動詞：

　（1-357）　チームのメンバーを固定する。

　自動詞：

　（1-358）　チームのメンバーが固定する。

下記をご覧いただきたい。

　（1-359）　？メンバーががっちり固定されているチーム…

　（1-360）　　メンバーががっちり固定しているチーム…

　（1-361）　　メンバーっちり固定したチーム…

（1-359）は2018年7月7日のデイリースポーツの記事（Yahoo! JAPAN に転載）にあった。「固定する」を他動詞として用い、そのラレル形を用いている。私なら、自動詞として用いる。（1-360）（「固定している」）のように言っても良い。しかし、（1-361）（「固定した」）の方が自然に感じる。

　「漢語＋する」で、他動詞としても、自動詞としても使えるものを、第5章5.8で詳しく見る。

### 1.13　私の日本語ではラレル動詞が存在しない場合

　例を挙げる。

　（1-362）　？…という故事から由来されているそう。

　（1-363）　　…という故事に由来しているそう。

（1-362）は2015年1月11日のスポーツナビの記事（Yahoo! JAPAN に転載）にあった。東京都港区にある愛宕神社の「出世の階段」の名前の由来を述べている。私の日本語では「由来する」にはラレル動詞は存在しない。ラレル動詞は使えない。正しくは（1-363）のように言う。（ついでに格助詞「から」を「に」に変えると良い。）

　私の日本語には存在しないのだが、新聞記事、テレビ番組、インターネット記事などでしばしば見る、あるいは、聞くラレル動詞がある。それは「失われる」である。第3章の3.7.4で詳しく見る。

## 1.14　第1章、ラレル受動文(第1部)のまとめ

1.1 で、受動文とは何か、簡単に述べた。1.2 では、ラレル受動文の使用頻度が上昇し、かつ、使用範囲が拡大していると述べた。その結果であろうか、私から見て違和感を覚えるラレル受動文、私の判断では間違いであるラレル受動文が無数にある。それらについて、1.3 から 1.13 まで見てきた。

このように、ラレル受動文を使うと(少なくとも私から見て)おかしな文、間違った文になる場合が多数ある。ラレル受動文を使ったために、文が滑稽になったり、意味が不自然に不自然になったり、誤解を招くようになったり、ラレルのねじれが生じたり、文の流れが悪くなったり、文が分かりにくくなったり、締まりの無い文になったり、無責任に聞こえる文になったり、他人事に聞こえる文になったりする。私が「おい、おい。こんなところでラレルを使うなよ。ラレルを無闇に使うなよ。ラレルを大事にしろよ。大事な時に使えよ」と言いたくなる例が無数にある。ラレル受動文には立派な役目があるのに。私なら自動詞を使うところで、ラレル動詞を使った例もある。私の日本語では存在しないラレル動詞を使った例もある。

なぜ、ラレル受動文をこのように使うのだろう？　不思議である。ラレル受動文を使わなければ、こんなことは起こらないのに。

よく、「言葉の乱れ」ということを言う人がいる。こういう人達は敬語や「ら抜き言葉」などについて言葉の乱れと言う。では、上で見たような、変なラレル受動文について、なぜ、言葉の乱れと言わないのだろうか？　これも不思議である。

第1章では、(少なくとも私から見て)おかしなラレル受動文、間違ったラレル受動文の使用の実態をみた。第2章では、これらのラレル受動文の使用の背後に何があるかを探る。なぜこのようなラレル受動文を使うのだろうかを考える。

# 第2章　ラレル受動文（第2部）：
# なぜ、ラレル受動文を使うか？

## 2.1　はじめに

　第1章で見たように、ラレル受動文の例には、私から見ておかしな文や間違った文が無数にある。ラレル受動文を使ったために、文が滑稽になったり、意味が不自然になったり、誤解を招いたり、ラレルのねじりが生じたり、文の流れが悪くなったり、文が分かりにくくなったり、締まりの無い文になったり、無責任に聞こえる文になったり、他人事に聞こえる文になったりする。私が「おい、おい。こんなところでラレルを使うなよ。ラレルを無闇に使うなよ。ラレルを大事にしろよ。大事な時に使えよ」と言いたくなる例が無数にある。ラレル受動文には立派な役目があるのに。このようなラレル文を使う人は大勢いる。なぜ、こんな変なラレル受動文を使うのであろうか？　私にとっては不思議である。第2章では、なぜ、こんな変なラレル受動文を使うのか、探って見よう。

## 2.2　無標と有標

　言語学では、二つの表現を比べて「無標」と「有標」と言うことがある。大まかに言うと、二つの表現のうち、普通の言い方の方が無標であり、特別な言い方の方が有標である。無標と有標は、形の観点から言う場合もあり、意味・用法の観点から言う場合もある。

　例えば、英語の単語の lion「ライオン」と lioness「雌ライオン」を比べてみよう。Lioness には女性または雌を表す接尾辞 -ess が付いているが、lion には付いていない。形の点で lion は無標であり、lioness は有標である。また、lioness は雌ライオンという、限定的な意味を持つ。一方、lion は限定が無い。ライオンを指す。雄ライオンの場合もあり、雌ライオンの場合もある。意味の点でも、lion は無標であり、lioness は有標である。

　日本語の例を挙げる。「筆」と「絵筆」を比べてみよう。形の点では、「絵筆」には「絵」がついているが、「筆」にはついていない。従って、「筆」は無

標で、「絵筆」は有標である。意味の点では、「筆」に書道に使うものもあり、絵を描く時に使うものもある。一方、「絵筆」は絵を描く時に使うものだけである。従って、意味の点でも、「筆」は無標で、「絵筆」は有標である。

　次に、日本語の能動文とラレル受動文を比べてみよう。第1章の1.1で挙げた(1-8)と(1-9)を再度挙げる。

(1-8)　　花子が　太郎を　叱った。

(1-9)　　太郎が　花子に　叱られた。

まず、形の観点を見る。ラレル受動文の(1-9)の動詞には「られる」が付いている。一方、能動文の(1-8)の動詞には付いていない。即ち、形の点では能動文が無標であり、ラレル受動文が有標である。格助詞と語順については、どちらが有標か無標か、決めるのは困難である。

　では、意味・用法の点ではどうであろうか？　能動文が無標で、受動文が有標であるという考え方が一般的であろう。例えば奥津(1982: 72)もそう述べている。では、意味・用法の点で、なぜ、能動文が無標で、受動文が有標であると言えるのであろうか？　奥津(1982: 70, 72)の説を紹介する。奥津の考えは、大まかに言うと、以下の通りである。

(a) ある出来事について述べる時に、動作者の立場から述べる時には能動文を、動作の受け手の立場から述べる時には受動文を使う。

(b) 話し手は、動作の受け手の立場よりも、動作者の立場から出来事を見やすい。従って、能動文が無標で、受動文が有標である。

(1-8)と(1-9)の場合では、動作者は花子で、動作の受け手は太郎である。

　奥津の説を検討しよう。(a)の部分は当てはまる場合もあり、当てはまるとは言いがたい場合もある。例として、(1-11)と(1-206)を再度挙げる。(私の日本語では(1-206)は間違いである。(1-207)のように言う。)

(1-11)　　ロッテ打線は外を待っているところで内角のシュート系を打たされて、併殺に打ち取られていた。左打者も内角のカットボールをファウルさせられて、カウントを稼がれた…

(1-206)　？閣僚が集まって、話し合いが行われました。

(1-207)　　閣僚が集まって、話し合いを行いました。

(1-11)では、動作の受け手、即ち、ロッテ打線の立場で述べている。これは明らかである。奥津の説に合致する。しかし、私の感覚では、(1-206)では、話し合いの立場で述べていると言うのは無理である。奥津の説を支持しな

い。このように、奥津の説は、(a)の部分は当てはまらない場合がある。

　奥津の説の(b)の部分を見よう。少なくとも私の日本語では、(b)の部分は当てはまると思う。例えば、(1-8)と(1-9)を比べて見よう。話者が花子の友達あるいは味方でもなく、太郎の友達あるいは味方でもなくて、いわば中立的な立場でこの出来事を述べる場合には(1-8)を言うだろう。一方、話者が太郎の友達あるいは味方である場合には(1-9)を言うだろう。この点で奥津の説の(b)の部分は当てはまる。

　私の観察では、意味・用法の点で、能動文が無標で、受動文が有標であると言えると理由で、奥津が挙げていないものが少なくとも二つある。

　理由1。第1章で見たように、ラレル受動文を使うと、文が滑稽になったり、意味が不自然になったり、誤解を招いたり、ラレルのねじれが生じたり、文の流れが悪くなったり、文が分かりにくくなったり、締まりの無い文になったり、無責任に聞こえたり、他人事に聞こえたりすることがある。ラレル受動文を使わないで、能動文を使えばこんなことは起こらない。この点で、能動文が無標で、受動文が有標であると言える。

　理由2。私はそうは思わないが、或る種の日本人は、能動文と比べて、ラレル受動文はおしゃれであると思っているらしい。このような人達にとっては、おしゃれという点で、能動文が無標で、受動文が有標であると言える。2.5.3で「ラレル受動文はおしゃれか？」ということを考察する。

　第1章で見たように、私から見て、ラレル受動文の不思議な用法が多数ある。なぜこんなラレル受動文を使うのであろうか？　不思議な現象である。2.4と2.5で、この点について考えて見よう。その前に、2.3で、不思議な用法の例を追加しておく。

## 2.3　ラレル受動文の不思議な用法の追加

　第1章で見たように、ラレル受動文の不思議な用法の例は多数ある。例を二つ挙げる。1番目の例は第1章で挙げた。

　　(1-88)　誤って着陸許可を出し、誤って着陸許可が出され…

鹿児島空港で日本航空の旅客機が新日本航空のプロペラ機にぶつかりそうになった。アナウンサーが管制官について(1-88)を言った。「誤って着陸許可を出し」は正しい。しかし、「誤って着陸許可が出され」は間違いである。このアナウンサーは、最初正しい言い方をしたのに、間違った言い方で言い換え

た。不思議である。「誤って着陸許可を出し」が間違いで、「誤って着陸許可が出され」が正しいと思っているのだろうか。

　2 番目の例は下記である。第 1 章で挙げてない。

(2-1)　　？ロシアが発射したのは新型ミサイルの「カリブル」で、実戦に使われたのは初めてだった。

(2-2)　　ロシアが発射したのは新型ミサイルの「カリブル」で、実戦に使ったのは初めてだった。

(2-1)は 2015 年 10 月 9 日の CNN.co.jp の記事(Yahoo! JAPAN に転載)にあった。「使われた」というラレル動詞を使っている。私の判断では、正しくは(2-2)のように言う。

　(2-1)の元の英文を CNN のサイトで調べてみた。2015 年 10 月 8 日の記事である。(2-1)の元の英文は(2-3)である。

(2-3)　　The Russians have been firing a relatively new cruise missile called "Kaliber", using it for the first time in combat.

　　　　　「ロシア人は Kaliber と呼ばれる、比較的新しい巡行ミサイルを発射して、戦闘に初めて使った。」

元の英文は using という能動動詞を使っている。それにもかかわらず、この英文を和訳した人は、わざわざ「使われた」というラレル動詞を使った。これも不思議である。ラレル動詞を使う理由が分からない。

## 2.4　ラレル受動文の使用に規則性はあるか？

### 2.4.1　はじめに

　今まで見たラレル受動文の中には、無闇矢鱈に使っているように見えるもの、乱発しているように見えるものが無数にある。言語では、一般に、何かの表現を使う時に、ただ、無闇矢鱈に使うのではなく、或る種の規則に基づいて使っていることがある。規則性とまでは言わないまでも、傾向が見つかることもある。では、上でみたラレル受動文の使用は無闇矢鱈な乱用なのであろうか？　あるいは規則性、または少なくとも、傾向はあるのだろうか？　この点について調べてみよう。

　1.5.4.2 から 1.5.4.6 で、ラレルのねじれの例を見た。ラレルのねじれは五つの型に分類できる。

(1-130)　自動詞　＋　他動詞ラレル

　　（1-131）　他動詞　＋　他動詞ラレル

　　（1-132）　他動詞ラレル　＋　自動詞

　　（1-133）　他動詞ラレル　＋　他動詞

　　（1-134）　他動詞ラレル　＋　他動詞ラレル

そのうち、（1-131）の型の例が大多数である。（1-130）の型の例も少しある。（1-132）、（1-133）、（1-134）の例は殆ど無い。（1-130）と（1-131）に共通することは、何か動詞を言って、次に他動詞ラレル形を言う（あるいは、他動詞ラレル形で文を終える）型であることだ。

　1.6.2 と 1.6.3 で文の流れを悪くするラレル受動文の例を見た。以下の型の例が見つかった。

　　（1-130）　自動詞　＋　他動詞ラレル

　　（1-131）　他動詞　＋　他動詞ラレル

他の三つの型の例は見つかっていない。この傾向はラレルのねじれの傾向に似ている。

　ラレルのねじれのある例と文の流れを悪くするラレル受動文の例は違いがある。文の流れを悪くするラレル受動文の例では、ラレル動詞が最後の動詞として現れて、更に、自分の主語を持っている。一方、ラレルのねじれの例では、ラレル動詞が最後の動詞として現れる場合でも、自分の主語を持たない。しかし、共通点もある。どちらのグループでも、例は一つの文に収まっている。一つの句読点「。」の中に収まっている。

　上で述べたように、これらの二つのグループでは、ラレル動詞をどのような場合に使うかについて、傾向が見つかった。では、例が一つの文に収まらない場合、一つの句読点「。」の中に収まらない場合はどうであろうか？　傾向が見つかるだろうか？　以下の三つの場合に分けて見ていく。

　　（a）一人の記者が書いた（と思われる）もの

　　（a-1）一つ段落の中　（2.4.2）

　　（a-2）段落が二つ以上続く場合　（2.4.3）

　　（a-3）記事とその見出し　（2.4.4）

　　（a-4）記事と写真の説明　（2.4.5）

　　（b）異なる記者が同じ出来事について書いた（と思われる）もの　（2.4.6）

順番に見ていこう。

### 2.4.2 一つ段落の中

傾向を見つけることは困難であった。例の数を正確に数えたわけではないが、印象では、(1−131)の型の例がやや多いと思った。しかし、(1−133)の型の例もある。これらの二つの型が混在する例もある。

(1−131)　他動詞　＋　他動詞ラレル

(1−133)　他動詞ラレル　＋　他動詞

(1−131)の型の例を挙げる。1番目の例は下記である。

(2−4)　　？20日にプーチン大統領が中国を公式訪問するのに合わせ、南シナ海で中国海軍と軍事演習を行うという。「海上協力」と題した両国の軍事演習は今年で3回目。昨年は双方で計20隻の艦艇が参加し7月に日本海で行われた。

(2−5)　　昨年は双方で計20隻の艦艇が参加し7月に日本海で行った。

(2−4)は2014年5月15日に、msn産経ニュースで見た。始めに能動形「行う」があり、ラレル形「行われた」で段落を終えている。

ちなみに、(2−4)の3番目のは文の流れを悪くするラレル受動文の例である。最後の部分を、(2−5)のように、「行った」と言えば、流れが良くなる。

2番目の例は下記である。

(2−6)　　？…昨年の冬だけでMLBは3つのルールを追加し、6つを修正。今シーズンが始まってからも、2つの規程が改訂された。

(2−7)　　…2つの規程を改訂した。

(2−6)は2014年8月8日に毎日新聞(インターネット版)で見た、ウォール・ストリート・ジャーナル日本版からの転載の記事にあった。米大リーグ(MLB)での規則改訂について述べている。以下の形がある。

追加し：能動形。

修正：「修正した」のつもりであろう。能動形と見て良いであろう。

改訂された：ラレル形。

ラレル形「改訂された」で段落を終えている。

ちなみに、(2−6)の2番目の文も文の流れを悪くするラレル受動文の例である。(2−7)のように言えば、流れが良くなる。

3番目の例は下記である。

(2−8)　　？午前5時ごろ、同町小樽の越前漁港に漁船が帰港すると、漁師らは大きな箱に約1トンずつ分けて素早く氷をかけた。入

札にかけられ、落札した仲買人に引きとられた。

（2-9）　　フグを入札にかけ、落札した仲買人が引きとった。

（2-8）は2014年3月23日の福井新聞ONLINEの記事（Yahoo! JAPANに転載）にあった。福井県の越前町のフグ漁について述べている。以下の形がある。

分けて：能動形。

かけた：能動形。

かけられ：ラレル形。

落札した：能動形。

引きとられた：ラレル形。

ラレル形「引きとられた」で段落を終えている。

　ちなみに、（2-8）の2番目の文は誤解を招くラレル受動文である。漁師らが入札にかけられて、仲買人に引き取られたと言っている。2番目の文は（2-9）のように言えば、誤解が無くなる。

　（2-4）、（2-6）、（2-8）は（1-131）の型（他動詞　＋　他動詞ラレル）の例である。前の方で能動形を用い、ラレル形で段落を終えている。

　（1-133）の型（他動詞ラレル　＋　他動詞）の型はその逆である。例を挙げる。

　（2-10）　　？センバツ出場校は選ばれた理由が今ひとつ分かりにくいんだ
　　　　　　　　よ。それにしても21世紀枠は意味が分からない。蓮池さん
　　　　　　　　の母校とか、離島だからというのが選んだ理由なんだろ？

　（2-11）　　センバツ出場校は選んだ理由が今ひとつ分かりにくいんだよ。

（2-10）は2003年3月24日のデイリースポーツで見た。1番目の文にラレル形「選ばれた」があり、能動形「選んだ」で段落を終えている。

　ちなみに、（2-10）の1番目の文は文の流れを悪くするラレル受動文である。（2-11）のように言えば良い。

　（1-131）の型（他動詞　＋　他動詞ラレル）と（1-133）の型（他動詞ラレル　＋　他動詞）が混在する例を挙げる。この例は段落の最後ではない。段落がまだ続く。

　（2-12）　　？その後、まず医学部から定員を設けて入試が始められた。続
　　　　　　　　いて他の学部も次々に定員制を導入して入試を始めると、…

　（2-13）　　その後、まず医学部から定員を設けて入試を始めた。

（2-12）は2013年10月19日のSankeiBiz（サンケイビズ）で見た。イタリアの大学は、30年ほど前まで入学の定員が無かったが、定員を導入したそう

だ。以下の形がある。

　　設けて：能動形。

　　始められた：ラレル形。

　　導入して：能動形。

　　始める：能動形。

　ちなみに、(2-12)の1番目の文は文の流れを悪くするラレル受動文である。(2-13)のように言えば良い。

### 2.4.3　段落が二つ以上続く場合

　一つ段落の中(2.4.2)では、傾向を見つけるのは困難であるが、印象では、(1-131)(他動詞　＋　他動詞ラレル)の型の例がやや多いと思った。段落が二つ以上続く場合では、傾向を見つけるのは一層困難である。例を挙げる。

　　(2-14)　？「敬老の日」の18日、神戸市須磨区の市立須磨海浜水族館で、ご長寿のラッコのカップル「ラッキー」(雄、19歳)と「明日花」(雌、18歳)に、長生きを願って伊勢エビなどがプレゼントされた。来園者は2匹がおいしそうに食べる姿に見入っていた。

　　　　　　(段落を一つ省略)

　　　　　　この日、大勢の家族連れが見物する中、飼育員が大好物の伊勢エビなどをプレゼント。…。…。

　　(2-15)　　…長生きを願って伊勢エビなどをプレゼントした。

第1段落にラレル形「プレゼントされた」がある。第3段落に「プレゼント」がある。能動形のつもりであろう。用法に一貫性が無い。

　ちなみに第1段落の1番目の文は、文の流れを悪くするラレル受動文の例である。(2-15)のように言えば良い。

　例を追加する。2014年12月19日のスポニチアネックスの記事(Yahoo! JAPANに転載)で大変興味深い例を見つけた。岐阜というJ2のサッカーチームについての記事である。まず、この記事の見出しは(2-16)である。

　　記事の見出し：

　　(2-16)　岐阜　選手流出止まらず・・・16人目の退団選手発表

この記事は下記である。

　　(2-17)　？今季J2リーグ戦で17位に終わった岐阜の選手流出が止まら

ない。19日には、DF新井辰也(26)と契約満了に伴い、来季の契約を更新しないと発表。また、小島直人コーチ(36)が今季限りで退任することも併せて発表された。

　岐阜は今季最終戦の4日後となる11月27日から退団選手を五月雨式に発表してきた。いの一番に今季のチーム最多得点者でリーグ4位の17得点をマークしたブラジル人FWナザリト(24)を含む6選手の退団が発表されると、翌28日に2選手、12月2日に3選手との契約満了を発表。

　8日にはJ1名古屋から期限付き移籍していたFWチアゴ(20)、9日にはJ2東京Vから期限付き移籍していたDF森勇介との契約満了を発表した。

　シーズン終了前には、DF木谷公亮(36)、MF美尾敦(31)の今季限りでの現役引退を発表。今季終了時に登録していた35選手のうち、すでに16選手の退団が発表されたことになる。

　　　（段落一つを省略）

　岐阜は元日本代表MFラモス瑠偉監督(57)が3年契約で今季から指揮を執り、13勝10分け19敗で22チーム中17位。来季は同監督の長男、ラモス・ファビアノ氏(29)がセカンドチームの監督に就任することが18日に発表されたばかり。

この記事に下記の形が混在している。

　発表する：能動形。

　発表される：ラレル形。

　発表：「発表した」のつもりであろう。能動形と見て良い。

　第1段落と第4段落は似ている。始めに、能動形相当の「発表」を使い、最後にラレル形「発表された」で段落を終えている。(1－131)（他動詞　＋　他動詞ラレル）の型と同じである。最後の段落は、ラレル形(「発表された」)で段落を終えている点では第1段落と第4段落と同じである。

　一方、第2段落では、始めに能動形「発表してきた」を用い、次にラレル形「発表される」を用い、最後に能動形相当の「発表」で段落を終えている。ラレル形の後に最後に能動形相当が来て段落が終わる点で(1－133)（他動詞ラレル　＋　他動詞）の型と同じである。第3段落は能動形(「発表した」)で段落が終わる点では第2段落と同じである。（省略した段落には該当する例は無い。）

　（2－17）について纏めると、段落をラレル形で終える傾向があると言えないことはないが、この傾向は強くない。この傾向に合わない例も同じくらいある。

　（2－14）と（2－17）について纏めて言うと、段落が続く場合、どこで能動形を使い、どこでラレル形を使うかについて、傾向を見つけることは困難である。別の言い方をすれば、ラレル形をめちゃくちゃに使っているということになる。

　ちなみに、（2－17）はラレル形を多用している。文に締まりが無い。能動形を使えば、引き締まる。

### 2.4.4　記事とその見出し

　次に、記事とその見出しを見る。同じ動詞を記事とその見出しの両方で使った場合を見る。見つかった例は少ないが、以下の四つの型が見つかった。

　　［1］見出し：ラレル形
　　　　記事：　　ラレル形
　　［2］見出し：ラレル形
　　　　記事：　　能動形
　　［3］見出し：ラレル形
　　　　記事：　　ラレル形と能動形
　　［4］見出し：能動形とラレル形
　　　　記事：　　能動形

　［1］の型では、見出しと記事の両方で、同じ動詞をラレル形で使っている。この点で一貫性がある。［2］の型では、同じ動詞を見出しではラレル形で使い、記事の中では能動形で使っている。ラレル形と能動形の使い方に一貫性が無い。［3］の型では、同じ動詞を見出しではラレル形で使い、記事ではラレル形と能動形の両方で使っている。ここでも一貫性が無い。［4］の型では、同じ動詞を見出しで能動形とラレル形の両方で使い、記事では能動形で使っている。ここでも一貫性が無い。

　こうして見ると、記事とその見出しにおいては、能動形とラレル形の用法に一貫性が無いように見える。しかし、実はこれらの四つの型には共通点がある。ラレル形を見出しで使うことである。どの型でも、見出しに必ずラレル形がある。見出しに、能動形も追加して使う型もあるが、一方、記事に関してはこのような規則性は見つかっていない。ラレル形だけを使う型もあり、能動形

だけを使う型もあり、両方を使う型もある。

　[1]、[2]、[3]、[4]を順番に見ていく。


　[1]　見出し：ラレル形。記事：ラレル形。

　　例を一つ見つけた。

　　見出し：

　（2-18）　？コンロには火にかけられたままの鍋

　　記事：

　（2-19）　？…、コンロには火にかけられたままの鍋があったということ
　　　　　　です。

（2-18）と（2-19）は 2020 年 5 月 15 日の静岡朝日テレビの記事（Yahoo!
JAPAN に転載）で見た。見出しにはラレル形「かけられた」があり、記事にも
ラレル形「かけられた」がある。


　[2]　見出し：ラレル形。記事：能動形。

例を挙げる。

　　見出し：

　（2-20）　？ソフトバンク、失われた 3 兆円の取り戻し方

　　記事：

　（2-21）　　ソフトバンクは今年、3 兆円を失った…

（2-20）と（2-21）は 2014 年 8 月 14 日の日本経済新聞（インターネット）で見
た。記事は（2-21）で始まる。見出しにはラレル形「失われた」があり、記事
の冒頭の文には能動形「失った」がある。


　[3]　見出し：ラレル形。記事：ラレル形と能動形。

残忍な記事で申し訳無い。他の例が見つからなかった。

　　見出し：

　（2-22）　？「雑炊が気にくわん」謝る店主を殴り続ける　法廷で語られ
　　　　　　たちゃんこ店暴行事件の凄惨さ

　　記事：

　（2-23）　？傷害致死罪で起訴された被告らから、核心が語られることは
　　　　　　なかった。

記事：

(2-24)　　…暴行をエスカレートさせた詳しい理由などは語らなかった。

(2-22)から(2-24)は 2018 年 7 月 16 日の産経 WEST(インターネット版)で見た。ちゃんこ店の店主を殺した二人の男の公判の報道である。見出しにはラレル形の「語られた」があり、記事にはラレル形の「語られる」と能動形の「語らなかった」がある。

　ちなみに、私の日本語では(2-22)の「語られた」は間違いである。「語った」と言う。(2-23)も能動文で言い換える。(2-24)は正しい。

　[4] 見出し：能動形とラレル形。記事：能動形。

例を挙げる。1 番目の例は下記である。

　　見出し：

(2-25)　　土星の衛星　海が星全体を覆う

　　見出し：

(2-26)　　？土星の衛星エンケラドス、星全体が海に覆われている NASA 探査機の観測で判明

　　記事：

(2-27)　　米航空宇宙局(NASA)は 9 月 15 日、土星の衛星エンケラドスは、衛星表面の氷の下に広がる海が星全体を覆っていることが分かったと発表した。

(2-25)と(2-26)は 2015 年 9 月 16 日の ITmedia ニュース(Yahoo! JAPAN に転載)の記事の見出しである。見出しが二つある。記事の本文は(2-27)で始まる。1 番目の見出しには能動形「覆う」があり、2 番目の見出しにラレル形「覆われている」がある。(私なら能動形で言う。) 記事の冒頭の文に能動形「覆っている」がある。

　2 番目の例は下記である。

　　第 1 面にある見出し：

(2-28)　　？鏡に描かれた風景は？

　　第 1 面にある記事。短い：

(2-29)　　1928 年に中国河南省洛陽で出土し、永青文庫創立者の細川護立(もりたつ)氏が購入した「金銀錯狩猟文鏡(きんぎんさくしゅりょうもんきょう)。何の風景を描いているのか？

第4面にある記事(長い記事)の見出し：

　(2-30)　　何を描いているのか？

((2-28)には疑問符が二つある。最後の疑問符は元の文にあった。最初の疑問符は、文としておかしいことを示すために、私が付けた。)(2-28)から(2-30)は2013年10月16日の朝日新聞(夕刊)で見た。中国で出土した古い鏡について述べている。第4面に記事がある。その記事の見出しは(2-30)である。第1面にこの記事の紹介がある。その紹介の見出しが(2-28)で、説明文が(2-29)である。(2-30)の見出しと(2-29)の説明文には能動形「描いている」がある。(2-28)の見出しにはラレル形「描かれた」がある。

　上で述べたように、これらの四つの型には共通点がある。ラレル形を見出しで使うことである。見つかった例は少ないが、記事と見出しに関しての傾向と見ても良いかもしれない。

### 2.4.5　記事と写真の説明

　記事と写真の説明については、以下の二つの型が見つかった。

　　[1]写真の説明：ラレル形

　　　　記事：　　　能動形

　　[2]写真の説明：能動形

　　　　記事：　　　ラレル形

　[1]の型では、ラレル形と能動形の使い方に一貫性が無い。[2]の型でも、ラレル形と能動形の使い方に一貫性が無い。しかし、[1]の型と[2]の型に共通点がある。写真の説明と記事で、ラレル形と能動形を使い分けていることである。即ち、ラレル形と能動形が役割分担している。[1]の型の方が例が多い。[1]の型を好むのかもしれない。2.4.4でラレル形を見出しで使う規則性があることを見た。無関係ではないかもしれない。

　[1]写真の説明：ラレル形。記事：能動形。

例を挙げる。1番目の例は下記である。

　　写真の説明：

　　(2-31)　　？葉ボタンで描かれたえとのサル

記事：

(2-32)　　愛知県岡崎市奥殿町の観光施設「奥殿陣屋」に、紅白の葉ボタンで来年のえとのサルを描いた巨大花壇がお目見えした。

(2-31)と(2-32)は2015年12月21日の読売新聞 YOMIURI ONLINE で見た。写真の説明にはラレル形の「描かれた」があり、記事には能動形の「描いた」がある。

　2番目の例は下記である。

写真の説明：

(2-33)　？絵が描かれた腹を揺らしながら踊る参加者

記事：

(2-34)　　腹に絵の具で顔などの絵を描いた踊り子が、「北海へそ音頭」に合わせて町を練り歩く…

(2-33)と(2-34)は2015年7月29日に読売新聞 YOMIURI ONLINE で見た、北海道富良野市の「北海へそ祭り」についての記事と写真の説明である。写真の説明にはラレル形の「描かれた」があり、記事には能動形「描いた」がある。

　3番目の例は下記である。

第1面にある見出し：

(2-28)　？鏡に描かれた風景は？

第1面にある記事。短い：

(2-29)　…。何の風景を描いているのか？

第4面にある記事(長い記事)の見出し：

(2-30)　何を描いているのか？

第4面にある写真の説明：

(2-35)　？…、騎馬人物と豹のような獣が描かれている。

(2-35)は(2-30)があった記事に付いている写真の説明である。写真の説明でラレル形「描かれている」を使っている。記事(2-30)では能動形「描いている」を使っている。


　[2]　写真の説明：能動形。記事：ラレル形。

例を一つ見つけた。

写真の説明：

（2-36）　リニューアルした伊勢丹のタータンチェック柄の服を着たモデ
　　　　　　ルも登場した。

（2-36）は第 1 章の（1-275）の例で見た記事に付いている写真の説明である。
（1-275）の記事にはラレル形「リニューアルされた」がある。しかし、その
記事の写真の説明の（2-36）には能動形「リニューアルした」がある。

### 2.4.6　異なる記者が同じ出来事について書いた（と思われる）もの

　2.4.2 から 2.4.5 で見た例は、それぞれが、一人の記者が書いた（と思われ
る）ものである。以下では、異なる記者が同じ出来事について書いた（と思われ
る）ものを見よう。例を挙げる。1 番目の例は下記である。

　　第 2 面の記事：

（2-37）　…内閣府原子力委員会が、電力会社など推進派だけで非公開
　　　　　　の会議を開いていた。しかもその議論をもとに報告書案を書
　　　　　　き換えていた。

　　第 1 面：「天声人語」：

（2-38）　？…原子力委員会は国の原子力政策の基本を決める。そこで
　　　　　　内々の「勉強会」を重ね、電力業界となれ合いの末、推進派
　　　　　　に有利なように報告書案が書き換えられていたという。

（2-39）　…報告書案を書き換えていた…

（2-37）と（2-38）は 2012 年 5 月 26 日の朝日新聞で見た。多分、「天声人語」
の担当者が（2-37）の記事を読んでから（2-38）の載っているコラムを書いた
のであろう。（2-37）には能動形「書き換えて」があり、（2-38）にはラレル
形「書き換えられて」がある。ここでは、能動形とラレル形の使い分けに規則
性あるいは傾向を見つけることは困難である。

　ちなみに（2-38）は文の流れを悪くするラレル受動文の例でもある。（2-
39）のように書けば、流れが良くなる。

　2 番目の例は下記である。まず、（2-40）をご覧いただきたい。サッカーの
鹿島アントラーズのオフィシャルサイトで見たものである。

　　鹿島アントラーズオフィシャルサイト（2018 年 7 月 12 日）：

（2-40）　？植田直道選手のベルギーリーグ 1 部セルクル・ブルージュ
　　　　　　KSV への完全移籍について、クラブ間の基本合意に達しま
　　　　　　したのでお知らせいたします。

> 今後は15日（日）に離日し、メディカルチェック等を経て正式契約が結ばれる予定です。

(2-41)　…正式契約を結ぶ予定です。

私なら、(2-41)のように言う。正式契約が予定をすることはないので。

(2-40)で引用した発表の後、植田直道選手の移籍について多数の報道があった。鹿島アントラーズの発表ではラレル形「結ばれる」を使っている。報道の中には鹿島アントラーズの発表の通りに「結ばれる」を使ったものがあった。しかし、能動形「結ぶ」に言い換えたものもあった。他の言い方もあった。見つけたものを全て挙げる。

(a)「正式契約が結ばれる」を使ったもの

(a-1) ゲキサカ（2018年7月12日、Yahoo! JAPAN に転載）：

(2-42)？クラブによると15日に離日し、メディカルチェックなどを経て正式契約が結ばれる予定だという。

(a-2) GOAL（2018年7月12日、Yahoo! JAPAN に転載）：

(2-43)？植田は15日に離日し、メディカルチェックなどを経て正式契約が結ばれる予定だ。

(a-3) スポーツ報知（2018年7月12日、Yahoo! JAPAN に転載）：

(2-44)？15日に離日し、メディカルチェックなどをへて正式契約が結ばれる予定だ。

(a-4) デイリースポーツ（2018年7月12日、Yahoo! JAPAN に転載）：

(2-45)？植田は15日に日本を出発し、メディカルチェックなどを経て、正式契約が結ばれるという。

(a-5) 日刊スポーツ（2018年7月12日）：

(2-46)？15日に離日し、メディカルチェック等を経て正式契約が結ばれる。

(a-6) 日刊スポーツ（2018年7月12日、Yahoo! JAPAN に転載）：

(2-47)？植田は15日に日本をたち、メディカルチェックを経て正式契約が結ばれる予定だという。

(b)「正式契約される」を使ったもの

(b-1) 朝日新聞 DIGITAL（2018年7月12日）：

(2-48)？15日に離日し、メディカルチェックを経て正式契約される。

(c)「正式契約を結ぶ」を使ったもの

(c-1) サッカーキング（2018 年 7 月 12 日、Yahoo! JAPAN に転載）：

 （2−49） 同選手は 15 日に離日し、メディカルチェックなどを経て正式契約を結ぶ予定。

(c-2) 産経ニュース（2018 年 7 月 12 日）：

 （2−50） 15 日に離日し、身体検査を経て正式契約を結ぶ。

(c-3) 産経ニュース（2018 年 7 月 15 日）：

 （2−51） 身体検査を経て正式契約を結ぶ。

(c-4) スポーツ報知（2018 年 7 月 16 日、Yahoo! JAPAN に転載）：

 （2−52） 現地でメディカルチェックを行い、正式契約を結ぶ見込み。

(c-5) スポニチ Sponichi Annex（2018 年 7 月 12 日）：

 （2−53） 植田は 15 日に離日しメディカルチェックを経て正式契約を結ぶ予定。

(c-6) スポニチ Sponichi Annex（2018 年 7 月 15 日）：

 （2−54） 渡欧後はメディカルチェックを受けてから正式契約を結ぶ予定。

(c-7) スポニチ Sponichi Annex（2018 年 7 月 16 日、Yahoo! JAPAN に転載）：

 （2−55） クラブ到着後はメディカルチェックを受けた後、正式契約を結ぶ予定。

(c-8) 日本経済新聞（2018 年 7 月 12 日）：

 （2−56） 15 日に離日し、身体検査を経て正式契約を結ぶ。

(c-9) 毎日新聞（2018 年 7 月 12 日）：

 （2−57）15 日に離日し、身体検査を経て正式契約を結ぶ。

(c-10) 毎日新聞（2018 年 7 月 15 日）：

 （2−58） 身体検査を経て正式契約を結ぶ。

(d)「正式に契約を結ぶ」を使ったもの

 (d-1) サンケイスポーツ（2018 年 7 月 15 日、Yahoo! JAPAN に転載）：

  （2−59） このあと植田は当地でメディカルチェックを受け、これに通過すれば正式に契約を結ぶことになる。

(e)「正式契約」を使ったもの

 (e-1) デイリースポーツ（2018 年 7 月 15 日、Yahoo! JAPAN に転載）：

  （2−60） 現地入り後はメディカルチェックを受けて、正式契約。

(e-2) 日刊スポーツ（2018 年 7 月 15 日、Yahoo! JAPAN に転載）：

（2-61） チームに到着後はメディカルチェックを受けて、正式契約。

(f)「正式契約となる」を使ったもの

(f-1) フットボールチャンネル（2018 年 7 月 12 日、goo ニュースに転載）：

（2-62） 植田は 15 日に日本と離れ、メディカルチェックなどを受ける。そこで問題がなければ正式契約となるとのことだ。

(g)「正式契約が結ぶ」を使ったもの

(g-1) スポニチ Sponichi Annex（2018 年 7 月 12 日）：

（2-63）？植田は 15 日に日本を出発し、現地でのメディカルチェック等を経て正式契約が結ぶ。

鹿島アントラーズオフィシャルサイトの発表は「正式契約が結ばれる」とラレル受動形を用いている。報道には下記の形が見つかった。

(a) ラレル形「正式契約が結ばれる」：6 つの記事で。

(b) ラレル形「正式契約される」：1 つの記事で。

(c) 能動形「正式契約を結ぶ」：10 の記事で。

(d) 能動形「正式に契約を結ぶ」：1 つの記事で。

(e)「正式契約」：二つの記事で。

(f) 自動詞「正式契約となる」：1 つの記事で。

(g) 自動詞「正式契約が結ぶ」：1 つの記事で。

(e)「正式契約」は能動形「正式契約を結ぶ」のつもりかもしれない。ラレル形「正式契約が結ばれる」のつもりかもしれない。両方の可能性がある。この現象については第 3 章の 3.5.3 で詳しく見る。

上に示した結果は驚きだった。驚きの理由が二つある。


驚きの理由 1. 6 つの記事でラレル形「正式契約が結ばれる」を使っている。鹿島アントラーズの発表と同じだ。これは驚かない。1 つの記事で「正式契約される」を使っている。表現を少し変えたが、やはりラレル形を使っている。これも驚かない。合計 7 つの記事で、ラレル形を使っている。一方、10 の記事で、能動形「正式契約を結ぶ」に言い換えている。1 つの記事で能動形「正式に契約を結ぶ」に言い換えている。合計 11 の記事で能動形に言い換えている。ラレル形を使った記事（合計 7 つ）よりも多い。これは驚いた。記者が、鹿島アントラーズの発表を基にして記事を書く時に「ここではラレル形を

使うべきではない。能動形を使うべきだ」と判断したのであろう。これは驚きだ。第1章で見たように、私ならラレル形を使わないところで使う記者が多数いるので。では、このことは何を示すのであろうか？　可能性が少なくとも二つある。

　可能性1.　ラレル形（とラレル受動文）の使い方に関して、私と同じ判断をする記者、あるいは、私の判断に似ている判断をする記者がかなりいる。

　可能性2.　言い換えた記者は、ご自分では、私ならラレル形を使わないところでラレル形を使うのだが、他人が書いたラレル受動文を見ると、不自然だと思うことがある。

　驚きの理由2.　一つの記事で「正式契約が結ぶ」を使っていた。これも驚きだ。この場合「結ぶ」を自動詞として使っているようだ。私の日本語ではこれは言えない。しかし、言える人もいるようだ。地域差かもしれない。年齢差かもしれない。ただの個人差かもしれない。

### 2.4.7　「ラレル受動文の使用に規則性はあるか？」のまとめ

　ラレルのねじれの場合は、(1−131)の型の例が大多数である。(1−130)の型の例も少しある。(1−132)、(1−133)、(1−134)の例は殆ど無い。

　　(1−130)　自動詞　　＋　　他動詞ラレル
　　(1−131)　他動詞　　＋　　他動詞ラレル
　　(1−132)　他動詞ラレル　　＋　　自動詞
　　(1−133)　他動詞ラレル　　＋　　他動詞
　　(1−134)　他動詞ラレル　　＋　　他動詞ラレル

文の流れを悪くするラレル受動文の場合は、以下の型の例が見つかった。

　　(1−130)　自動詞　　＋　　他動詞ラレル
　　(1−131)　他動詞　　＋　　他動詞ラレル

他の三つの型の例は見つかっていない。この傾向はラレルのねじれの場合の傾向に似ている。

　2.4.2 で、一つ段落の中の場合を見た。傾向を見つけることは困難であった。例の数を正確に数えたわけではないが、印象では、(1−131)の型の例がやや多いと思った。しかし、(1−133)の型の例もある。これらの二つの型が混在する例もある。

　　(1-131)　　他動詞　＋　他動詞ラレル

　　(1-133)　　他動詞ラレル　＋　他動詞

　2.4.3で、段落が二つ以上続く場合を見た。傾向を見つけるのは一層困難である。

　2.4.4で、記事とその見出しの場合を見た。見つけた例の数はわずかであるが、共通点がある。ラレル形を見出しで使うことである。

　2.4.5で、記事と写真の説明の場合を見た。記事と写真の説明については、見つけた例の数はわずかであるが、共通点がある。写真の説明と記事で、ラレル形と能動形を使い分けている。即ち、ラレル形と能動形が役割分担している。

　2.4.6で、異なる記者が同じ出来事について書いた(と思われる)ものの場合を見た。驚きが二つあった。特に大きな驚きは、鹿島アントラーズの発表にあったラレル形「正式契約が結ばれる」をそのまま使った記事よりも、能動形に言い換えた記事の方が多かった。少なくとも、ここでは能動形はラレル形に負けていない。

## 2.5　ラレル受動文は客観的か？　おしゃれか？　飾りかもしれない。
### 2.5.1　はじめに

　2.4では、ラレル受動文と能動文の使い分けに規則性あるいは傾向を探した。傾向が少し見つかった。以下では、方向を変えて、以下のことを調べてみよう。このようなラレル受動文を使う人はどのような考えで、どのような気持ちで、このようなラレル受動文を使うのであろうか？

### 2.5.2　ラレル受動文は客観的か？

　2000年頃のことだったと思う。私から見て、違和感を覚える、あるいは間違いであるラレル受動文の使用について数人に聞いてみた。ラレル受動文は事実を客観的に述べると言った人がいる。しかし、本当にそうなのだろう？ラレル受動文が事実を客観的に述べるという考えに、私は賛成しない。以下で三つの場合をみる。

　場合1.　もし仮に、ラレル受動文が事実を客観的に述べるとしたら、私が思いつくのは第1章の1.9の無責任に聞こえるラレル受動文と1.10の他人事に聞こえるラレル受動文である。1.9の例を一つ再掲する。

　　　（1－281）？電源が失われました。

（1－281）は 2011 年 3 月の福島原発の事故の際に東京電力が行った記者会見の
ニュースで聞いた。私はこの文を聞いた時、これはひどいと思った。東京電力
は無責任な言い方をしていると思った。客観的に述べていると言うことは不可
能ではないかもしれない。しかし、無責任な言い方と言う方が適切であろう。
1.10 の例を一つ再掲する。

　　　（1－287）？泥棒は盗まれた金を全て使いました。

（1－287）は泥棒が金を盗んで、その金を全て使ったというニュースで聞い
た。私はこの文を聞いて、笑ってしまった。これではまるで、泥棒が金を盗ま
れたかのようである。即ち、泥棒が被害を受けたように感じる。これは滑稽な
ラレル受動文の例でもある。客観的に述べているとは思わない。

　　場合 2.　別の例を見よう。第 1 章の（1－12）である。

　　　（1－12）　？熊がやむを得ず、射殺されました。

これは NHK テレビのニュース番組で見た。ニュース番組は客観性を重視する
であろう。しかし、ラレル受動文を使ったから（1－12）が客観的な表現になっ
たとは思わない。滑稽にはなったが。もう一つ例を第 1 章から挙げる。

　　　（1－14）　？魚が一生懸命運ばれています。

（1－14）もラレル受動文を使ったから客観的な表現になったとは思わない。滑
稽な文にはなったが。

　　場合 3.　また、2.4 で、以下の場合の能動文とラレル受動文を見た。
　　2.4.2　一つ段落の中
　　2.4.3　段落が二つ以上続く場合
　　2.4.4　記事とその見出し
　　2.4.5　記事と写真の説明
　　2.4.6　異なる記者が同じ出来事について書いた（と思われる）もの
どの場合でも、能動文と比べて、ラレル受動文の方が事実を客観的に述べると
は言えない。

　　まとめると、能動文と比べて、ラレル受動文の方が事実を客観的に述べると
は言えない。

### 2.5.3　ラレル受動文はおしゃれか？

　では、なぜ、私なら能動文を使うところで、わざわざラレル受動文を使う人がいるのだろうか？　これは、あくまで私の推測であるが、今まで見てきたようなラレル受動文を使う人は、以下のように思っているのだろうと思う。

　　　(2-64)　推測1：

　　　　　　　ラレル受動文はおしゃれだ、あるいは、ラレル受動文を使うとかっこいい、あるいは、ラレル受動文は知的だ、あるいは、ラレル受動文を使うと立派な文体になると思っている人がいる。

　　　(2-65)　推測2：

　　　　　　　ラレル形で一つの文を終えると、あるいは、ラレル受動文で段落を終えると、気持ちが落ち着く、しかし、そうしないと気持ちが落ち着かないと感じる人がいる。

推測1と推測2は深く結びついていると思う。

　勿論、私が推測する内容を意識してラレル受動文を使うとは限らない。自覚していない可能性もあるだろう。


　［1］推測1について

　推測1を反映すると私が思う例は既に多数挙げてある。そのうちの三つを再掲する。その一つは、(1-275)である。私は(1-275)を読んだ時に、この記者はラレル受動文がおしゃれだと思っているのだろう(自覚していないかもしれないが)と思った。

　　　(1-275)　？伊勢丹の手提げ袋のデザインが30日、半世紀ぶりにリニューアルされた。…同じタータンチェック柄を使った洋服や雑貨など約100商品も売り出された。…タータン柄の手提げ袋は…60年ごろから全館で使われるようになった。

　例を追加する。私は(1-264)を聞いた時に、この文を言った人は、ラレル受動文を使うと立派な文体になると思っているのだろう(自覚していないかもしれないが)と思った。(1-267)も同様である。

　　　(1-264)　？話し合いの場が持たれました。

　　　(1-267)　？政府に対して、国立美術館設立の要望が、多くの芸術家から出されました。

　以上は私の推測である。2016年5月7日に、言語学とは無縁の友人と話し

ていた。この友人は男性で、当時 62 歳くらいであった。私はその友人に、私ならラレル受動文を使わないところで、ラレル受動文を使っている場合が多数あると話して、その例として、(1-104)を挙げた。

　(1-104)　？3 万冊以上の本が売られています。

更に、私はこの友人に、(1-104)の文を聞くと、まるで、本が安寿と厨子王丸のように、悲しい運命に遭って、売られて行く感じがすると話した。この友人も私と同じく感じると言った。更に、私の推測では、このようなラレル受動文を使う人は、ラレル受動文がおしゃれだと思っているのだろうと、話した。この友人は私の推測に賛成した。本書で私がラレル受動文について、私がどのように感じるかを述べてきた。どうも、私と同じように感じる人はいるようである。

　では、このようなラレル受動文がどのように広まっていっているのか？　ここでも私の推測を述べる。新聞記者、テレビ番組の原稿を書く人、学者などの中に、ラレル受動文がおしゃれであると思っている人、あるいは、ラレル受動文は知的だと思っている人がいて、ラレル受動文を多用する。それをテレビの視聴者や一般の読者が真似る。その結果、このようなラレル受動文が広まってきた。

　以上は私の推測である。実証することが困難である。しかし、かなり妥当な推測であろうと思う。

　　[2] 推測 2 について
　この推測には根拠がある。何度も述べたように、ラレルのねじれの場合は、(1-131)の型の例が大多数である。(1-130)の型の例も少しある。(1-132)、(1-133)、(1-134)の例は殆ど無い。
　　(1-130)　自動詞　＋　他動詞ラレル
　　(1-131)　他動詞　＋　他動詞ラレル
　文の流れを悪くするラレル受動文の場合は、以下の型の例が見つかった。
　　(1-130)　自動詞　＋　他動詞ラレル
　　(1-131)　他動詞　＋　他動詞ラレル
他の三つの型の例は見つかっていない。この傾向はラレルのねじれの傾向に似ている。
　ラレルのねじれの場合と文の流れを悪くするラレル受動文の場合について共通して言えることは、ラレル形で文を終えたいと思うらしい人が多数いるとい

うことである。

### 2.5.4 ラレル受動文は飾りかもしれない。

このことは上記の推測2と関係ある。私の観察では、かなり多くの場合、ラレル受動文は無駄であり、単なる飾りになっていると思う。厳密に言えば、ラレル形のラレルは無駄であり、単なる飾りになっていると言うべきであろう。特に推測2を考えると、ラレルはおしゃれだと思って、ただの飾りとして使っているのだろうと一層強く思う。ラレルを単なる飾りとして使っている例は無数にある。以下の通りに分類できる。

　　　［1］ラレルのねじれがある例
　　　［1-1］　連体修飾節の中ではない例
　　　［1-2］　連体修飾節の中にある例
　　　［2］ラレルのねじれが無い例
　　　［2-1］　連体修飾節の中ではない例
　　　［2-2］　連体修飾節の中にある例
　以下で例を挙げる。


　［1］ラレルのねじれがある例
　［1-1］　連体修飾節の中ではない例
　下記の例は第1章で挙げた。
　　　（1-147）　？…、英ケンブリッジ大学建築学科の教授が、80階建ての超高
　　　　　　　　　層ビルを立てる構想を立案し、ロンドン市長に提出された…
　　　（1-148）　…構想を立案し、…提出した。
「提出された」のラレルは無駄である。ラレルを削除すると良い。（1-148）のように言う。
　第1章で挙げなかった例を二つ挙げる。1番目の例は下記である。
　　　（2-66）　？落花生を乾燥させて、東京の市場に出荷されます。
　　　（2-67）　　落花生を乾燥して、東京の市場に出荷します。
（2-66）は2013年10月3日にNHKのニュース番組で聞いた。農家の人達が落花生を収穫しているところを報道して、アナウンサーが（2-66）を言った。私は、農家の人達が東京の市場に出荷されてしまうのかと思った。「出荷されます」のラレルは無駄である。（2-67）のように言う。私の日本語では「乾燥

させる」とは言わないで、「乾燥する」と言う。（このことに関連したことを第6章の6.2で述べる。）(2−67)では「乾燥させて」を「乾燥して」に直しておいた。

　2番目の例は下記である。

　　(2−68)　？この曲は安藤美姫と一緒に滑るために作られたそうです。

　　(2−69)　　この曲は安藤美姫と一緒に滑るために作ったそうです。

(2−68)は2013年1月13日にテレビ東京で聞いた。Stars on Ice というフィギュアスケートの番組である。荒川静香さんが滑っている時に、アナウンサーが(2−68)を言った。私は、これは絶対ありえない、曲が安藤美姫と一緒に滑るはずがないと思った。「作られた」のラレルは無駄である。(2−69)のように言う。


　[1−2] 連体修飾節の中にある例

　1.5.4.2 と 1.5.4.3 で多数の例を挙げた。そのうちの一つを再掲する。

　　(1−161)　？雄勝町の女性たちが考えて作り、会場で販売されたホタテごはん

　　(1−162)　　雄勝町の女性たちが考えて作り、会場で販売したホタテごはん

「販売された」のラレルは無駄である。ラレルを削除すると良い。(1−162)のように言う。

　第1章で挙げなかった例を一つ挙げる。

　　(2−70)　？手間暇かけて育てられた黒豚

　　(2−71)　　手間暇かけて育てた黒豚

(2−70)は2018年5月11日にテレビ東京の番組で見た。「育てられた」のラレルは無駄である。ラレルを削除すると良い。(2−71)のように言う。


　[2] ラレルのねじれが無い例

　[2−1] 連体修飾節の中ではない例

　1番目の例は下記である。

　　(2−72)　　？…、人の出入りはなく、カーテンも閉じられたままだった。

　　(2−73)　　　…カーテンも閉じたままだった。

(2−72)は2018年3月28日の毎日新聞(インターネット版)で見た。疑惑のある前国税庁長官の自宅に、報道陣が取材に行った時の様子である。「閉じられ

た」のラレルは無駄である。ラレルを削除すると良い。(2-73)のように言う。

　2番目の例は下記である。

　　　(2-74)　？鋭い観察眼は今回、初めて自分に向けられた。

　　　(2-75)　　鋭い観察眼は今回、初めて自分に向けた。

(2-74)は2013年1月19日の朝日新聞で見た。直木賞を受賞した朝井リュー という作家について述べている。「向けられた」のラレルは無駄である。ラレ ルを削除すると良い。(2-75)のように言う。

　[2-2]　連体修飾節の中にある例

　1番目の例は下記である。

　　　(2-76)　？陰影を描かれた絵

　　　(2-77)　　陰影を描いた絵

(2-76)は2014年12月8日に日本テレビの絵画に関する番組で、或る絵につ いてアナウンサーが言った。「描かれた」のラレルは無駄である。ラレルを削 除すると良い。(2-77)のように言う。

　2番目の例は下記である。

　　　(2-78)　？庭先で掘られているのは井戸です。

　　　(2-79)　　庭先で掘っているのは井戸です。

(2-28)は2013年10月4日にNHKテレビのニュースで聞いた。「掘られてい る」のラレルは無駄である。ラレルを削除すると良い。(2-79)のように言う。

　以上、私から見て、無駄であり、単なる飾りになっているラレルの例を見 た。これらの例を見れば見るほど、ラレルが無駄であり、単なる飾りになって いるという思いを強くした。

## 2.6　第2章、ラレル受動文(第2部)のまとめ

　第1章では、ラレル受動文の使用例には、私から見ておかしいもの、間違 いであるものが多数あることを見た。第2章では、このようなラレル受動文 の使用の背景に何があるか、探ってみた。

　英語の記事を和訳する時に、元の英語の記事の能動形をラレル形に変えた記 者がいる。(2-1)と(2-3)参照。よほどラレル受動文が好きなのであろう。

　どのような場合に、ラレル受動文を使うかについて、傾向が少し見つかった。

　すでに第1章で以下のことを見た。ラレルのねじれがある場合は(1.5.5参

照)、(1-131)の型の例が大多数である。(1-130)の型の例も少しある。(1-132)、(1-133)、(1-134)の例は殆ど無い。

　　(1-130)　自動詞　＋　他動詞ラレル

　　(1-131)　他動詞　＋　他動詞ラレル

　文の流れを悪くするラレル受動文の場合は(1.6.1 参照)、以下の型の例が見つかった。

　　(1-130)　自動詞　＋　他動詞ラレル

　　(1-131)　他動詞　＋　他動詞ラレル

他の三つの型の例は見つかっていない。

　ラレルのねじれがある場合と文の流れを悪くするラレル受動文の場合に共通して言えることは、ラレル形で文が終わる型を好む人が大勢いるようだということである。

　第2章では以下のことを見た。一つの文ではなく、一つの段落の中でどのような場合に、ラレル受動文を使うかについては、傾向を見つけることは困難である。例の数を正確に数えたわけではないが、印象では、(1-131)の型の例がやや多いと思った。しかし、(1-133)の型の例もある。これらの二つの型が混在する例もある。

　　(1-131)　他動詞　＋　他動詞ラレル

　　(1-133)　他動詞ラレル　＋　他動詞

　段落が二つ以上続く場合は、傾向を見つけるのは一層困難である。

　記事とその見出しの場合は、見つけた例の数はわずかであるが、共通点がある。ラレル形を見出しで使うことである

　記事と写真の説明の場合は、見つけた例の数はわずかであるが、共通点がある。写真の説明と記事で、ラレル形と能動形を使い分けている。即ち、ラレル形と能動形が役割分担している。

　異なる記者が同じ出来事について書いた(と思われる)ものの場合は、大きな驚きがあった。鹿島アントラーズの発表にあったラレル形「正式契約が結ばれる」をそのままで使った記事よりも、「正式契約を結ぶ」などの能動形に言い換えた記事の方が多かった。このことは、新聞記事、テレビのニュース番組、インターネット記事で見るラレル受動文の使用例には、私から見ておかしいもの、間違いであるものが多数あることを考えると、大きな驚きである。

　私の推測では、ラレル受動文はおしゃれだ、あるいは、ラレル受動文を使う

とかっこいい、あるいは、ラレル受動文は知的だ、あるいは、ラレル受動文を使うと立派な文体になると思っている人が多数いるようだ。

　また、私の推測では、ラレル形で一つの文を終えると、あるいは、ラレル受動文で段落を終えると、気持ちが持ち落ち着く、しかし、そうしないと気持ちが落ち着かないと感じる人がいる多数いるようだ。

　私の推測を裏付ける事実がある。例えば、ラレルが無駄で、ただの飾りになっている例が多数ある。


　ラレル形の動詞とラレル受動文の使用頻度が上昇し、使用範囲が拡大した結果であろうか、現在の日本語の文法に変化が起こっている。この変化を第3章で見る。

# 第3章 ラレル受動文(第3部)：
# 文法の変化

## 3.1 はじめに

　第1章では、ラレル受動文の例には(少なくとも私から見て)変な文や間違った文が無数にあること見た。第2章では、なぜ、このようなラレル受動文を使うのか、探ってみた。第3章では、このようなラレル受動文を、文法の変化という観点から見る。

　日本語でラレル受動文の頻度が上昇していることと、使用範囲が広がっていることは間違いないであろう。更に、ラレル受動文に関連した文法現象でも変化がいくつか起こっている。ラレル受動文の頻度上昇・使用範囲拡大が原因でこれらの変化が起こっているのであろう。逆に、これらの変化が起こったので、その結果、ラレル受動文の頻度上昇・使用範囲拡大が起こったという可能性も否定できないが。

　以下ではこれらの変化を紹介する。実は、これらの変化の一つは既にに述べた。2.5.4 で述べた、ラレルは単なる飾りになっている場合があるということである。これ以外の変化もある。以下で紹介する。これらの変化には、以下の、一見相矛盾する傾向がある。

　　　(3−1)　　傾向1：日本語は或る面では、主語中心の言語になりつつある、あるいは、主語を欲しがる言語になりつつある。(3.2、3.3、3.4、3.5)

　　　(3−2)　　傾向2：日本語は或る面では、主語中心ではない言語になりつつある。(3.6)

## 3.2 日本語の連体修飾節：フィリピン海プレートに乗って南下し、フィリピンを通り過ぎて、マダガスカルに達する？

　以下で述べる現象は日本語が主語中心の言語になりつつある傾向の一つの現れである。(以下で述べることは、角田(2004)と Tsunoda (2008)に発表した。)

　やや大袈裟な言い方ではあるが、3.2 の題が示すような現象が、今、日本語で

起こっている。比喩的に言えば、日本語で地殻変動が起こっているのである。

　私が中学校と高校で習った国文法で、連体修飾節というものを習った。英文法で言う関係節と同じものと見て良いだろう。

　ちなみに、同じ学校で習った事柄なのに、国語の授業では連体修飾節と呼び、英語の授業では関係節と呼ぶのは不便である。統一した方が良い。私は連体修飾節と呼ぶのが良いと思う。英文法で関係節と副詞節と呼ぶものを、国文法では、それぞれ、連体修飾節と連用修飾節と呼ぶ。国文法の用語の方が一貫性があり、かつ、分かりやすい。例を挙げる。

　　国文法
　　(3-3)　　<u>私が買った</u>本は面白い。
　　　　　　　連体修飾節
　　(3-4)　　<u>雨が降ったら</u>、私は家にいる。
　　　　　　　連用修飾節
　　英文法
　　(3-5)　　The book <u>that I bought</u> is interessting.
　　　　　　　　　　関係節
　　(3-6)　　<u>If it rains</u>, I will stay home.
　　　　　　　副詞節

日本語の連体修飾節の話に戻る。(3-7)が示すように、日本語の文の構成要素には述語の他に、主語、直接目的語、間接目的語、副詞句などがある。

　　(3-7)　　学生が　　　封筒で　　　先生に　　　　レポートを　　　送った。
　　　　　　　主語　　　　副詞句　　　間接目的語　　直接目的語　　　述語

日本語では、述語以外の文構成要素の殆どを連体修飾できる。

　　主語の修飾：
　　(3-8)　　封筒で　　　先生に　　　レポートを　　　送った　　　　学生
　　直接目的語の修飾：
　　(3-9)　　学生が　　　封筒で　　　先生に　　　　送った　　　　レポート
　　間接目的語の修飾：
　　(3-10)　　学生が　　　封筒で　　　レポートを　　　送った　　　先生
　　副詞句の修飾：
　　(3-11)　　学生が　　　レポートを　　　先生に　　　送った　　　封筒

例を追加する。

(3−12)　教授が　　教室で　　学生に　　　著書を　　　紹介した。
　　　　　主語　　　副詞句　　間接目的語　直接目的語

主語の修飾：

(3−13)　教室で　　学生に　　著書を　　紹介した　　教授

直接目的語の修飾：

(3−14)　教授が　　教室で　　学生に　　紹介した　　著書

間接目的語の修飾：

(3−15)　教授が　　教室で　　著書を　　紹介した　　学生

副詞句の修飾：

(3−16)　教授が　　学生に　　著書を　　紹介した　　教室

　上で、日本語では、述語以外の文構成要素の殆どを連体修飾できると述べた。これは可能性(できるか、できないか)について述べたのである。しかし、言語を研究する時には、可能性だけでなく、頻度を見ることも大切である。連体修飾節の場合、頻度を見ると、可能性とは大分、状況が違う。日本言語学会の第 122 回大会(2001 年 6 月 23 日、24 日)の予稿集を用いて、連体修飾節の頻度を調べてみた。予稿集には多数の論文要旨が載っていたが、そのうち、連絡の取れた 7 人の発表者の発表要旨を調べた。連体修飾節の種類ごとの頻度は下記の通りである。(主語の修飾をラレル受動文以外の主語の修飾とラレル受動文の主語の修飾に分けた理由は以下で述べる。)

　　ラレル受動文以外の主語の修飾：　　162 例、約 52％
　　ラレル受動文主語の修飾：　　　　　70 例、約 23％
　　直接目的語の修飾：　　　　　　　　70 例、約 23％
　　その他の修飾：　　　　　　　　　　7 例、約 2％

ラレル受動文以外の主語には(i)自動詞文の主語と(ii)他動詞文の主語(能動文の主語とも言える)がある。

　連体修飾節の例は主語の修飾の例と直接目的語の修飾の例が殆ど全てである。他の要素の修飾の例はほぼ皆無である。この数値が日本語の全体を表しているという保証は全く無い。しかし、この数値は興味深い。予稿集の中にあった著者 H の論文から例を挙げる。

　　ラレル受動文以外の主語の修飾：他動詞文の主語の修飾：

(3−17)　　因果関係を表す語…

　　ラレル受動文の主語の修飾：

　(3-18)　？前件で表される前提…

　直接目的語を修飾する例：

　(3-19)　　ここまで見てきた静的理由文…

　予稿集の中にあった例文は分かりにくい。本書で挙げる例文の大部分は新聞記事、テレビ番組、インターネット記事などから採ったものである。予稿集の中にあった例文より遥かに分かりやすい。以下では、本書で既に挙げてある例文を主に用いる。

　連体修飾節において、特に興味深いのはラレル受動文主語の修飾と直接目的語の修飾である。ラレル受動文の主語を修飾する例を第1章から挙げる。

　(1-16)　？誤って発射されたミサイル…

　(1-60)　？不正に持ち込まれた情報

　(1-117)　？奈良公園で撮られた3頭の鹿の写真…

　(1-140)　？…書き直された文書

　(1-161)　？…会場で販売されたホタテごはん

　(1-163)　？…労働者に口ずさまれた歌

　(1-165)　？シガニー・ウィーバーを意識して作られたドレス

　(1-167)　？ボールをリズミカルにたたきながら作られるオムレツ

　(1-169)　？農作業中に元気をつけるために飲まれるチャン

　次に、直接目的語を修飾する例を第1章から挙げる。

　(1-17)　　誤って発射したミサイル…

　(1-61)　　不正に持ち込んだ情報

　(1-118)　　奈良公園で撮った3頭の鹿の写真…

　(1-141)　　…書き直した文書

　(1-162)　　…会場で販売したホタテごはん

　(1-164)　　…労働者が口ずさんだ歌

　(1-166)　　シガニー・ウィーバーを意識して作ったドレス

　(1-168)　　ボールをリズミカルにたたきながら作るオムレツ

　(1-170)　　農作業中に元気をつけるために飲むチャン

　(1-17)は(3-20)の直接目的語(「ミサイルを」)を修飾したものである。(1-61)は(3-21)の直接目的語(「情報を」)を修飾したものである。(1-118)は(3-22)の直接目的語(「3頭の鹿の写真を」)を修飾したものである。(1-141)から(1-170)も同様である。

　(3－20)　　誤ってミサイルを発射した。

　(3－21)　　情報を不正に持ち込んだ。

　(3－22)　　奈良公園で3頭の鹿の写真を撮った。

　(1－16)から(1－169)は、ラレル受動文が主語(細かく言えばラレル受動文の主語)を修飾する例である。これらは全て、私が違和感を覚える、あるいは、間違いと判断したものである。(疑問符(?)を付けておいた。)(1－17)から(1－170)は能動文が直接目的語を修飾する例である。これらは全て、私が直したものである。即ち、(1－16)から(1－169)では、私なら直接目的語の修飾を用いるところで、ラレル受動文主語の修飾を用いている。

　日本言語学会の第122回大会の予稿集で見た、ラレル受動文が主語を修飾する例も同様である。私なら直接目的語の修飾を用いるところで、ラレル受動文の主語の修飾を用いている。例の一つは(3－18)である。私なら(3－23)のように言う。

　(3－18)　　?前件で表される前提

　(3－23)　　　前件で表す前提

　このように、私なら能動文で直接目的語を修飾するところで、ラレル受動文を用いて主語を修飾する例が多数ある。いや、無数にある。私の推測では、このことはラレル受動文の頻度上昇と関係あると思う。具体的に言うと、ラレル受動文の頻度が上昇し、その結果、能動文で直接目的語を修飾しないで、ラレル受動文を用いて主語を修飾しているのだと思う。これは厳密に証明することは困難であるが、かなり妥当な推測だと思う。(逆に、能動文で直接目的語を修飾しないで、ラレル受動文を用いて主語を修飾するようになった結果、ラレル受動文の頻度が上昇したという可能性もある。)

　以上、述べたことを纏めると以下の通りである。

　(a)　日本語では、主語、直接目的語、間接目的語、副詞句などの連体修飾が可能である。

　(b)　しかし、連体修飾の例の頻度を見ると、殆ど全てが、主語を連体修飾するものと直接目的語を連体修飾するものである。

　(c)　主語には二種類がある。ラレル受動文以外の主語(自動詞文の主語と他動詞能動文の主語)とラレル受動文の主語である。

　(d)　ラレル受動文の頻度が上昇している。

　(e)　私の推測では、その結果、能動文で直接目的語を修飾しないで、ラレル

受動文で主語を修飾する例が増えている。

　以上の変化が現在起こっていると思う。このことをもとにして、私は、日本語の連体修飾節について、以下を予測する。

　　(3-24)　日本語の連体修飾節の今後についての予測：
　　　　　　いつか、直接目的語を連体修飾することは無くなるであろう。
　　　　　　その結果、主語だけを連体修飾するようになるであろう。

　ここでエドワード・キーナンとバーナード・コムリーが行った研究を紹介する(Keenan & Comrie 1977)。この研究によると、タガログ語(フィリピン)やマラガシ語(マダガスカル)などの言語では、日本語などとは違い、主語しか連体修飾できないそうだ。上記のように、日本語では、主語だけを連体修飾するようになるであろう。すると、日本語の連体修飾は将来、タガログ語やマラガシ語のようになるであろう。比喩的に言えば、日本語の連体修飾節はフィリピン海プレートに乗って南下し、フィリピンを通り過ぎて、いずれはマダガスカルに達するであろう。このような、大きな地殻変動が起こるであろう。

　以上が私の予測である。日本語の連体修飾節が私の予測通りになるかどうか、後世の人たちに検証していただきたいと思っている。

　日本語の連体修飾節に起こっているこの変化は、日本語が主語中心の言語になりつつあることの一つの現れであると思う。

## 3.3　主語「が」欲しい？

　以下で述べることも、日本語が主語「が」を欲しがる言語になりつつあることの一つの現れである。

　今まで、私ならラレル受動文を使わないところで、ラレル受動文を使った例を多数見た。なぜこのようなラレル受動文を使うのか、2.5.3で、理由を推測した。(2-64)と(2-65)である。

　　(2-64)　推測1：
　　　　　　ラレル受動文はおしゃれだ、あるいは、ラレル受動文を使うとかっこいい、あるいは、ラレル受動文は知的だ、あるいは、ラレル受動文を使うと立派な文体になると思っている人がいる。
　　(2-65)　推測2：
　　　　　　ラレル動詞で一つの文を終えると、あるいは、ラレル受動文で段落を終えると、気持ちが落ち着く、しかし、そうしないと気

持ちが落ち着かないと感じる人がいる。

　私は、このようなラレル受動文を使う理由がもう一つあると思う。それは(3−25)である。これはあくまでも推測であるが。これを言語学的に言うと(3−26)である。

　　(3−25)　文に主語「…が」が無いと気持ちが落ち着かない人がいる。

　　(3−26)　日本語は主語「…が」を要求する言語になりつつある。

　(3−25)と(3−26)を考えるには、英語と比べると分かりやすい。日本語では(3−27)、(3−28)、(3−29)の全てが言える。全て正しい文である。英語では(3−30)と(3−32)は言える。しかし、(3−31)は言えない。間違いである。

　　(3−27)　花子が　太郎を　叱った。
　　　　　　主語　　　目的語
　　(3−28)　太郎を　叱った。
　　　　　　目的語
　　(3−29)　太郎が　叱られた。
　　　　　　主語
　　(3−30)　Mary　scolded　John.
　　　　　　主語　　　　　　　目的語
　　(3−31)　＊Scolded　John.
　　　　　　目的語
　　(3−32)　John　was　scolded.
　　　　　　主語

(例文(3−31)に星印(＊)を付けた。これは、文法的に間違いであることを示す。英語話者の誰から見ても間違いであろう。一方、日本語のラレル受動文で、私から見て違和感を覚えるもの、間違いであるものに疑問符(？)を付けた。これらの文は正しいと思う人もいる。)

　日本語では(3−27)の主語「花子が」を削除した文、即ち、(3−28)は正しい文である。しかし、英語では、(3−30)の主語(Mary)を削除した文、即ち、(3−31)は間違いである。Maryを言わない文を言いたい場合には(3−32)のように言える。即ち、受動文で言える。

　英語は主語を要求する言語と言えよう。(この点に付いて、興味のある方は角田(2009: 236)をご覧いただきたい。)。命令文など、例外的な場合を除くと、主語の無い文は間違いである。(3−30)には主語(Mary)がある。正しい文

である。(3-32)にも主語(John)がある。これも正しい文である。しかし、(3
-31)には主語が無い。この文は文法的に間違いである。一方、日本語では、
少なくとも、私の日本語では、主語が無い文も正しい。日本語は、少なくと
も、私の日本語は、主語を要求する言語ではない。例を追加する。

　　(3-33)　　私達の村では　よく　蕎麦を　食べます。
　　　　　　　　　　　　　　　　　　　　目的語

　(3-33)を英語に直訳すると(3-34)になる。しかし、この文は間違いであ
る。(少なくとも、平叙文としては間違いである。命令文なら正しいかもしれ
ないが。)主語が無い。(3-35)なら正しい。主語がある。受動文も正しい。
(3-36)である。主語がある。

　　(3-34)　　＊Eat　soba　　　in our village.
　　　　　　　　　　目的語

　　(3-35)　　We　　often　eat　soba　　in our village.
　　　　　　　　主語　　　　　　　　　目的語

　　(3-36)　　Soba　is　often　eaten　in our village.
　　　　　　　　主語

　ところが、驚いたことに、(3-36)の英語の文を和訳したような文を多数聞
いた、または、見た。私の判断では、これらの文は間違いである。能動文を使
えば良い。例を挙げる。

　　(3-37)　　？この地方では納豆がよく食べられています。

　　(3-38)　　この地方では納豆をよく食べます。

(3-37)は、多分1990年代の中頃に、或る民放テレビで聞いた。正しくは(3
-38)のように言う。

　例を追加する。第1章で挙げた例である。

　　(1-125)　？日本で最もラジオが聴かれているのは沖縄県--。

　　(1-126)　　最もラジオを聴いていた都道府県は…

(1-125)と(1-126)は2018年6月2日の毎日新聞(インターネット版)で見
た。(1-126)が正しい。

　例を更に追加する。以下の例は、2014年7月29日の朝日新聞(夕刊)で見
た、与那覇潤という歴史学者と木戸久枝というフリーライターの対談の記録に
あった。この対談は旧軍人が戦争の体験を語らない、あるいは、語らなくなっ
たということについて話し合っている。この対談の記事の見出しは(3-39)

である。能動形「語る」を使っている。対談の記事の中に、(3−40)、(3−42)、(3−44)、(3−46)があった。(これらの文が対談の中で連続しているわけはない。) 全てラレル受動文を使っている。私の判断では、間違いである。能動文を使えば良い。

　　見出し：

(3−39)　　証言者なき時代　戦争どう語る

　　対談の記事：歴史学者：

(3−40)　　？そんな軍隊体験が、いよいよ語られなくなります。

(3−41)　　そんな軍隊体験を、いよいよ語らなくなります。

　　対談の記事：フリーライター：

(3−42)　　？中国との戦争はあまり語られませんね。

(3−43)　　中国との戦争はあまり語りませんね。

　　対談の記事：フリーライター：

(3−44)　　？これからも中国や英米との戦争の歴史が語られていくと思いますか？

(3−45)　　これからも中国や英米との戦争の歴史を語っていくと思いますか？

　　対談の記事：歴史学者：

(3−46)　　？なぜ、今まで問題が持ち越されてきたのか？

(3−47)　　なぜ、今まで問題を持ち越してきたのか？

((3−40)、(3−42)、(3−44)、(3−46)は、対談の記録である。速記者が対談者の発言を書き直したとは考えにくい。記者が対談者の発言を書き直したということも考えにくい。対談者の発言をかなり忠実に再現しているのであろう。)

　(3−40)、(3−42)、(3−44)、(3−46)も、英語の文を和訳したような類いの文である。

　上記の対談の記事にあったラレル受動文についての感想をのべておく。(3−46)を読むと、まるで、問題に責任があると言っているように感じる。対談者が言いたいのは、問題を持ち越してきた人達に責任があると言いたいのであろう。(3−46)は、1.4で見た、意味が不自然なラレル受動文の例である。特に、(1−46)(「なぜ」)に似ている。(1−46)は(1−47)のように言うべきだ。

(1−46)　　？書類はなぜ書き換えられたか？…

(1−47)　　書類はなぜ書き換えたか？

　私は、対談者が上記のようなラレル受動文を使うと知的に聞こえると思っている、だからラレル受動文を多用しているという印象を受けた。真相は本人に聞いてみないと分からないが。

　(3-37)、(1-125)、(3-40)、(3-42)、(3-44)、(3-46)のような文を使う人は、ラレル受動文を使うと知的に聞こえると思っているのかもしれない。ラレル受動文はおしゃれだと思っているのかもしれない。

　これはあくまでも私の推測であるが、このようなラレル受動文を使う理由は他にもあると思う。このようなラレル受動文を使う人は、主語「…が」が無いと落ち着かないのであろうと思う。

　これを言語学的に言うと、日本語は主語「…が」を要求する言語になりつつあるのだろうと思う。

　実は主語に、助詞は「が」でなくて、「は」を使う場合もある。例えば(1-97)の「資金は」、(1-99)の「活動は」、(1-113)の「東京名所図は」である。これらも全て、ラレル受動文である。

　　　(1-97)　？…資金は医療、教育、住宅、交通機関などの公共サービスに
　　　　　　　　使われるべきだ…
　　　(1-99)　？その活動は継続されなければならない。
　　　(1-113)　？東京名所図はなぜ打ち切られたか？

以下では、「…が」を日本語の主語の代表として話を進める。(日本語の主語について興味のある方は、角田(2009)の第8章をご覧いただきたい。)

　上述のように、私の推測では、日本語は主語「…が」を要求する言語になりつつある、その結果、或る種の人は、主語「…が」が無い文を避けるために、受動文を使うのだろうと思う。

　ただし、この推測には例外がある。例を挙げる。

　　　(3-48)　？日本とインドのパートナーシップについて話し合われました。
　　　(3-49)　　日本とインドのパートナーシップについて話し合いました。

(3-48)は、2020年10月7日に、TBSテレビのニュースで聞いた。東京で日本の外務大臣(茂木敏充外務大臣)とインドの外務大臣の会談があったことを報じたニュースである。私の判断では、(3-48)は間違いである。(3-49)のように言う。

　「…について話し合われました」という言い方はニュース番組でしばしば耳にする。興味深いことに、この受動文には主語「…が」が無い。主語「…が」

を省略した文ではない。主語「…が」を補おうと思っても、補うことができない。(3-50)は間違いである。

(3-50) ?日本とインドのパートナーシップが話し合われました。

このように、日本語には、主語「…が」が無くて、主語「…が」を補うことができない受動文がある。

(3-48)に対応する能動文を設定するとしたら、(3-51)であろう。

(3-51) 日本の外務大臣とインドの外務大臣が日本とインドのパートナーシップについて話し合いました。

(3-51)には主語「…が」がある。(3-49)は(3-51)の主語を省略した文であると言える。

(3-48)はラレル受動文である。しかし、主語「…が」が無い。主語「…が」を補いたくても、補うことができない。(3-48)のような文を使う人にとっては、主語「…が」を用いることと、ラレル受動文を使うことを比べると、ラレル受動文を使うことの方が重要なのであろう。即ち、主語「…が」無くてもいいから、ラレル受動文を使いたいということであろう。これらの人達にとって、ラレル受動文を使うことは大変重要なことであるらしい。

2.5.4で、ラレルは単なる飾りになっている場合があると述べた。(3-48)のラレルもその例である。(3-48)と(3-49)を比べていただきたい。ラレルの有無を除けば、全く同じ文である。(3-48)では、ラレルは受動の働きをしていないと言って良い。従って、(3-48)も、ラレルが単なる飾りになっている例である。

## 3.4 ラレル受動文の中の「を」と「が」:「疑いを持たれる」と「疑いが持たれる」

### 3.4.1 はじめに

ラレル受動文の例を見ていると、私なら「を」を使うところで、「が」を使ったものがある。このことも、日本語が主語「が」を欲しがる言語になりつつあることの一つの現れである。以下ではこの現象を見よう。始めに「が」を使った例を見る。

### 3.4.2 「が」を使った例

例は大まかに言って、二つの類に分けることができる。もっと細かく分ける

こともできるが。分ける理由は 3.4.3 で述べる。以下で例を挙げる。残忍な例文もある。お許しいただきたい。

[1] 1 類

1 番目の例は下記である。

見出し：

（3-52）　？卵が投げられた…

（3-53）　　卵を投げられた…

（3-52）は 2018 年 6 月 30 日の GOAL の記事（Yahoo! JAPAN に転載）の見出しである。サッカーのワールドカップ・ロシア大会で、韓国代表チームがグループリーグで敗退して、帰国して、仁川（インチョン）空港で受けた仕打ちを報じる記事の見出しである。私なら（3-53）のように言う。

2 番目の例は下記である。

ニュース番組の中：

（3-54）　？文書管理に関して国民から疑惑が持たれないように…

（3-55）　　…国民から疑惑を持たれないように…

（3-54）は 2018 年 4 月 9 日に NHK のニュース番組で聞いた。財務省と防衛省で、それぞれが存在しないと言っていた文書が相次いで見つかったことについて、有馬嘉男アナウンサーが（3-54）を言った。私なら（3-55）のように言う。

[2] 2 類

1 番目の例は下記である。

見出し：

（3-56）　？24 歳女性遺体、手足が結束バンドで縛られる

（3-57）　　…、手足を結束バンドで縛られる

（3-56）は 2018 年 8 月 17 日の YOMIURI ONLINE で見た記事の見出しである。殺人事件の報道の見出しである。私なら（3-57）のように言う。

2 番目の例は下記である。

（3-58）　？…名前が使われた。

（3-59）　　…名前を使われた。

（3-58）は 2015 年 5 月 23 日頃にテレビのニュース番組で聞いた。他人に名前を使われて迷惑した人についての報道である。私なら（3-59）のように言う。

3番目の例は下記である。

見出し：

（3-60）　？女性問題が報じられた中川経産政務次官が辞任

（3-61）　　女性問題を報じられた中川経産政務次官が辞任

（3-60）は 2017 年 4 月 18 に YOMIURI ONLINE で見た記事の見出しである。記事の内容についての説明は不要であろう。（3-61）のように言う。

### 3.4.3　なぜ「が」は不自然なのだろうか？

3.4.2 で、ラレル受動文で、私なら「を」を使うところで、「が」を使った例を見た。なぜ私は「を」が正しくて、「が」は間違いであると思うのだろうか？　理由を考えて見た。理由は二つあると思う。

［1］理由 1

3.4.2 の 1 類の例を見よう。

見出し：

（3-52）　？卵が投げられた…

（3-53）　　卵を投げられた…

上述のように、私なら（3-53）のように言う。

（3-52）に対応する能動文を立てるとしたら、（3-62）である。文を分かりやすくするために、「X」と「Y」を使う。私の日本語では、（3-62）に対応するラレル受動文は（3-63）（「に」）である。人によっては（3-64）（「から」）を言うかもしれない。（3-62）の「を」は、（3-63）でも（3-64）でも「を」のままである。「が」を使わない。このために、私は（3-52）を間違いと思うのであろう。

（3-62）　X が　Y に　卵を　投げた。

（3-63）　Y が　X に　卵を　投げられた。

（3-64）　Y が　X から　卵を　投げられた。

（3-54）と（3-55）も同様である。

（3-54）　？文書管理に関して国民から疑惑が持たれないように…

（3-55）　　…国民から疑惑を持たれないように…

（3-54）に対応する能動文を立てるとしたら、（3-65）である。私の日本語では、（3-65）に対応するラレル受動文は（3-66）（「に」）である。人によって

は(3-67)(「から」)を言うかもしれない。(有馬アナウンサーは「から」使った。)(3-65)の「を」は、(3-66)でも(3-67)でも「を」のままである。「が」を使わない。このために、私は(3-54)を間違いと思うのであろう。

(3-65)　　X が　Y に　疑惑を　持つ。

(3-66)　　Y が　X に　疑惑を　持たれる。

(3-67)　　Y が　X から　疑惑を　持たれる。

　次に2類の例を見よう。

(3-56)　　？24歳女性遺体、手足が結束バンドで縛られる

(3-57)　　…、手足を結束バンドで縛られる

(3-56)に対応する能動文を立てるとしたら、(3-68)である。私の日本語では、(3-68)に対応するラレル受動文は(3-69)(「に」)である。人によっては(3-70)(「から」)を言うかもしれない。(3-68)の「を」は、(3-69)でも(3-70)でも「を」のままである。「が」を使わない。このために、私は(3-56)を間違いと思うのであろう。

(3-68)　　X が　Y の　手足を　縛る。

(3-69)　　Y が　X に　手足を　縛られる。

(3-70)　　Y が　X から　手足を　縛られる。

　(3-58)と(3-59)も同様である。

　次に(3-60)と(3-61)を見る。

(3-60)　　？女性問題が報じられた中川経産政務次官が辞任

(3-61)　　女性問題を報じられた中川経産政務次官が辞任

(3-60)に対応する能動文を立てるとしたら、(3-71)である。私の日本語では、(3-71)に対応するラレル受動文は(3-72)(「に」)である。人によっては(3-73)(「から」)を言うかもしれない。(3-71)の「を」は、(3-72)でも(3-73)でも「を」のままである。「が」を使わない。このために、私は(3-60)を間違いと思うのであろう。

(3-71)　　X が　Y の　女性問題を　報じた。

(3-72)　　Y が　X に　女性問題を　報じられた。

(3-73)　　Y が　X から　女性問題を　報じられた。

　私の日本語と同じようにラレル受動文を使った例もある。一つ挙げる。

　　見出し：

(3-74)　　81年前、中国で親と妹を殺された

(3-74)は2018年7月23日の朝日新聞DIGITALで見た記事の見出しにあった。81年前に中国に住んでいた日本人が戦争中の出来事を述べた記事である。「が」でなく、「を」を使っている。

　一方、同じ朝日新聞DIGITALでも、(3-52)などと同じような言い方をした記事もある。

　　　見出し：

　　（3-75）　？ありふれた朝、バレンタインデーの朝　私の娘は奪われた

　　（3-76）　…私は娘を奪われた

(3-75)は2019年6月21日の朝日新聞DIGITALで見た記事の見出しである。乱射事件で娘を失った人についての記事である。あたかも娘さんが誰かに何かを奪われたような感じがする。(3-76)のように言う。

　(3-52)、(3-54)、(3-56)、(3-58)、(3-60)では「を」を使わないで、「が」を使っている。(3-75)の「娘は」の「は」も「が」相当であろう。これらの例も、日本語が主語「…が」を欲しがる言語になりつつあることの一つの現れである。受動文を使わないと主語「…が」(あるいは「が」相当)が無いので。

　ラレル受動文で、私なら「を」を使うところで「が」を使った例を、3.4.2で1類と2類に分けた。1類と2類の違いは、対応する能動文を立てた場合に、Yに付く格助詞である。1類では、Yに「に」が付く。即ち、「Yに」である。(3-62)と(3-65)参照。一方、2類では、Yに「の」が付く。即ち、「Yの」である。(3-68)と(3-71)参照。


［2］理由2

　これらの文について「を」が正しくて「が」が間違いであると私が感じる理由はもう一つある。これらの文は全て、何かの迷惑・被害があった状況を述べている。しかし、私の日本語では、ここで「が」を使うと迷惑・被害の意味が出ない。少なくとも、迷惑・被害の意味が弱まる。迷惑・被害の意味を出すためには、「を」を使わなくてはならない。例を追加する。1番目の例は下記である。

　　　記事の中：

　　（3-77）　？一方、削除された側からは反発も。作家の竹田恒泰氏は5月
　　　　　　　下旬、動画が次々に削除されアカウントが停止された。

（3－78）　　…。動画を…削除されアカウントを停止された。

（3－77）は 2018 年 7 月 6 日に朝日新聞 DIGITAL で見た記事の中にあった。グーグル日本法人が差別的な投稿を削除して、それに対して反発があったという記事である。私なら（3－78）のように言う。

　2 番目の例は下記である。

　　（3－79）　？広島に原爆が落とされた日

　　（3－80）　　広島に原爆を落とされた日

（3－79）は 2016 年 8 月 8 日に NHK テレビの番組で聞いた。私なら（3－80）のように言う。広島の方々と日本が被害を受けたのだから。（3－79）の言い方では被害を受けた感じがしない。これでは被害者が気の毒だ。

　私の日本語では、ラレル受動文の中の「が」と「を」を比べると、「を」の方が迷惑・被害を表す。しかし、上に挙げた例では、何かの迷惑・被害があった状況を述べているにもかかわらず、「が」を使っている。このような日本語を使う人の場合、「を」の方が迷惑・被害を表すという意識は無いようだ。これもラレル受動文に起こっている変化の一つであろう。

### 3.4.4　記事またはその見出しまたは写真の説明の中

　記事またはその見出しまたは写真の説明の中で、「が」でなく「を」を使うものを調べてみたら、下記の型が見つかった。

　　（3－81）　見出し：　　「が」

　　　　　　　記事の中：　「が」

　　（3－82）　見出し：　　「が」

　　　　　　　記事の中：　「が」と「を」

　　（3－83）　見出し：　　見出しは無し、または、見出しはあるが見出しに

　　　　　　　　　　　　　該当の語は無し

　　　　　　　記事の中：　「が」

　　（3－84）　見出し：　　該当の語は無し

　　　　　　　写真の説明：「が」

　　　　　　　記事の中：　「が」と「を」

例を挙げる。

［1］（3−81）見出し：「が」。記事の中：「が」。

1番目の例は（3−60）と（3−85）である。「が」（「女性問題が」）を見出し（3−60）でも、記事（3−85）でも用いている。

記事：

（3−85）　?中川氏は18日、自身のフェイスブックで、発売予定の週刊
　　　　　誌に女性問題が報じられることが原因と明かし、…

私の日本語では、（3−85）は以下のように言う。

（3−86）　…女性問題を報じられる…

2番目の例は（3−56）である。「が」（「手足が」）を見出し（3−56）でも、記事の中でも使っている。


［2］（3−82）見出し：「が」。記事の中：「が」と「を」。

例は（3−52）、（3−87）、（3−88）、（3−89）である。見出し（3−52）では「が」（「卵が」）を使っている。記事の中では、「が」（「枕が」）と「を」（「卵を」、「枕を」）の両方を使っている。

記事の中：

（3−87）　…ファンから卵を投げつけられる…

記事の中：

（3−88）　…卵とユニオンジャックの枕を投げられた…

記事の中：

（3−89）　?…ユニオンジャックの枕が投げられている。

私の日本語では（3−89）は（3−90）のように言う。（3−87）の言い方と同じである。格助詞は「が」ではなく、「を」を使う。この文脈では「投げられる」よりも「投げつけられる」の方が自然に感じる。（3−88）でも、「投げられる」よりも「投げつけられる」の方が自然に感じる。

（3−90）　…ユニオンジャックの枕を投げつけられている


［3］（3−83）見出し：見出しは無し、または、見出しはあるが見出しに該当の語は無し。記事の中：「が」。

例は（3−54）（「疑惑が」）、（3−77）（「動画が」、「アカウントが」）、（3−79）（「原爆が」）である。

　[4]　(3-84)見出し：該当の語は無し。写真の説明：「が」。記事の中：「が」
と「を」。

　例は下記である。

　写真の説明：

(3-91)　?営業を継続する飲食店の張り紙には「バカ」という書き込み
　　　　　がされた

　記事の中：

(3-92)　?無観客ライブ配信をしていた東京・高円寺のバー「いちょん」
　　　　　には、「ライブハウスを自粛してください。次発券すれば、
　　　　　警察を呼びます」と言う張り紙がされました。

　記事の中：

(3-93)　?最初に「このような事態でまだ営業しますか?」と張り紙が
　　　　　され、…

　記事の中：

(3-94)　営業していることを理由に、張り紙をされる店も出ているよ
　　　　　うです。

(3-91)から(3-94)は2020年5月14日の弁護士ドットコムの記事(Yahoo!
JAPANに転載)にあった。コロナウィルス禍の中で営業を続けた店が嫌がらせ
を受けて、迷惑なので、弁護士に相談したらしい。写真の説明では「が」(「書
き込みが」)を使っている。記事の中では、「が」(「張り紙が」、「張り紙が」)と
「を」(「張り紙を」)の両方を使っている。

　私の日本語では、(3-91)は以下のように言う。格助詞は「が」でなく
「を」を使う。(3-94)と同じ言い方である。(3-92)と(3-93)でも、同様に
直す。

(3-95)　　…書き込みをされた

　[1]から[4]で挙げた例は全て迷惑・被害を受けた状況を報じている。しか
し、「が」を[1]から[4]の全てにおいて、少なくとも、見出し、記事の中、写
真の説明のどれかで使っている。更に、[2]と[4]では、記事の中で、「が」と
「を」の両方を使っている。ラレル受動文の中の「を」と「が」について、以
下のことが言える。

　(a)「を」と「が」を比べると、「を」の方が迷惑・被害を表すという意識は

無いようだ。（このことは、3.4.3 の最後の段落で述べた。）迷惑・被害を表す「を」は絶滅危惧種になりかけているかもしれない。

　（b）「を」と「が」を使い分けていないようだ。

　しかし、ラレル受動文の中で、「を」と「が」使い分けている場合が見つかった。3.4.5 で見る。

### 3.4.5　「疑いを持たれる」と「疑いが持たれる」

　新聞記事やテレビのニュース番組で、私なら「疑いを持たれる」と言うところで、「疑いが持たれる」と言っている例をしばしば見る、または、聞く。私は「疑いが持たれる」という言い方には違和感を覚える。以下の例では疑問符（？）を付ける。

　なぜ私は「疑いが持たれる」の言い方は間違いであると感じるのだろう？考えて見た。多分以下の通りであろう。(3-96)、(3-97)、(3-98) をご覧いただきたい。（「疑惑」ではなく「疑い」を使っている点を除けば、(3-96) は(3-65) と同じであり、(3-97) は(3-66) と同じである。）私の日本語では、元の能動文は(3-96) である。ラレル受動文にすると(3-97) である。しかし、(3-98) は言えない。だから「疑いが」が間違いだと感じるのであろう。

　　(3-96)　　　X が　　　Y に　　　疑いを　　　持つ。
　　(3-97)　　　Y が　　　X に　　　疑いを　　　持たれる。
　　(3-98)　？ Y が　　　X に　　　疑いが　　　持たれる。

　新聞記事やテレビのニュース番組で見つけた例を見ていると、むやみに「疑いを持たれる」と「疑いが持たれる」を使っているのではないようだ。使い分けているようだ。ただし、これは傾向であって、探せば例外もあるかももしれないが。この傾向を見よう。

　［1］傾向 1：「疑いを持たれる」
　この言い方は(3-97) に合致する。私の日本語でも正しい。私が見つけた例では、「疑いを持たれる」を用いるのは以下の場合である。
　　場合 1．「疑い」の前に連体修飾語も連体修飾節も無い場合。
　　場合 2．「疑い」の前に連体修飾語があるが、連体修飾節は無い場合。
　場合 1 の例を挙げる。
　　(3-99)　　　自民党の世耕弘成参院幹事長は 7 日の記者会見で、立憲民主

党の枝野幸男代表が東京都知事選の投開票日に「＃宇都宮」な
どとツイッターに投稿し、批判を浴びたことについて「党の代
表たる者、疑いを持たれるような行為は取るべきではない」と
指摘した。

(3-99)は、2020年7月17日に産経新聞(インターネット版)で見た。「疑い」
の前に連体修飾語も連体修飾節も無い。

　場合2の例を挙げる。1番目の例は下記である。

　　　(3-100)　来年から実施される「大学入学共通テスト」の国語の問題作成
　　　　　　　にかかわった複数の委員が昨年8月、導入予定だった国語記
　　　　　　　述式問題の例題集を出版し、利益相反の疑いを持たれるなどと
　　　　　　　指摘され、委員を辞任したことが関係者への取材で分かった。

(3-100)は2020年2月18日の東京新聞(インターネット版)で見た。

　2番目の例は下記である。

　　　(3-101)　利益相反マネジメントは、大学と職員等の行動を制限すること
　　　　　　　を目的としておらず、大学と職員等が利益相反の疑いを持たれ
　　　　　　　ることを防ぐことにより、大学と職員等を保護しつつ、大学の
　　　　　　　社会的信頼を維持することを目的としています。

(3-101)は岩手医科大学のサイトの「利益相反マネジメントについて」とい
う項の第3段落にある。2020年10月6日に見た。

　(3-100)でも(3-101)でも「疑いを」の前に連体修飾語がある。「利益相反
の」である。しかし、連体修飾節は無い。


　[2]　傾向2：「疑いが持たれる」。

　私が見つけた例では、「疑いが持たれる」を使う場合は、「疑い」の前に連体
修飾節がある。しかも、この連体修飾節がかなり長い。例を挙げる。連体修飾
節を下線で示す。1番目の例は下記である。

　　　(3-102)　？部屋に押し入った(名前)容疑者は、<u>女性から現金2万円と
　　　　　　　キャッシュカードを奪い取り、コンビニのＡＴＭで現金50
　　　　　　　万円を不正に引き出した</u>疑いが持たれています。

　　　(3-103)　…疑いを持たれています。

(3-102)は「8関テレ」というサイトで、2020年10月6日に見た。2020年
7月12日のニュースのようだ。男が刃物で女性に怪我をさせ、現金とキャッ

シュカードを奪ったというニュースにあった。私なら、「疑いを」と言う。

2番目の例は下記である。

（3-104）？警察によりますと、（名前）容疑者は昨年12月、元同僚の女性(29)の自宅に侵入したほか、今年3月には女性の自宅の浴室内に設置したカメラで入浴中の女性を盗撮した疑いが持たれています。

（3-105）　…疑いを持たれています。

（3-104）は2015年7月28日の毎日放送の記事（Yahoo! JAPANに転載）にあった。私なら、「疑いを」と言う。


　纏めると、傾向1「疑いを持たれる」の例では、「疑い」の前に連体修飾語も連体修飾節も無い、または、連体修飾語があるが、連体修飾節は無い。一方傾向2「疑いが持たれる」の例では、「疑い」の前に連体修飾節がある。しかも、この連体修飾節がかなり長い。このように、「を」と「が」を見事に使い分けている。これは意外であった。

　私の判断では「疑いが持たれる」は間違いである。しかしこれを使う人がいる。では、なぜ「疑いが持たれる」を使うのだろうか？　私の推測は下記の通りである。このことは、日本語が主語「が」を要求する言語になりつつあることに関連している。「疑いが持たれる」を使う人は、以下のように思うのであろう。無意識にかもしれないが。

　「ああ、この文は長いな。連体修飾節が入って、大分長くなった。そろそろ「が」が欲しいな。「が」が無いと気持ちが落ち着かない。「疑いを」を使ったら、落ち着かないが、「疑いが」を使えば、落ち着く。」

　この関連で、（3-100）と（3-101）は大変興味深い。ともに、「疑い」の前に連体修飾語「利益相反の」がある。「疑いが持たれる」ではなく、「疑いを持たれる」を用いている。更に、（3-100）では、「利益相反の疑いを」の少し前に「が」主語（「複数の委員が」）がある。（3-101）では「利益相反の疑いを」の直前に「が」主語（「大学と職員等が」）がある。だから、以下のように思ったのであろう。無意識にかもしれないが。

　「「が」主語がすぐ前にあるから、「疑いを」でいいや。「疑いが」を使わなくても、落ち着く。」

　「疑いが持たれる」を使うことも、日本語が主語「が」を要求する言語にな

りつつあることの現れであろう。

### 3.5　「泥棒が逮捕！」：能動態と受動態が中和している？
#### 3.5.1　はじめに

　インターネットニュースには、能動態と受動態が中和しているように見える例がある。特に、記事本文よりも見出しに多い。以下では、能動態と受動態が中和するということはどんなことなのか、どんな例があるのか、このことは何を意味するのか、などを考える。結論を先に言うと、この現象も、日本語が主語「…が」を要求する言語になりつつあることの現れであると思う。

#### 3.5.2　能動態と受動態の中和とは？

　能動態とは何か？　能動文とはどう違うのか？　受動態とは何か？　受動文とはどう違うのか？　能動態と受動態の中和とは何か？

　まず、第1章で見たことをおさらいしよう。第1章では、英語の例と日本語の例を見た。ここでは日本語の例だけを見る。日本語の能動文の構造、受動文の構造、能動文と受動文の対応は、以下のように示すことができる。

| | | | | |
|---|---|---|---|---|
|(1−5)|能動文：|Xが|Yを|する。|
| | |主語|目的語| |
|(1−6)|受動文：|Yが|Xに|られる。|
| | |主語| | |
|(1−7)|受動文：|Yが|Xから|られる。|
| | |主語| | |
|(1−8)|花子が|太郎を|叱った。| |
|(1−9)|太郎が|花子に|叱られた。| |
|(1−10)|太郎が|花子から|叱られた。| |

　能動文と受動文は動詞の形、語順、格助詞の三つの点で異なる。受動文では動詞に「られる」が付く。能動文の目的語が受動文の主語になる。格助詞が「を」から「が」に変わる。能動文の主語は、受動文では主語ではない。格助詞が「が」から「に」または「から」に変わる。（「によって」に変わる場合もある。）語順も変わる。

　次に、能動態と能動文の関係と、受動態と受動文の関係について述べる。能動態と能動文は同じものに見えるかもしれない。しかし、厳密に言えば、同じ

ものではない。厳密に言えば、以下のように言えるであろう。日本語には能動態があり、（1-8）の能動文はその能動態が現れた例である。受動態と受動文の関係も同様である。厳密に言えば、以下のように言えるであろう。日本語には受動態があり、（1-9）と（1-10）の受動文はその受動態が現れた例である。

　比喩的に言えば、下記のように言えるかもしれない。世間で、A さんは性格が良いと言っているとしよう。性格は見ることができない。もし A さんが誰かに親切なことをすれば、それは A さんの良い性格が現れた例であると言える。あるいは、世間で、A さんは性格が悪いと言っているとしよう。もし A さんが誰かに意地悪なことをすれば、それは A さんの悪い性格が現れた例であると言える。

　以上で、能動態と能動文の関係と、受動態と受動文の関係について述べた。次に、能動態と受動態の中和について述べる。上で見たように、日本語には能動態と受動態の区別がある。しかし、この区別が無くなったように見える場合がある。私は、これを能動態と受動態の中和の例と呼ぶ。以下では、その例を見る。

### 3.5.3　能動態と受動態の中和の例

　インターネットニュースの見出しに、いわば「泥棒が逮捕！」のような類いの見出しがある。誤解を招く見出しである。「え！泥棒が誰を逮捕した？」と思ってしまう類いの見出しである。実は、泥棒が逮捕されたという意味なのだが。この種の見出しは多数ある。漢語の例が圧倒的に多い。例は「逮捕」である。西洋からの外来語の例もある。例は「ライトアップ」である。以下では、「漢語」と言う時に、西洋からの外来語も含める。見つけた例は、(i)漢語だけで能動の意味を表すか、受動の意味を表すか、(ii)「漢語スル」を用いるか、「漢語サレル」を用いるか、(iii)記事の中にあるか、その記事の見出しにあるかという点で、少なくとも以下の型に分類できる。
　　［1］　　見出し：漢語で受動の意味
　　［1-1］見出し：漢語で受動の意味
　　　　　　記事：　漢語ラレル（受動の意味）
　　［1-2］見出し：漢語で受動の意味
　　　　　　記事：　漢語スル（能動の意味）
　　［1-3］見出し：漢語で受動の意味

記事：　漢語で能動の意味
[2]　　見出し：漢語で能動の意味
[2-1]　見出し：漢語で能動の意味
　　　　記事：　漢語ラレル(受動の意味)
[2-2]　見出し：漢語で能動の意味
　　　　記事：　漢語スル(能動の意味)
[2-3]　見出し：漢語で能動の意味
　　　　記事：　漢語で受動の意味

それぞれの場合の例を見ていく。


[1] 見出し：漢語で受動の意味
漢語の前に主語「…が」がある場合だけを見る。


[1-1] 見出し：漢語で受動の意味。記事：漢語ラレル(受動の意味)。
この種類の例は多数ある。1番目の例は下記である。
　見出し：
（3-106）　？奈良の中学校教諭が元同僚を盗撮し逮捕
（3-107）　　奈良の中学校教諭を元同僚盗撮で逮捕
（3-108）　　奈良の中学校教諭が元同僚を盗撮し逮捕された
　記事：
（3-109）　　元同僚の女性の自宅に侵入し浴室で盗撮したとして奈良市の
　　　　　　　31歳の中学校教諭が逮捕されました。
（3-106)は(3-104)があった記事の見出しである。「逮捕」がある。漢語だけで
ある。「られる」は付いていない。記事は(3-109)で始まる。「逮捕されま
した」と言っている。ラレル動詞を用いている。私はこの見出しを見た時に、
この教諭は誰を逮捕したのだろうと思った。まさか、元同僚を盗撮して逮捕す
ることもないだろうし。記事を読んでみて、教諭が逮捕されたと分かった。
漢語だけを受動の意味で使った例である。「泥棒が逮捕」の言い方の類いであ
る。誤解を招く。(3-107)のように書けば分かりやすい。「が」を「を」に変
えた。「元同僚を盗撮し」を「元同僚盗撮で」に変えた。(3-108)のように
言っても良い。ただし、(3-108)は(3-107)よりやや長い。見出しは短い方
が良いので、(3-108)より(3-107)の方が良いであろう。

2 番目の例は下記である。

　見出し：

（3−110）　？河合案里被告が保釈

（3−111）　　河合案里被告を保釈

　記事：

（3−112）　　案里被告は同日夜、6 月の逮捕から 4 ヶ月以上拘留されていた東京拘置所から保釈された。

（3−110）と（3−112）は 2020 年 10 月 27 日に産経ニュースで見た。買収事件で逮捕された参院議員、河合案里被告についてのニュースである。（3−110）は（3−111）のように言う。河合案里被告が誰かを保釈したのではないので。（3−112）はこのままで良い。

　3 番目の例は下記である。

　見出し：

（3−113）　？藤浪、坂本らが侍ジャパン選出

（3−114）　　藤浪、坂本らを侍ジャパンに選出

　記事：

（3−115）　？3 月 10、11 日に東京ドームで行われる欧州代表との強化試合に出場する野球日本代表「侍ジャパン」のメンバーが 16 日に発表され、藤浪晋太郎（阪神）や坂本勇人（巨人）ら 26 選手が選出された。

（3−116）　　…メンバーを…発表し、…26 選手を選出した。

（3−113）と（3−115）は 2015 年 2 月 16 日のスポーツナビ（Yahoo! JAPAN に転載）で見た。（3−113）は（3−114）のように言う。格助詞「に」を補っておいた。（3−115）は（3−116）のように言う。

　上で述べたように、この種類の例は多数ある。以下を見つけた。例文は挙げない。他の類と比較しやすいように、（3−106）、（3−109）、（3−110）、（3−112）、（3−113）、（3−115）も以下に加える。（動詞を引用する時には、記事の中では例えば「保釈された」のタ形であっても、「保釈される」のル形で統一する。）


　　　　　見出し：　　　　　記事：
　　　　　漢語で受動の意味：　「漢語サレル」：

（3-106）　逮捕　　　　　（3-109）　逮捕される

（3-110）　保釈　　　　　（3-112）　保釈される

（3-113）　選出　　　　　（3-115）　選出される

（3-117）　拘束　　　　　拘束される

（3-118）　書類送検　　　書類送検される

（3-119）　釈放　　　　　釈放される

（3-120）　入国拒否　　　入国を拒否される

　　　　　　　　　　　　（格助詞「を」がある。）

（3-121）　緊急搬送　　　緊急搬送される

（3-122）　制圧　　　　　制圧される

（3-123）　襲撃　　　　　襲撃される

（3-124）　射殺　　　　　射殺される

（3-125）　投稿　　　　　投稿される

（3-126）　掲載　　　　　掲載される

（3-127）　削除　　　　　削除される

　　　　　　　　　　　　（記事の中の「削除される」は（3-77）

　　　　　　　　　　　　である。）

（3-128）　撤去　　　　　撤去される

（3-129）　発見　　　　　発見される

（3-130）　解明　　　　　解明される

（3-131）　認定　　　　　認定される

（3-132）　ノミネート　　ノミネートされる

（3-133）　リメイク　　　リメイクされる


［1-2］見出し：漢語で受動の意味。記事：漢語スル（能動の意味）。

　この種類の例もかなりある。ただし、［1-1］の例ほど多くはない。例を挙げる。1番目の例は下記である。

　見出し：

（3-134）　？NHK職員が盗撮容疑で逮捕

（3-135）　　NHK職員を盗撮容疑で逮捕

　記事：

（3-136）　　…沖縄県警は2日、NHK沖縄放送局技術部の職員（名前）容

疑者を…逮捕し、…

(3-134)と(3-136)は 2017 年 9 月 3 日の朝日新聞 DIGITAL で見た。(1-134)は(3-135)のように言う。この職員が誰かを逮捕したのではないので。(3-136)はこのままで良い。

　2 番目の例は下記である。

　　見出し：

　　(3-137)　？ヤクルト・バレンティン、ソフト B・千賀が抹消、…

　　(3-138)　　ヤクルト・バレンティン、ソフト B・千賀を抹消、…

　　記事：

　　(3-139)　　ヤクルトは 8 日、バレンティンの登録を抹消した。

(3-137)と(3-139)は 2017 年 6 月 8 日の BASEBALL KING（Yahoo! JAPAN に転載）で見た。(1-137)は(3-138)のように言う。バレンティン選手と千賀選手が誰かの登録を抹消したのではないので。(3-139)はこのままで良い。

　3 番目の例は下記である。

　　見出し：

　　(3-140)　？NASA の月探査「LRO」が捉えた美しい「満地球の出」の画
　　　　　　像が公開

　　(3-141)　　…画像を公開

　　記事：

　　(3-142)　　米航空宇宙局(NASA)は 2015 年 12 月 18 日、月探査「ル
　　　　　　ナー・リコネサンス・オービター」(LRO)が撮影した、美し
　　　　　　い「満地球の出」の画像を公開した。

　上述のように、この種類の例もかなりあるが、[1-1]ほどではない。以下を見つけた。例文は挙げない。他の類と比較しやすいように、(3-134)、(3-136)、(3-137)、(3-139)、(3-140)、(3-142)も以下に加える。

| 見出し： | | 記事： | |
|---|---|---|---|
| 漢語で受動の意味： | | 「漢語スル」： | |
| (3-134) | 逮捕 | (3-136) | 逮捕する |
| (3-137) | 抹消 | (3-139) | 抹消する |
| (3-140) | 公開 | (3-142) | 公開する |
| (3-143) | 一時拘束 | | 一時拘束する |

（3-144）承認　　　　　　　承認する
（3-145）発見　　　　　　　発見する
（3-146）発表　　　　　　　発表する
（3-147）発売　　　　　　　発売する
（3-148）契約解除　　　　　契約を解除する
　　　　　　　　　　　　　　（格助詞「を」がある。）
（3-149）ライトアップ　　　ライトアップする

　[1-3]　見出し：漢語で受動の意味。記事：漢語で能動の意味。
　この類の例は少ない。例を二つ見つけた。1番目の例は下記である。
　　見出し：
（3-150）　？ドラ1高山が2番抜てき！
（3-151）　　ドラ1高山を2番に抜てき！
　　記事：
（3-152）　　阪神・金本監督が超攻撃的オーダーを組んだ。ここまで主に
　　　　　　　下位打線で起用してきたドラフト1位・高山を2番に"抜て
　　　　　　　き"。
（3-150）と（3-152）は2016年3月9日のスポーツ報知（Yahoo! JAPANに転
載）で見た。ドラフト1位で阪神タイガースに入団した新人の高山俊選手が活
躍していることの報道である。「抜てき」を見出しでは受動の意味で使い、記
事では能動の意味で使っている。（3-150）は（3-151）のように言う。格助詞
「に」を加えた。
　2番目の例は下記である。
　　見出し：
（3-153）　？イタリア代表W杯着用モデルの新ユニフォームが発表
（3-154）　　イタリア代表W杯着用モデルの新ユニフォームを発表
　　記事：
（3-155）　　3日、プーマはイタリア代表の新ホーム、アウェーユニ
　　　　　　　フォームを発表。
（3-153）と（3-155）は2014年3月3日のSOCCER KING（Yahoo! JAPAN
に転載）で見た。「発表」を見出しでは受動の意味で使い、記事では、能動の意
味で使っている。（3-153）は（3-154）のように言う。

他の類と比較しやすいように、下記を示す。

|  | 見出し： | 記事： |
|--|--------|-------|
|  | 漢語で受動の意味： | 漢語で能動の意味： |

　（3-150）　抜てき　　　　　　　（3-152）　抜てき
　（3-153）　発表　　　　　　　　（3-155）　発表

　［1-1］から［1-3］まで、見出しで漢語だけで受動の意味に用いる例を見た。［2-1］から［2-3］では、見出しで漢語だけで能動の意味で用いる例を見る。

　［2］見出し：漢語で能動の意味
　漢語の前に、目的語「…を」がある場合だけを見る。上で見たように、漢語の前に主語「…が」がある場合、私は違和感を覚える。一方、漢語の前に、目的語「…を」がある場合は、違和感を覚えない。

　［2-1］見出し：漢語で能動の意味。記事：漢語ラレル（受動の意味）。
　この類の例は少ない。「逮捕」の例、「保釈」の例、「選出」の例が見つかった。「逮捕」の例を挙げる。
　　見出し：
　（3-156）　口論で暴行、父親死亡　31歳の息子を逮捕…
　　記事：
　（3-157）　…、口論の末に父親に暴行を加えた疑いで、31歳の男が警視
　　　　　　　庁に逮捕された。
（3-156）と（3-157）は2016年9月12日のフジテレビ系（FNN）（Yahoo! JAPANに転載）で見た。見出しでは「逮捕」を能動の意味で使っている。「息子を」に「を」があるので能動の意味で使っていることは明らかである。記事ではラレル動詞の「逮捕される」を使っている。
　「保釈」の例を挙げる。
　　見出し：
　（3-158）　河合案里議員を保釈
　　記事：

　(3-159)　2019年の参院選広島選挙区を巡る大規模買収事件で、公職選
　　　　　　挙法違反に問われた参院議員、河合案里被告(47)が27日、東
　　　　　　京拘置所(東京都葛飾区)から保釈された。

(3-158)と(3-159)は2020年10月27日の毎日新聞(インターネット版)で
見た。(3-110)と(3-112)を同じことを報道している。見出しでは「保釈」
を能動の意味で使っている。「河合案里議員を」に「を」があるので能動の意
味で使っていることは明らかである。一方、記事ではラレル動詞の「保釈され
る」を使っている。

　「選出」の例を挙げる。

　　見出し：

　(3-160)　　米メディアがW杯ラウンド16のベスト11を発表・・・ネ
　　　　　　イマール、ムバッペらとともに乾貴士を選出

　　記事：

　(3-161)　　？…乾が日本代表の中から唯一選出された。

　(3-162)　　…乾を日本代表の中から唯一選出した。

(3-160)と(3-161)は2018年7月6日のGOAL(Yahoo! JAPANに転載)で
見た。見出しでは「選出」を能動の意味で使っている。「乾貴士を」に「を」
があるので能動の意味で使っていることは明らかである。記事はラレル動詞の
「選出される」を使っている。私なら(3-162)のように、能動文を使う。

　上で見た通り、下記が見つかっている。

| | 見出し： | | 記事： |
|---|---|---|---|
| | 漢語で能動の意味： | | 「漢語サレル」： |
| (3-156) | 逮捕 | (3-157) | 逮捕される |
| (3-158) | 保釈 | (3-159) | 保釈される |
| (3-160) | 選出 | (3-161) | 選出される |

　[2-2] 見出し：漢語で能動の意味。記事：漢語スル(能動の意味)。

　私の感覚では、[1-1]から[1-3]までと[2-1]から[2-3]までの中で、多
分、[2-2]が最もまともな用法である。例を三つ挙げる。1番目の例は下記で
ある。

　　見出し：

（3-163）　千葉県職員を逮捕　ホームセンターで万引き

記事：

（3-164）　ホームセンターで電動ドライバーなどを盗んだとして、千葉県
　　　　　　警館山署は 2 日、窃盗の疑いで千葉県水産総合研究センター
　　　　　　の（身分と名前など）を逮捕した。

（3-163）と（3-164）は 2020 年 10 月 3 日の産経ニュース（インターネット版）
で見た。直すところは無い。

　2 番目の例は下記である。

見出し：

（3-165）　メルケル氏を首相に選出

記事：

（3-166）　ドイツ連邦議会は 14 日、アンゲラ・メルケル（Angela Merkel）
　　　　　　氏を首相に選出した。

（3-165）と（3-166）は 2018 年 3 月 14 日の JIJI.COM（Yahoo! JAPAN に転
載）で見た。直すところは無い。

　3 番目の例は下記である。

見出し

（3-167）　まるで「0」系「鉄道ホビートレイン」完成　JR 四国が公開

記事

（3-168）　初代新幹線「0 系」にちなんだディーゼル車「鉄道ホビートレ
　　　　　　イン」が完成し、JR 四国が 28 日、報道陣向けに公開した。

（3-167）と（3-168）は 2014 年 2 月 28 日の朝日新聞 DIGITAL で見た。直す
ところは無い。

　他の類と比較しやすいように、下記を示す。

|  | 見出し： |  | 記事： |
|---|---|---|---|
|  | 漢語で能動の意味： |  | 「漢語スル」： |
| （3-163） | 逮捕 | （3-164） | 逮捕する |
| （3-165） | 選出 | （3-166） | 選出する |
| （3-167） | 公開 | （3-168） | 公開する |

［2-3］見出し：漢語で能動の意味。記事：漢語で受動の意味。

例を一つ見つけた。これは珍しい。

　　見出し

　　(3-169)　　17 日の公示　DeNA が平良を登録し、中川を抹消…

　　記事

　　(3-170)　？…。代わって、中川大志内野手が抹消。

　　(3-171)　　…中川大志内野手を抹消。

(3-169) と (3-170) は 2018 年 5 月 17 日の Full-Count (Yahoo! JAPAN に転載) で見た。「抹消」を見出しでは能動の意味で使っている。目的語「…を」があるので明らかである。「抹消」は記事では「抹消された」を表すつもりであろう。受動の意味で使っている。(3-170) は私なら (3-171) のように言う。「が」でなく「を」を使う。

　他の類と比較しやすいように、下記を示す。


　　　　　　　　見出し：　　　　　　　記事：
　　　　　　　　漢語で能動の意味：　　漢語で受動の意味：
　　(3-169)　抹消　　　　　　　　(3-170)　抹消


ここまで、下記の種類の例を見てきた。

[1]　　　見出し：漢語で受動の意味

[1-1] 見出し：漢語で受動の意味

　　　　記事：　漢語ラレル (受動の意味)

[1-2] 見出し：漢語で受動の意味

　　　　記事：　漢語スル (能動の意味)

[1-3] 見出し：漢語で受動の意味

　　　　記事：　漢語で能動の意味

[2]　　　見出し：漢語で能動の意味

[2-1] 見出し：漢語で能動の意味

　　　　記事：　漢語ラレル (受動の意味)

[2-2] 見出し：漢語で能動の意味

　　　　記事：　漢語スル (能動の意味)

[2-3] 見出し：漢語で能動の意味

　　　　記事：　漢語で受動の意味

　漢語を「られる」無しで受動の意味に使ったり、「する」無しで能動の意味に使ったりしている。漢語を「られる」無しで受動の意味に使うのは見出しに多い。記事の中では、大部分の場合、能動の意味を表す場合には「漢語する」を用い、受動の意味を表す場合は「漢語される」を用いる。そうではない場合もあるが。例えば、(3-170)では、記事の中で、漢語「抹消」だけで、受動の「抹消される」の意味で使っている。

　以下の五つの漢語は、見出しだけに限っても、「られる」無しで受動の意味に使う例と、「する」無しで能動の意味に使う例の両方が見つかった。


「逮捕」
(3-106)　見出し：　　　「逮捕」(受動の意味)
(3-109)　記事：　　　　「逮捕される」
(3-134)　見出し：　　　「逮捕」(受動の意味)
(3-136)　記事：　　　　「逮捕する」
(3-156)　見出し：　　　「逮捕」(能動の意味)
(3-157)　記事：　　　　「逮捕される」
(3-163)　見出し：　　　「逮捕」(能動の意味)
(3-164)　記事：　　　　「逮捕する」
「保釈」
(3-110)　見出し：　　　「保釈」(受動の意味)
(3-112)　記事：　　　　「保釈される」
(3-158)　見出し：　　　「保釈」(能動の意味)
(3-159)　記事：　　　　「保釈される」
「選出」
(3-113)　見出し：　　　「選出」(受動の意味)
(3-115)　記事：　　　　「選出される」
(3-160)　見出し：　　　「選出」(能動の意味)
(3-161)　記事：　　　　「選出される」
(3-165)　見出し：　　　「選出」(能動の意味)
(3-166)　記事：　　　　「選出する」
「抹消」
(3-137)　見出し：　　　「抹消」(受動の意味)

　（3-139）　記事：　　　　「抹消する」
　（3-169）　見出し：　　　「抹消」(能動の意味)
　（3-170）　記事：　　　　「抹消」(受動の意味)
「公開」
　（3-140）　見出し：　　　「公開」(受動の意味)
　（3-142）　記事：　　　　「公開する」
　（3-167）　見出し：　　　「公開」(能動の意味)
　（3-168）　記事：　　　　「公開する」

　上記の漢語の他にも、見出しだけに限っても、「られる」無しで受動の意味に使う用法と、「する」無しで能動の意味に使う用法の両方が可能な漢語はあるだろう。

　一つの漢語を、「られる」無しで受動の意味に使ったり、「する」無しで能動の意味に使ったりするのを見ると、一貫性が無いように見える。一見、不思議に見える。これは言葉の乱れだと言いたい人もいるかもしれない。しかし、文法研究の観点から見ると、以下のように言えると思う。3.5.2 で能動態と受動態の中和という可能性について述べたことを思い起こしていただきたい。

　（3-172）　「逮捕」、「保釈」、「選出」、「抹消」、「公開」などの漢語では、
　　　　　　動詞として用いる時に、能動態と受動態の中和が起こる場合が
　　　　　　ある。特に記事の見出しで起こりやすい。

　その理由を推測してみる。これはあくまでも私の推測である。私の推測では、これらの見出しを書いた人は、見出しを書く時に、動詞の能動形ではなく、ラレル形が頭に浮かぶのであろう。そのため、見出しにラレル形を使うのであろう。

　第1章の 1.2 で、ラレル受動文の使用頻度が上昇していると述べた。ラレル受動文の使用頻度が上昇していることと、動詞の能動形ではなく、ラレル形が頭に浮かぶことは深い関係があると思う。どちらが原因で、どちらが結果か、決めるのは簡単ではないが。

　2.2 で述べた無標(普通の言い方)と有標(特別な言い方)という考えを用いて見よう。また、漢語の例として、「逮捕」を用いよう。私の推測は以下の通りである。これらの見出しを書いた人達にとって、「逮捕」と言った時に、あるいは、聞いた時に、まずぱっと頭に浮かぶのは「逮捕される」の意味である。

「逮捕する」の意味ではない。即ち、これらの見出しを書いた人達にとって、「逮捕」という言葉の無標の意味は「Xが逮捕される」の意味であり、有標の意味は「Xを逮捕する」の意味である。

　以上は私の推測である。証明するのは困難である。しかし、かなり妥当な推測だと思う。

　例えば「逮捕」という言葉の無標の意味が「Xが逮捕される」の意味であり、有標の意味は「Xを逮捕する」の意味であるとすると、漢語を「られる」無しで受動の意味に使う現象は、日本語が主語中心の言語になりつつあることの現れの一つであろう。

### 3.6　副詞句などが修飾する範囲

　3.2から3.5まで、日本語が主語中心の言語になりつつあることの現れ、または、日本語が主語を欲しがる言語になりつつあることの現れを見てきた。3.6では逆の方向の変化を見る。日本語は或る面では、主語中心ではなくなりつつある。

　1.2でラレル受動文の使用頻度が上昇していることと使用範囲が拡大していることを述べた。以下で見る現象はこれらのことと関係あると思う。まず、(3-173)と(3-174)を比べていただきたい。

| (3-173) | 猟師が | 熊を | 意図的に | 射殺した。 |
|---|---|---|---|---|
| | 主語 | 目的語 | 副詞句 | 述語 |
| | 動作者 | | | |
| (3-174) ? | 熊が | 猟師に | 意図的に | 射殺された。 |
| | 主語 | 副詞句 | 副詞句 | 述語 |
| | | 動作者 | | |

この二つの文で、動作をする人、即ち、動作者は猟師である。(ちなみに、動作を受けるのは熊である。)(3-173)の「猟師が」は主語であり、(3-174)の「猟師に」は副詞句である。このことは後で述べることに重要であるので、ここで述べておく。

　(3-173)では猟師が意図的に何をした。熊が意図的にしたのではない。(3-174)は私の日本語では間違いである。熊が意図的に何かしたという意味になる。即ち、熊が意図的に射殺されたという意味になる。(3-173)と(3-174)では、能動文とラレル受動文で、この意味の違いがある。

　例文をもう一組挙げる。(3-176)は(1-14)に基づいている。((1-14)はす
ぐ下に再掲してある。)(3-173)と(3-174)について述べたことは(3-175)と
(3-176)にも当てはまる。

(3-175)　　漁師が　　　魚を　　　　一所懸命　　　運んでいます。
　　　　　　主語　　　　目的語　　　副詞句　　　　述語
　　　　　　動作者

(3-176)　？魚が　　　漁師に　　　一所懸命　　　運ばれています。
　　　　　　主語　　　副詞句　　　副詞句　　　　述語
　　　　　　　　　　　動作者

　同様な意味の違いは、第1章で挙げた例にもある。例を挙げる。例を挙げ
る順番を変える。私から見て正しい文を先に挙げて、それに対応する、間違っ
た文を次に挙げる。この順番の方が、(3-173)から(3-176)の例と比べる時
に便利であろう。

(1-13)　　熊をやむを得ず射殺しました。

(1-12)　？熊がやむを得ず射殺されました。

(1-15)　　魚を一生懸命運んでいます。

(1-14)　？魚が一生懸命運ばれています。

(1-17)　　誤って発射したミサイルは…

(1-16)　？誤って発射されたミサイルは…

(1-23)　　…データを意図的に操作した可能性…

(1-22)　？…データが意図的に操作された可能性…

(1-25)　　軍への追求を避けるために、意図的に隠した可能性…

(1-24)　？軍への追求を避けるために、意図的に隠された可能性…

(1-27)　　意図的に頭を切り落としていました。

(1-26)　？意図的に頭が切り落とされていました。

(1-29)　　農薬の付いたソーセージを故意に置いた疑い…

(1-28)　？農薬の付いたソーセージが故意に置かれた疑い…

(1-37)　　手抜き工事を隠すため掘った偽工事現場

(1-36)　？手抜き工事を隠すため掘られた偽工事現場

(1-55)　　…積極的に英語を学んでいる。

(1-54)　？…積極的に英語が学ばれている。

(1-59)　　個人情報を勝手に売り買いしている。

（1-58）　？個人情報が勝手に売り買いされている。

（1-61）　　不正に持ち込んだ情報

（1-60）　？不正に持ち込まれた情報

（1-63）　　顧客の情報を不正に持ち出した。

（1-62）　？顧客の情報が不正に持ち出された。

（1-81）　　河口湖の桜 30 本、無断で切る

（1-80）　？河口湖の桜 30 本、無断で切られる

（1-85）　　賞味期限を過ぎた商品を誤って販売した。

（1-84）　？賞味期限を過ぎた商品が誤って販売された。

（1-87）　　4 人の男性を誤って逮捕しました。

（1-86）　？4 人の男性が誤って逮捕されました。

　私が疑問符を付けた文は、私の判断では間違いである。ラレル受動文である。それの対応する文は全て正しい。能動文である。

　次に、（3-177）と（3-178）を比べていただきたい。

| （3-177） | 昨日 | 北海道で | 猟師が | 熊を | 射殺した。 |
|---|---|---|---|---|---|
| | 副詞句 | 副詞句 | 主語 | 目的語 | 述語 |
| | | | 動作者 | | |
| （3-178） | 昨日 | 北海道で | 熊が | 猟師に | 射殺された。 |
| | 副詞句 | 副詞句 | 主語 | 副詞句 | 述語 |
| | | | | 動作者 | |

（3-178）はラレル受動文ではあるが、正しい文である。（3-177）と（3-178）の場合は、（3-173）と（3-174）の場合と（3-175）と（3-176）の場合のような意味の違いは無い。では、どのような場合に、このような意味の違いが生じて、どのような意味の場合に、生じないのであろうか？ 1.3 と 1.4 で見たように、意図、目的、動機、判断、予定、積極性、決定権、義務、責任のようなものを表す表現がある場合には、このような意味の違いが生じる。一方、（3-177）と（3-178）が示すように、場所、時などの表現があっても、このような意味の違いは生じない。

　しかし、これはあくまでも、私が話す日本語での話である。では、例えば、上掲の（1-12）から（1-86）までで、私が疑問符を付けた文を正しいと思う人の日本語と私の日本語はどこが違うのであろうか？

　私の日本語では、意図、目的、動機、判断、予定、積極性、決定権、義務、

責任のようなものを表す表現は、必ず主語を修飾する。例えば、(3-173)(能動文)では、主語「猟師が」を修飾する。猟師が意図的になにかをしたという意味になる。(3-174)(ラレル受動文)では主語「熊が」を修飾する。従って、熊が意図的に何かをしたという意味になる。(3-174)は間違いである。(3-175)と(3-176)の場合も同様である。「一所懸命」は(3-175)(能動文)では主語「漁師」を修飾する。即ち、漁師が一所懸命なのである。(3-176)(ラレル受動文)では主語「魚が」を修飾する。即ち、魚が一所懸命なのである。(3-176)は間違いである。

　(1-13)(能動文)と(1-12)(ラレル受動文)を見よう。

　　(1-13)　　熊をやむを得ず射殺しました。

　　(1-12)　？熊がやむを得ず射殺されました。

(1-13)では主語は現れていない。主語はいわば隠れている。しかし、「やむを得ず」は主語を修飾する。主語(多分、猟師)が「やむを得ず」と判断したのである。(1-12)では主語は「熊が」である。「やむを得ず」は主語「熊が」を修飾する。熊が「やむを得ず」と判断したのである。(1-15)から(1-86)までの対でも同様である。

　一方、(1-12)から(1-86)までで、私が疑問符を付けた文を正しいと思う人の日本語では、意図、目的、動機、判断、予定、積極性、決定権、義務、責任のようなものを表す表現は、主語であるかどうかに関係無く、一貫して動作者を修飾する。(3-173)(能動文)では、「猟師が」(主語、動作者)を修飾する。猟師が意図的に何かをしたという意味になる。(結果的には、私の日本語の場合と同じである。)(3-174)(ラレル受動文)では「猟師に」(副詞句、動作者)を修飾する。従って、猟師が意図的に何かをしたという意味になる。この点では、私の日本語と異なる。

　意図、目的、動機、判断、予定、積極性、決定権、義務、責任のようなものを表す表現が主語を修飾するか、動作者を修飾するかについては、文法規則が変化していると思う。(主語と動作者の区別については、角田(2009)の第 8 章を参照されたい。高橋(1985: 6)と仁田(1991: 39, 40, 43)も同様の現象を扱っている。しかし、主語と動作者を区別していないようである。)これも私の推測であるが、主語を修飾する文法規則の方が古くて、動作者を修飾する文法規則の方が新しいのであろう。これも、多分、ラレル受動文の頻度が上昇したことの結果であろう。このことも厳密の証明するのは非常に困難である。しかし、

かなり妥当な推測だろうと思う。

　主語を修飾する文法規則から動作者を修飾する文法規則に変化しつつあるとしたら、これは、日本語が主語中心の言語になりつつある変化、または、日本語が主語を欲しがる言語になりつつある変化とは逆の方向の変化である。この点では、日本語は語中心ではなくなりつつある。

### 3.7　ラレル動詞が自動詞の代わり
### 3.7.1　はじめに

　以下で述べることは、日本語が主語中心の言語になりつつあるどうか、あるいは、日本語が主語を欲しがる言語になりつつあるかどうかとは関係無いようである。

　ラレル動詞と自動詞の関係について、いくつかの提案がある。大まかに言って、以下のようにまとめることができると思う。

　　(a) 自動詞が無い場合、ラレル動詞がその代わりをする。(村田 2005: 43)
　　(b) 或る種のラレル動詞は自動詞と見なすべきである。
　　　　(b-1)動作者を言えないラレル文がある。このような文は自動詞文と
　　　　　　見なすべきある。このような文のラレル動詞は自動詞と見なす
　　　　　　べきである。(奥津 1982: 77、高橋 2003: 154、村田 2005: 43)
　　　　(b-2)対応する能動文を設定できないラレル文がある。このような文
　　　　　　は自動詞文と見なすべきである。このような文のラレル動詞は
　　　　　　自動詞と見なすべきである。(村田 2005: 43)

　3.7.2 で(a)を、3.7.3 で(b)を見る。

　私から見て興味深い動詞がある。この動詞は、現在の日本語で、他動詞としての用法、ラレル動詞としての用法、自動詞としての用法の三つを持っていると思われる。それは「失う」(他動詞)と「失われる」(受動のラレル動詞と自動詞)である。3.7.4 で見る。

### 3.7.2　自動詞が無い場合、ラレル動詞がその代わりをするということ

　日本語には他動詞と自動詞が対になっているものがある。例えば、「壊す、壊れる」、「潰す、潰れる」、「止める、止まる」、「落とす、落ちる」、「あける、

あく」などである。それぞれの対で、他動詞の形と自動詞の形が違う。

　同じ形で他動詞と自動詞の両方に使えるものもある。例えば「ひらく」である。「戸をひらく」という場合には他動詞である。「戸がひらく」という場合には自動詞である。

　私の日本語では「保つ」も他動詞と自動詞の両方に使える。「高い温度を保つ」という場合には他動詞であり、「高い温度が保つ」という場合には自動詞である。即ち、私の日本語では下記の通りである。

　　私の日本語：

　（3-179）　他動詞：　高い温度を保つ。

　（3-180）　自動詞：　高い温度が保つ。

1990年代の後半か2000年前後だったと思う。このことを授業で話したら、一人の学生が、その学生の日本語では「高い温度が保つ」は言えないと言った。ではどう言うのですかと聞いてみたら、この学生は「高い温度が保たれる」と言うと言った。即ち、この学生の日本語では「保つ」は他動詞であり、自動詞の用法は無い。ラレル動詞の「保たれる」が自動詞の代わりをしている。下記の通りである。星印は、言えないことを表す。

　　或る学生の日本語：

　（3-181）　　他動詞：　　高い温度を保つ。

　（3-182）　＊自動詞：　＊高い温度が保つ。

　（3-183）　ラレル動詞が自動詞の代わり：　高い温度が保たれる。

（3-183）は自動詞が無い場合、ラレル動詞がその代わりをするということの例である。

　村木（1991: 38-39）は下記の動詞を挙げて、これらの動詞は同形で自動詞としても他動詞としても使えると述べている。

　　(i)扉が開く、扉を開く。(ii)危険が伴う、危険を伴う。(iii)実が結ぶ、実を結ぶ。(iv)量が増す、量を増す。(v)会が終わる、会を終わる。(vi)答えがまちがう、答えをまちがう。(vii)手がつく、手をつく。(viii)ことがはこぶ、ことをはこぶ。(ix)根がはる、根をはる。(x)渦がまく、渦をまく。(xi)眠気がもよおす、眠気をもよおす。(xii)目があく、目をあく。(xiii)命が助かる、命を助かる。(xiv)子供がさずかる、子供をさずかる。(xv)枝が垂れる、枝を垂れる。(xvi)指がふれる、指をふれる。(xvii)的がはずれる、的をはずれる。(xviii)まぶたがとじる、まぶたをとじる。

(xvix)泥がはねる、泥をはねる。(xx)胸がはだける、胸をはだける。
どの動詞が、同形で自動詞としても他動詞としても使えるかについて、個人差
があるようだ。地方差かもしれない。例を二つ挙げる。

例1.　私の日本語では、「保つ」は自動詞としても他動詞としても使える。
例文は(3-179)と(3-180)である。しかし、村木は「保つ」を挙げていない。

例2.　村木は(v)「終わる」に自動詞の用法と他動詞の用法の両方があると
している。しかし、私の日本語では、「終わる」は自動詞用法しかない。「会が
終わる」は言える。他動詞用法は無い。「会を終わる」とは言えない。「会を終
える」と言う。即ち、他動詞には「終える」を用いる。

村木(1991: 39)は下記を追加して述べている。同形で自動詞としても他動詞
としても使える「和語動詞にはごくかぎられた少数の例しかみられないが、漢
語系の動詞と洋語系の動詞には例が多い」。洋語とは英語などからの外来語のこ
とである。漢語系の動詞と洋語系の動詞については、5.8と6.2で詳しく見る。

### 3.7.3　或る種のラレル動詞は自動詞と見なすべきであるということ

これには、二つの場合がある。

[1] 場合1.　動作者を言えない場合

まず、(1-9)と(1-10)を再度見よう。

(1-9)　　太郎が　　花子に　　叱られた。
　　　　　　　　　　動作者

(1-10)　　太郎が　　花子から　　叱られた。
　　　　　　　　　　動作者

3.7.1で述べたように、奥津(1982: 77)、高橋(2003: 154)、村田(2005: 43)
は、ラレル動詞について、動作者を言えない場合には、自動詞と見なすべき
であると提案した。高橋(2003: 154)と村田(2005: 43)は例として「生まれる」
を挙げた。私が作った例文を挙げる。

(3-184)　　私は　　東京で　　生まれた。

(3-185)　＊私は　　東京で　　母に　　生まれた。
　　　　　　　　　　　　　　　動作者

(3-186)　＊私は　　東京で　　母から　　生まれた。
　　　　　　　　　　　　　　　動作者

(3-185)と(3-186)では動作者を言えない。奥津、高橋、村田の考えを用いると、(3-185)と(3-186)が言えないことは、「生まれる」が受動動詞ではなく自動詞であるという考えの証拠になる。

　　[2] 場合2. 対応する能動文を設定できない場合
　　3.7.1で見たように、村田(2005: 43)は、対応する能動文を設定できないラレル文があることを指摘して、このような文は自動詞文と見なすべきであり、このような文のラレル動詞は自動詞と見なすべきであると提案した。この考えを用いると、対応する能動文を設定できないラレル文は受動文ではない。関連する例を挙げる。1番目の例は下記である。
　　　　見出し：
　　(3-187)　？草津白根山、噴火繰り返されていた？　　過去の痕跡を発見
　　　　記事：
　　(3-188)　？1月23日に噴火した草津白根山(群馬県)の本白根山で、同
　　　　　　　　様の噴火が過去に繰り返されていたと見られる痕跡が、国土
　　　　　　　　地理院や産業技術総合研究所の分析で見つかった。
(3-187)と(3-188)は2018年2月25日の朝日新聞DIGITAL(Yahoo! JAPANに転載)で見た。((3-187)には疑問符が二つある。2番目の疑問符は元の見出しにあった。1番目の疑問符は、私が違和感を覚えることを示すために付けた。)
　　私なら、(3-187)は(3-189)あるいは(3-190)のように言う。(3-189)よりも(3-190)の方が自然に感じる。(3-188)も同様である。
　　　　(3-189)　…噴火を…繰り返していた…
　　　　(3-190)　…噴火が…繰り返し起こっていた…
(3-190)は自動詞「繰り返し起こる」を用いている。1.12で、私の日本語では自動詞を使うところでラレル動詞を使った場合を見た。(3-187)と(3-188)もその例である。
　　対応する能動文を設定できない場合という話題に戻る。(3-187)と(3-188)に対応する能動文を立てることは可能である。
　　　　(3-191)　草津白根山が噴火を繰り返していた。
対応する能動文があるという点で、(1-187)と(1-188)のラレル文は受動文であると言って良いであろう。

2番目の例は下記である。

見出し：

（3-192）？繰り返される自治体の権限争い

（3-193）　繰り返し起こる自治体の権限争い

（3-192）は2020年10月29日の朝日新聞デジタルで見た。私なら（3-193）のように言う。（3-192）に対応する能動文を立てることは不可能ではない。（3-194）を立てることは可能であろう。

（3-194）　自治体が権限争いを繰り返す。

ただし、（3-194）は（3-192）に対応する能動文ではないと言う人もいるかもしれないが。もし（3-194）が（3-192）に対応する能動文であるとすれば、（3-192）には対応する能動文があるということになる。この点で、（3-192）は受動文であるということになる。

3番目の例は下記である。

見出し：

（3-195）？鉄道　くり返される豪雨

（3-196）　…くり返し起こる豪雨

（3-195）は2020年7月9日の朝日新聞（夕刊）で見た。九州を襲った集中豪雨で、鉄道が被害を受けたことを報道した記事の見出しである。私なら（3-196）のように言う。

（3-195）は、（3-187）、（3-188）、（3-192）の場合とは異なり、対応する能動文を設定することができない。もし設定するとしたら、下記であろう。

（3-197）　Xが　豪雨を　くり返す。

しかし、「X」には何を入れたら良いであろうか？「雨雲」か？「天気の神様」か？「X」に相応しいものが見つからない。対応する能動文を設定できないと結論せざるを得ない。この点で（3-195）は受動文ではない。この場合、村田（2005: 43）の考えを用いると「くり返される」は自動詞と見ることになる。

ここで興味深いことがある。「繰り返される」あるいは「くり返される」を使っていても、文によって、対応する能動文を設定できたり、できなかったりする。即ち、文によって、受動動詞であったり、自動詞であったりするということになる。「繰り返される」あるいは「くり返される」は全ての例で受動動詞であると断定できないし、また全ての例で自動詞であるとも断定できない。例を一つずつ検討しなければならない。

　文法を研究する時は、例を一つずつ検討しなければならない。これには時間がかかる。しかし、興味深いことであり、楽しいことでもある。

### 3.7.4　「失う」(他動詞、能動)、「失われる」(ラレル動詞、受動)と「失われる」(自動詞)

#### 3.7.4.1　はじめに

　少なくとも私にとって、「失われる」という言い方は大変興味深い。その理由は下記などである。

　理由1：私の日本語には「失われる」という言い方は存在しない。「失う」という言い方はあるが。

　理由2：少なくとも、私にとって、「失われる」という言い方は最近聞いた言い方である。

　理由3：なんでこんなところで「失われる」を使うのだろうと不思議に思う使い方がある。

　理由4：新聞記事、テレビニュース、インターネット記事などでは、「失う」(他動詞、能動)、「失われる」(ラレル動詞、受動)、「失われる」(自動詞)の三つの用法が併存しているようである。

　以下で、上記の四つの理由を見る。

#### 3.7.4.2　理由1と理由2：「失われる」という言い方の存在

　私の日本語には「失われる」という言い方は存在しない。私から見ると、「失われる」は、一見、日本語に見えるが、日本語ではない。私は「失われる」は使わない。私の感覚では、「失われる」は英語の lost の和訳の感じがする。このことについては、後で述べる。

　少なくとも、私にとって、「失われる」という言い方は最近聞いた言い方である。私の記憶の範囲で、「失われる」を聞いた例で最初のものは(1−281)である。2011年3月の福島原発の事故の際に東京電力が行った記者会見のニュースで聞いた。それよりも前に聞いたこと、あるいは、見たことがあったかもしれないが、覚えていない。

　(1−281)？電源が失われました。

　上述のように、私の日本語には「失われる」という言い方は存在しない。私から見ると、「失われる」は、一見、日本語に見えるが、日本語ではない。

少なくとも、私にとって、「失われる」という言い方は最近聞いた言い方である。私のように感じる人は、他にもいるだろうと思う。私の推測では、「失われる」という言い方は日本語で下記のように広まったのだろうと思う。

　英語に lose「失う」という他動詞がある。その過去分詞は lost である。直訳すれば「失われた」であろうか。（Lost を形容詞とする辞書もある。）Lost の例を挙げる。

　　見出し：

（3-198）　... Lost city discovered in the Honduran rain forest
　　　　　　直訳：…失われた都市がホンジュラスの雨林で発見される

　　記事：

（3-199）　An expedition to Honduras has emerged from the jungle with dramatic news of the discovery of a mysterious culture's lost city, never before explored.

（3-198）と（3-199）は 2020 年 10 月 26 日に National Geographic（インターネット版）で見た。2015 年 3 月 2 日の版である。（3-199）の和訳が National Geographic 日本版（2015 年 3 月 5 日）にある。（3-200）である。

　　記事：

（3-200）　ホンジュラスの密林へ分け入った探検隊が、失われた文明の遺跡を発見したという驚くべき報告を携えて戻ってきた。

（3-198）と（3-199）の元の英語には lost がある。（3-200）では「失われた」と訳している。

　私の推測では、新聞記者、テレビ番組の原稿を書く人、学者などの中の誰かが、英語の lost の用法を真似して「失われる」を使い始めて、それが広まったのであろう。（2.5.3 の[1]でみた、ラレル受動文が広まった理由についての推測 1 に似ている。）

### 3.7.4.3　理由 3：「失われる」の不思議な使い方

　私から見て、なんでこんなところで「失われる」を使うのだろうと不思議に思う使い方が多数ある。また、私から見て、「失われる」を無闇矢鱈に使う人がいる。

　まず、私から見て、無闇矢鱈に使った「失われる」の例を挙げる。1 番目の例は下記である。

(3-201)　　... we will lose a significant number of jobs.

　　　　　　直訳：我々は、深刻なほど多数の職を失う。

(3-202)　？多くの仕事が失われる。

(3-201)は2017年11月17日にNHKテレビのニュースで聞いた。ドイツの
ボンで開催中の国連気候変動枠組み条約第23回締約国会議(COP 23)での、
化石燃料に関する討論の中で、アメリカの代表が化石燃料を使わなければこ
うなると言って(3-201)を言った。その時、テレビの画面に日本語字幕があ
り、(3-202)が書いてあった。元の英語では、他動詞で能動形のlose「失う」
を使っている。しかし、これを和訳した人はラレル形「失われる」を使った。
よほど「失われる」という表現が好きなのであろう。こうなると「失われる」
の乱用と言える。

　2番目の例は下記である。二つの新聞社の報道を比べる。まず、下記をご覧
いただきたい。

　　見出し：

(3-203)　「結党の原点を失った。野党を結集」・・・同調3人規模か

　　記事：

(3-204)　みんなの党の江田憲司前幹事長(57)は9日に離党届を提出
　　　　　し、年内に新党を結成する方針を固めた。江田氏は7日、離
　　　　　党の理由について「みんなは結党の原点を失った。…」と周辺
　　　　　に説明。

(3-203)と(3-204)は2013年12月8日の毎日新聞(Yahoo! JAPANに転載)
で見た。記事は(3-204)で始まる。見出しでも、記事の中でも、「失った」を
使っている。次に、下記をご覧いただきたい。

　　見出し：

(3-205)　？原点失われた・・・みんな江田氏、離党・新党結成へ

　　記事：

(3-206)　？江田氏は周囲に「渡辺代表が自民党にすり寄り、みんなの党
　　　　　の原点が失われた。…」と話した。

(3-205)と(3-206)は2013年12月8日の読売新聞(Yahoo! JAPANに転載)
で見た。(3-206)は記事の中にある。見出しでも、記事の中でも、「失われ
た」を使っている。

　(3-203)と(3-204)(毎日新聞)と(3-205)と(3-206)は(読売新聞)は同じ

出来事を報道している。それにもかかわらず、毎日新聞は「失った」を使い、読売新聞は「失われた」を使っている。江田氏が同時に「失った」と「失われた」の両方を言ったということはまずありえない。「失った」と言ったか、あるいは、「失われた」と言ったかの、どちらかであろう。私はその場にいなかったので、どちらか分からない。毎日新聞の記者と読売新聞の記者のどちらかが、江田氏が言ったことを変えて、記事に書いたのであろう。第1章の1.10で他人事に聞こえるラレル受動文を見た。そこで、言語に関する肖像権のようなものについて述べた。私は、毎日新聞の記者と読売新聞の記者のどちらかがこの権利を侵害したと思う。私は、記者は誰かが言ったことを変えてはいけないと思う。

　「失われる」の話に戻る。私から見て、なんでこんなところで「失われる」を使うのだろうと不思議に思う例を挙げる。1番目の例は下記である。

　　　（3−207）？高3になって卒業後を考えました。もうすぐこの日常は終わってしまう。女子高校生という価値が失われた自分には何が残るのか。

　　　（3−208）　…価値を失った自分…

（3−207）は2015年10月7日の朝日新聞DIGITALで見た記事にあった。或る女性が高校時代を振り返っている。記事の中で「…、当時も女子高生というだけで価値があった時代でした」と述べて、少し後で（3−207）を言った。私は（3−207）を見た時、不思議な言い方をするなあと思った。本人が失うのだから。私なら（3−208）のように言う。「失った」を使う。

　2番目の例は下記である。

　　　（3−209）？ダム湖に沈むのは隣町の流域だが、絶景の一部が失われてしまうことに地元住民らが危機感を持っていた。

　　　（3−210）　…、絶景の一部を失ってしまうこと…

（3−209）は2016年2月19日の産経フォトの記事で見た。群馬県の吾妻川の吾妻渓谷は景勝地である。そこに八ッ場（やんば）ダムを建設することの影響を報道している。私は（3−209）を見た時も、不思議な言い方をするなあと思った。地元住民が失うのだから。私なら（3−210）のように言う。「失う」を使う。

　3番目の例は下記である。

　　　（3−211）？戦いに負ければ、豊かな生活が失われる。更に雌が奪われる。

　　　（3−212）　戦いに負ければ、豊かな生活を失う。更に雌を奪われる。

(3-211)は2017年2月19日にNHKテレビの番組で聞いた。インドの
ジョードプルという町の中に猿が多数住んでいる。あるボス猿が数匹の若い猿
の挑戦を受けた時の状況である。私は(3-211)を聞いた時も、不思議な言い
方をするなあと思った。ボス猿が失うのだから。私なら(3-212)のように言
う。「失う」を使う。

　ちなみに、(3-211)の「雌が」の「が」も、私の判断では間違いである。
「を」を使う。(3-212)で直しておいた。3.4.2と3.4.3で、ラレル受動文の中
で、私なら「を」を使うところで「が」を使った例を見た。(3-211)の「雌
が」の「が」もその例である。ボス猿が雌を奪われる、ボス猿が迷惑・被害を
失う状況である。「を」を使わなければならない。

　「失われる」の不思議な用法の例は以下にも挙げる。

### 3.7.4.4　理由4：「失う」(他動詞、能動)、「失われる」(ラレル動詞、受動)、「失わ
### 　　　　れる」(自動詞)の三つの用法の併存

　新聞記事、テレビニュース、インターネット記事などでは、「失う」(他動
詞、能動)、「失われる」(ラレル動詞、受動)、「失われる」(自動詞)の三つの方
法が併存している。ただし、私の日本語に「失われる」は存在しない。比べる
と、表3-1のように表せる。

表3-1　「失う」と「失われる」

|  | 私の日本語 | 新聞記事、テレビニュース、インターネット記事などの日本語 |
|---|---|---|
| 「失う」：　　他動詞 | + | + |
| 「失われる」：ラレル動詞、受動 | − | + |
| 「失われる」：自動詞 | − | + |

　新聞記事、テレビニュース、インターネット記事などで見た例を挙げる。上
述のように、私の日本語に「失われる」は存在しない。従って、「失われる」
の例には全て疑問符をつける。

　　［1］「失う」：他動詞

　　例を挙げる。1番目の例は（2-21）である。ついでに（2-20）も挙げておく。

　　　　見出し：

　　（2-20）　？ソフトバンク、失われた3兆円の取り戻し方

　　　　記事：

　　（2-21）　　ソフトバンクは今年、3兆円を失った…

記事の中では「失う」を使い、見出しでは「失われる」を使っている。

　　2番目の例は（3-213）である。ついでに（3-214）も挙げておく。

　　　　見出し：

　　（3-213）　　縄文人の人口減は偏食原因か　食の多様性失い変化に弱く

　　　　記事：

　　（3-214）　？羽生教授は「食の多様性が失われ、わずかな気候の変動でも
　　　　　　　　　食料確保できなくなり、一度は最盛期を迎えた人口も減少し
　　　　　　　　　てしまった」と考える。

（3-213）と（3-214）は2016年4月24日の京都新聞（インターネット版）で見
た。総合地球環境学研究所の羽生淳子教授の仮説の一部である。（2-20）と（2
-21）の場合とは逆で、見出しで「失う」を使い、記事の中で「失われる」を
使っている。

　　記事とその見出しにおいて、「失う」と「失われる」の使い方に一貫性は無
いようだ。


　　［2］「失われる」：受動のラレル動詞

　　まず、受動文について。（1-9）と（1-10）を再度見よう。

　　（1-9）　　　太郎が　　　花子に　　　　叱られた。
　　　　　　　　　　　　　　　動作者

　　（1-10）　　太郎が　　　花子から　　　叱られた。
　　　　　　　　　　　　　　　動作者

動作者を表すのに、格助詞は「に」を使う場合もあり、「から」を使う場合も
ある。

　　3.7.1で述べたように、奥津（1982: 77）、高橋（2003: 154）、村田（2005: 43）
は、動詞のラレル形について、動作者を言えない場合には、自動詞と見なす
べきであると提案した。奥津、高橋、村田の説を用いると、「失われる」の

例で、動作者の表現がある場合は、受動動詞であるということになる。しかし、相応しい例を見つけることは極めて困難である。それらしき例を三つ見つけた。動作者と見て良いかもしれないものを表すのに、一つの例では格助詞「に」を使い、残りの二つの例では格助詞「から」を使っている。

　　格助詞「に」を使った例は下記である。

　　　　(3-215)　？まぶしい太陽、青い空、永遠に続くかと思われたあの魔法の
　　　　　　　　　時間は、もう今の私には失われてしまった。

　　　　(3-216)　　…時間をもう今の私は失ってしまった。

(3-215)は 2014 年 7 月 25 日の朝日新聞(夕刊)の「地球防衛家のヒトビト」という漫画で見た。漫画の中の人物が夏休みについて(3-215)を言った。「私に」という、動作者の表現がある。形の上では、(1-9)の「花子に」と同じである。奥津、高橋、村田の説を用いると、(3-215)は受動文と見て良いかもしれない。しかし、自信は無い。もし(3-215)を受動文と見なすなら、対応する能動文は(1-216)である。

　　格助詞「から」を使った例を挙げる。1 番目の例は下記である。

　　　　(3-217)　？識者は「自粛生活が続くストレスで、投稿者から冷静さが失
　　　　　　　　　われている」とみる。

　　　　(3-218)　　…、投稿者が冷静さを失っている…

(3-217)は 2020 年 5 月 12 日の朝日新聞(Yahoo! JAPAN に転載)の記事で見た。コロナウィルス禍の中で、自粛を強いられてストレスを感じて、感染者を非難する投稿をする人がいると報道している。「投稿者から」という、動作者の表現がある。形の上では(1-10)の「花子から」と同じである。奥津、高橋、村田の説を用いると、(3-217)は受動文と見て良いかもしれない。しかし自信は無い。もし(3-217)を受動文と見なすなら、対応する能動文は(3-218)である。

　　2 番目の例は下記である。

　　　　見出し：

　　　　(3-219)　？「天の川」世界人口の 3 分の 1 から失われる。

　　　　(3-220)　　世界人口の 3 分の 1 が天の川を失う。

(3-219)は 2016 年 6 月 13 日の sorae.jp(Yahoo! JAPAN に転載)の記事の見出しである。記事で「天の川を世界人口の 3 分の 1 が見られなくなっている」と述べている。(3-219)に「世界人口の 3 分の 1 から」という、動作者の表

現がある。形の上では(1-10)の「花子から」と同じである。奥津、高橋、村田の説を用いると、(3-219)も受動文と見て良いであろう。しかし自信が無い。もし(3-219)を受動文と見なすなら、対応する能動文は(3-220)である。

(3-215)、(3-217)、(3-219)には動作者の表現がある。奥津、高橋、村田の説を用いると、これらの文は受動文であると言えるかもしれない。ただし、これらの文を受動文と呼んで良いか、自信が無い。

「失われる」の例で、動作者の表現があるものは極めて少ない。三つしか見つからなかった。大多数の例では、動作者の表現は無い。

[3]「失われる」：自動詞
[3-1] 対応する能動文

3.7.1 で見たように、村田(2005: 43)は、対応する能動文を設定できないラレル文があることを指摘して、このような文のラレル動詞は自動詞と見なすべきであると提案した。この観点から「失われる」を見よう。対応する能動文を設定することができない場合がある。一つ例を見つけた。

(3-221) ？頭と胴の部分は切れて失われたが、…
(3-222) ＊ダイオーイカは頭と胴の部分を切れて失ったが、…
(3-221)は 2014 年 1 月 19 日の毎日新聞(インターネット版)で見た。新潟県柏崎市の海岸にダイオーイカの足が漂着したというニュースである。(3-221)に対応する能動文を設定するとしたら(3-222)であろう。しかし、「切れて失った」という言い方は間違いである。間違いであることを示すために、星印(＊)を付けておいた。(3-221)には対応する能動文を設定することができない。従って、(3-221)の「失われた」は自動詞であるということになる。

[3-2] 動作者の表現

奥津、高橋、村田の説を用いると、「失われる」の例で、動作者の表現を補うことができない場合は、自動詞と見なすことになる。

動作者の表現が無い場合、動作者の表現を補うことは全く不可能というわけではないかもしれない。無理矢理に補えば補うことができる場合があるかもしれない。例を挙げる。1 番目の例は下記である。

(3-223) ？名球会入りしても、謙虚さは失われていない。
(3-224) ？…、新井貴浩選手に謙虚さは失われていない。

　　　(3-225)　？…、新井貴浩選手から謙虚さは失われていない。

(3-223)は2016年5月17日の毎日新聞(Yahoo! JAPAN に転載)で見た。当時、広島カープにいた新井貴浩選手の人柄について述べている。私は言わないが、(3-223)を言う人の場合、動作者の表現を補うことができるかもしれない。(3-224)の「新井貴浩選手に」、あるいは(3-225)の「新井貴浩選手から」である。

　2番目の例は下記である。

　　　(3-226)　？こんなことが続いたら、行政に対する信頼が失われてしまい
　　　　　　　ます。

　　　(3-227)　？…、私達に行政に対する信頼が失われてしまいます。

　　　(3-228)　？…、私達から行政に対する信頼が失われてしまいます。

(3-226)は2018年4月3日のNHKテレビのニュースで有馬嘉男アナウンサーが言った。私は言わないが、(3-226)を言う人の場合、動作者の表現を補うことができるかもしれない。(3-227)の「私達に」、あるいは、(3-228)の「私達から」である。

　3番目の例は下記である。

　　　(3-229)　？鈴木さんの酒蔵は原発事故で失われました。

　　　(3-230)　？鈴木さんに酒蔵が原発事故で失われました。

　　　(3-231)　？鈴木さんから酒蔵が原発事故で失われました。

(3-229)は(1-344)を見たテレビ番組の字幕で見た。私は言わないが、(3-229)を言う人の場合、動作者の表現を補うことができるかもしれない。(3-230)の「鈴木さんに」、あるいは、(3-231)の「鈴木さんから」である。

　(3-223)に、仮に動作者の表現を補ってみた。(3-224)(「新井貴浩選手に」)と(3-225)(「新井貴浩選手から」)である。同様に、(3-226)にも、仮に動作者の表現を補ってみた。(3-227)と(3-228)である。(3-229)にも、仮に動作者の表現を補ってみた。(3-230)と(3-231)である。奥津、高橋、村田の考えを用いると、以下のように言える。もし、これらの、動作者の表現を補った文を言う人がいれば、この人の日本語では、(3-223)、(3-226)、(3-229)は受動文である。これらの例では「失われる」は受動動詞である。しかし、動作者の表現を補った文を言わない人の日本語では、(3-223)、(3-226)、(3-229)は受動文ではない。自動詞文である。これらの例では「失われる」は自動詞である。

「失われる」の例の大多数は動作者の表現を補うことが困難である。この点では、「失われる」の例の大多数は自動詞と見なすことになる。

「失われる」を自動詞と見なす場合、意味の点では、殆ど「無くなる」、「消える」あるいは「減る」と同じような意味で用いていると思う。例えば、意味の点では(3-221)は(3-232)と殆ど同じである。(3-223)は(3-233)と殆ど同じである。

　　（3-232）　頭と胴の部分は切れて無くなったが、…

　　（3-233）　名球会入りしても、謙虚さは無くなっていない。

「無くなる」、「消える」あるいは「減る」と言えば良いところで、なぜ、「失われる」という回りくどいを言い方を用いるのであろうか？ 私の推測であるが、「失われる」という言い方がおしゃれだと思っているのかもしれない。もしそうだとしたら、ラレル受動文がおしゃれだと思っている人に似ている。2.5.3 参照。


　[1]から[3]まで見たことを纏める。他動詞「失う」の用法があることは明らかである。「失われる」を受動動詞として用いているかもしれない例は極めて少ない。動作者を格助詞「に」または「から」で示している。しかし、私はこれらを受動文の例と見なして良いか、自信が無い。対応する能動文を設定するのが困難な場合がある。「失われる」を自動詞と見なすことになる。動作者を無理矢理に設定しても、そんな文は言わない場合も「失われる」を自動詞と見なすことになる。「失われる」の例の大多数は自動詞と見なすものである。

## 3.8　ラレル受動文の今後の予測

### 3.8.1　はじめに

　第3章では、今まで、主に、ラレル受動文に現在起こっている変化を見てきた。3.8では、現在起こっている変化の例を追加して、それをもとにして、ラレル受動文の変化の今後の方向を探って見たい。

　以下では、ラレル受動文の例を見る時に、以下の(a)と(b)を区別することが重要である。

　(a)新聞記事、テレビのニュース番組の原稿、インターネット記事(あるいはインターネットに転載した記事)。これは誰かが書いて、それを社内の誰かが確認したものであろう。もし仮に、不自然な文があっても、それは単なる書き

間違いではない。私は 2018 年 3 月 2 日に、NHK の元アナウンサーの方と話した。その時に、NHK の 7 時のニュースで、(1－12)の文を聞いたことを話した。

　　　(1－12)　　?熊がやむを得ず射殺されました。

その後、誰がニュース原稿を書くのか、この方に聞いた。この方の答えは以下の通りである。「記者が原稿を書く。ニュースデスクが原稿を見る。アナウンサーが原稿を見る。」従って、不自然な文は直すであろう。NHK のニュースの原稿には単なる書き間違いは無い。3 人が日本語としておかしくないと判断した結果である。(1－12)もそうである。3 人が日本語としておかしくないと判断したのである。

　(b)原稿を読むのではなく、その場で言った文。これには言い間違いがあるかもしれない。

　このように、(a)と(b)を区別することは重要である。

### 3.8.2　能動文とラレル受動文の対応関係

#### 3.8.2.1　はじめに

　能動文とラレル受動文の関係は、どのような格助詞を使うかの観点から見ると、いくつかの対応関係がある。また、この観点からラレル受動文の例を分類してみると、ラレル受動文には様々なものがある。以下の通り、分類できる。

　　(a) 標準的な対応
　　　(a-1) 標準的な対応(その 1)　　　　(3.8.2.2)
　　　(a-2) 標準的な対応(その 2)　　　　(3.8.2.2)
　　(b) 非標準的な対応
　　　(b-1) 非標準的な対応(その 1)　　　(3.8.2.3)
　　　(b-2) 非標準的な対応(その 2)　　　(3.8.2.4)
　　　(b-3) 非標準的な対応(その 3)　　　(3.8.2.5)

非標準的な対応の型が三つ見つかった。これはラレル受動文の構造に変化が起こっていることを示すのかもしれない。また、今後の変化の方向を示しているのかもしれない。この事柄はかなり複雑なので、ゆっくり話を進める。

#### 3.8.2.2　能動文とラレル受動文の対応：標準的な対応

　標準的な対応と呼べるものには 2 種類ある。例文も挙げる。

標準的な対応（その1）

(1-5) 能動文：X が　　Y を　　　する。

(1-6) 受動文：Y が　　X に　　　られる。

(1-7) 受動文：Y が　　X から　　られる。

(1-8) 花子が　　太郎を　　　叱った。

(1-9) 太郎が　　花子に　　　叱られた。

(1-10) 太郎が　　花子から　　叱られた。

標準的な対応（その2）

能動文

(3-234) X が　　　Y を　　　Z に　　　する。

(3-235) 花子が　　太郎を　　昭夫に　　紹介する。

受動文

(3-236) Y が　　　（X に？）　　Z に　　　られる。

(3-237) 太郎が　　（花子に？）　昭夫に　　紹介される。

(3-238) Y が　　　X から　　　Z に　　　られる。

(3-239) 太郎が　　花子から　　昭夫に　　紹介される。

(3-240) Z が　　　X に　　　Y を　　　られる。

(3-241) 昭夫が　　花子に　　太郎を　　紹介される。

(3-242) Z が　　　X から　　Y を　　　られる。

(3-243) 昭夫が　　花子から　太郎を　　紹介される。

### 3.8.2.3　能動文とラレル受動文の対応：非標準的な対応（その1）

下記の対応である。

能動文

(1-5)　　　X が　　Y を　　する。

能動文の要素と受動文の要素の混在：　能動文＋ラレル

(3-244) ？X が　　Y を　　られる。

(3-244)の型の文は能動文の要素と標準的なラレル受動文の要素が混在している。標準的なラレル受動文の要素が一つある。動詞に「られる」が付いている点である。しかし、能動文の要素が二つある。(i) X と Y の語順が(1-5)の能動文と同じである。(ii)格助詞の点で、「X が」と「Y を」は(1-5)の能動文と同じである。従って、(3-244)の型の文は、動詞に「られる」が付い

ている点を除けば、能動文と同じである。

　上記から、(3-244)の型の文では、「られる」はただの飾りであると言える。「られる」が飾りかもしれないということは 2.5.4 で述べた。

　(3-244)の型の例は、前もって書いておいた原稿に基づくものが四つ見つかった。これらは書き間違いではないと思う。原稿に基づいたものではなく、その場で言ったものもある。これらは言い間違いの可能性がある。私の判断では(3-244)の型の例は全て不自然である。疑問符(？)を付ける。

　まず、原稿に基づくものの例を挙げる。1番目の例は下記である。

　　(3-245)　？スーパースターは、カンプノウでの居場所を徐々に失われ始めている。

　　(3-246)　？メッシはバルセロナでの居場所を徐々に失われ始めている。

　　(3-247)　　メッシはバルセロナでの居場所を徐々に失い始めている。

(3-245)は 2015 年 1 月 6 日のサッカーマガジンゾーンウェブ(Yahoo! JAPAN に転載)の記事で見た。この文は分かりにくい。スーパースターとはサッカーのチーム、バルセロナのリオネル・メッシ選手のことであるらしい。カンプノウとは、調べて見たら、このチームの本拠地のことであると分かった。この記事を書いた記者は、わざと分かりにくくした。メッシと言わないで、スーパースターと言い、バルセロナと言わないで、カンプノウと言った。余計なことをした。余計なことはしなければ分かりやすい文になったのに。(3-246)のように言えば分かりやすい。私の判断では、(3-245)も(3-246)も間違いである。(3-247)のように言う。

　2番目の例は下記である。

　　(3-248)　？関係者によれば、ゼロから「金本色」を反映されることは予想される。

　　(3-249)　？金本知憲氏が「金本色」を反映される。

　　(3-250)　　金本知憲氏が「金本色」を反映する。

(3-248)は、2015 年 10 月 3 日の日刊スポーツ(インターネット版)で見た。阪神球団が金本知憲氏に監督就任を要請したことを報道する記事である。(3-248)が(3-244)の型を持っていることは分かりにくいかもしれない。(3-249)のように言い換えれば、分かりやすいであろう。私の判断では、(3-248)も(3-249)も間違いである。(3-250)のように言う。

　3番目の例は下記である。

  (3-251) ？これまでドイツ代表はマリオ・ゲッツェを"偽9番"として起
       用されたが、…

  (3-252) ？ドイツ代表監督がマリオ・ゲッツェを"偽9番"として起用さ
       れた…

  (3-253)  ドイツ代表監督がマリオ・ゲッツェを"偽9番"として起用し
       た…

(3-251)は2016年7月7日にフットボールチャンネル(Yahoo! JAPAN に転
載)で見た。"偽9番"とは何か、書いてなかった。(3-251)が(3-244)の型を
持っていることは分かりにくいかもしれない。(3-252)のように言い換えれ
ば、分かりやすいであろう。私の判断では、(3-251)も(3-252)も間違いで
ある。(3-253)のように言う。

 4番目の例は下記である。この例では、ラレル動詞が連体修飾節の中にあ
る。

  (3-254) ？仮置き(かりおき)のデータをそのまま置かれた論文がありま
       した。

  (3-255) ？著者がデータを置かれた。

  (3-256)  著者がデータを置いた。

(3-254)は2015年3月10日に、NHKテレビの「クローズアップ現代」と
いう番組で見つけた。東京大学の分子細胞生物学研究所の旧加藤研究室で論文
作成の際に不正があったと言っている。(3-254)が(3-244)の型の例である
ことは分かりにくいかもしれない。(3-255)のように言い換えれば、分かり
やすくなるだろう。私の判断では、(3-254)も(3-255)も間違いである。(3
-256)のように言う。

 ここまで、原稿に基づくものを挙げた。次に、原稿に基づいたものではな
く、その場で言ったものを挙げる。これらの例についても、原稿に基づくもの
について述べたことが当てはまる。また、これらの例は言い間違いの可能性が
ある。1番目の例は下記である。

  (3-257) ？松平山を重点的に捜索されることになりました。

  (3-258) ？捜索隊が松平山を重点的に捜索されることになりました。

  (3-259)  捜索隊が松平山を重点的に捜索することになりました。

(3-257)は2018年5月7日にNHKテレビのニュースで聞いた。新潟県阿賀
野市の松平山(まつだいらやま)で、父親と息子(小1)が遭難したらしい。捜索

隊が捜索しているが見つからない。現地でリポーターが(3-257)を言った。

　2 番目の例は下記である。

　　　(3-260)　？倒れていたものを、世界ふしぎ発見の呼びかけで、修復され
　　　　　　　たのです。

　　　(3-261)　？タダノが倒れていたものを、…、修復されたのです。

　　　(3-262)　　タダノが倒れていたものを、…、修復したのです。

(2-260)は 2017 年 5 月 20 日に TBS テレビ「世界ふしぎ発見！」という番組
で聞いた。イースター島のモアイ像についての番組である。地震で壊れたが、
日本のタダノという会社が無償で修復したらしい。奇特な会社があるものだ。
感服した。

　3 番目の例は下記である。

　　　(3-263)　？全てを失われてしまったんです。

　　　(3-264)　　トスカが全てを失われてしまったんです。

　　　(3-265)　　トスカが全てを失ってしまったんです。

(3-263)は 2017 年 10 月に NHK テレビの「ららら クラシック」という番組
で聞いた。オペラのトスカについて、オペラ歌手の錦織(にしきおり)健と言う
人が(3-263)を言った。私から見ると、「失われる」という言い方は不思議な
言い方である。3.7.4.1 から 3.7.4.4 で見た。(3-263)も「失われる」の不思議
な用法の例である。


### 3.8.2.4　能動文とラレル受動文の対応：非標準的な対応（その 2）

　下記の対応である。

　　　能動文：

　　　(1-5)　　　X が　　Y を　　する。

　　　能動文の要素と受動文の要素の混在：「Y が」とラレル：

　　　(3-266)　？X が　　Y が　　られる。

(3-266)の型の文にも能動文の要素と標準的なラレル受動文の要素が混在し
ている。標準的なラレル受動文の要素が二つある。(i)動詞に「られる」が付
いている。(ii)格助詞の点で、「Y が」がある。（しかし、「Y が」が文頭にな
い。この点では標準的なラレル受動文と違う。）しかし、能動文の要素も二つ
ある。(i)格助詞の点で、「X が」ある。(ii)語順の点では、「X が」が文頭に
ある。(3-266)の型の例を一つ見つけた。私の判断ではこの文は不自然であ

る。疑問符（？）を付ける。

（3-267）　？アルコールやギャンブルなどの依存症から回復を目指す人た
　　　　　　ちが、体験や悩みを打ち明け合う「つながりの場」が失われ
　　　　　　つつある。

（3-268）　？人たちが…場が失われつつある。

（3-269）　　人たちが…場を失いつつある。

（3-267）は 2020 年 5 月 14 日の西日本新聞（インターネット版）で見た。（3-267）が（3-266）の型の例であることは分かりにくい。（3-268）のように言い換えれば、分かりやすくなる。私の判断では、（3-267）も（3-268）も間違いである。（3-269）のように言う。（3-267）も「失われる」の不思議な用法の例である。

### 3.8.2.5　能動文とラレル受動文の対応：非標準的な対応（その 3）

　非標準的な対応（その 3）を見る。読者の便宜のために、標準的な対応（その 2）の一部も再度挙げる。

　　　標準的な対応（2）

　　能動文：

（3-234）　X が　　　　Y を　　　　Z に　　　　する。

（3-235）　花子が　　　太郎を　　　昭夫に　　紹介する。

　　受動文：

（3-238）　Y が　　　　X から　　　Z に　　　　られる。

（3-239）　太郎が　　　花子から　　昭夫に　　紹介される。

　　能動文の要素と受動文の要素の混在：

（3-270）　？Z に　　　X から　　　Y を　　　　られる。

（3-271）　？Y を　　　X から　　　Z に　　　　られる。

（3-270）と（3-271）は語順が違うだけである。他の点では同じである。この二つ型も能動文の要素と標準的なラレル受動文の要素が混在している。

　まず、（3-270）を見る。標準的なラレル受動文（3-238）の要素が三つある。(i)動詞に「られる」が付いている。(ii)格助詞の点では、「X が」が「X から」になっている。(iii)語順の点では、「X から」は文頭にない。2 番目の位置にある。能動文（3-234）の要素が一つある。(i)格助詞の点では、「Y を」のままである。「Y が」になっていない。

　次に、(3-271)を見る。標準的なラレル受動文(3-238)の要素が四つある。(i)動詞に「られる」が付いている。(ii)格助詞の点では、「Xが」が「Xから」になっている。(iii)語順の点では、「Xから」は文頭にない。2番目の位置にある。(iv)語順の点では、「Y」は文頭にある。能動文(3-234)の要素が一つある。(i)格助詞の点では、「Yを」のままである。「Yが」になっていない。

　(3-270)の型の例と(3-271)の型の例を一つずつ見つけた。ともに不自然である。疑問符(?)を付ける。(3-270)の型の例は下記である。

　　　(3-272)　?DeNA に　出場選手登録で　セ・リーグから　不手際を　指
　　　　　　　摘された。

　　　(3-273)　　出場選手登録で　セ・リーグが　DeNA に　不手際を　指摘
　　　　　　　した。

(3-272)は2014年4月3日にmsn産経ニュースで見た。私の判断では、(3-272)は間違いである。(3-273)のように言う。

　(3-271)の例の例は下記である。

　　　(3-274)　?桧山が01年から自主トレを行ってきたグアムの州知事、政
　　　　　　　府観光協会、日本人会、日本人学校生徒の4通を、グアム日
　　　　　　　本人会理事・宇野さんから桧山に贈られた。

　　　(3-275)　?4通を　宇野さんから　　桧山に　　贈られた。

　　　(3-276)　　宇野さんが　　4通を　　桧山に　　贈った。

(3-274)は2013年10月6日のデイリースポーツで見た。阪神タイガースの桧山進次郎選手の引退試合の記事である。桧山選手が感謝状をもらったことを述べている。(3-274)が(3-271)の型を持っていることは分かりにくいであろう。(3-275)のように書けば、分かりやすいと思う。私の判断では(3-274)も(3-275)も間違いである。(3-276)のように言う。

### 3.8.2.6　能動文とラレル受動文の対応:非標準的な対応のまとめ

　以上、能動文とラレル受動文の標準的な対応関係と三つの非標準的な対応関係を見た。三つの非標準的な対応関係は下記を含む対応関係である。

　　　(3-244)　?Xが　　　Yを　　　られる。
　　　(3-266)　?Xが　　　Yが　　　られる。
　　　(3-270)　?Zに　　　Xから　　Yを　　られる。

（3-271）？Yを　　Xから　　Zに　られる。

この四つの型の全てに、能動文の要素とラレル受動文の要素が混在している。要素の数を表3-2に示す。見つかった例の数も示す。

表3-2　能動文と受動文の標準的な対応関係と三つの非標準的な対応関係

| | 能動文の特徴の数 | 標準的なラレル<br>受動文の特徴の数 | 見つかった例の数 |
| --- | --- | --- | --- |
| （3-244） | 2 | 1 | 7 |
| （3-266） | 2 | 2 | 1 |
| （3-270） | 1 | 3 | 1 |
| （3-271） | 1 | 4 | 1 |

　見つかった例の数は、たまたまかもしれないが、（3-244）の型の例が最も多い。

　四つの型の全てで、能動文の要素と標準的なラレル受動文の要素が混在している。

　四つの型の中で、（3-244）が能動文に最も近い。動詞に「られる」が付いている点でだけ、標準的なラレル受動文の要素がある。語順と格の点では、能動文と同じである。受動文と呼ぶのは適切ではないだろう。能動文の一種と呼んでもよいと思う。「られる」は受動の働きをしていない。ただの飾りである。2.5.4でラレルは単なる飾りになっているらしい場合があると述べた。（3-244）もその例である。

　（3-266）は（3-244）よりも少し標準的なラレル受動文に近い。「られる」はだたの飾りではなく、少なくとも少しは受動の働きを持っていると言える。

　（3-270）は（3-266）よりも標準的なラレル受動文に近い。（3-271）はもっと近い。（3-270）と（3-271）では、「られる」は飾りではなく、受動の働きを持っていると言える。

　四つの型の中で、（3-271）が標準的なラレル受動文に最も近い。「Yを」のままで、「Yが」なっていないことを除けば、標準的なラレル受動文と同じである。「Yを」のままである点で、標準的なラレル受動文には成りきっていない。

　念のため、以下を述べておく。上に挙げた四つの型の例は、（3-257）と（3-263）を除いて（多分（3-260）も除いて）全て原稿に基づくものである。書き

間違いではない。

### 3.8.2.7　ラレル受動文は今後どうなる？

　学校で習った国文法で、「られる」は受動、可能、自発、尊敬を表すと習った。第 1 章から第 3 章では「られる」の用法のうち、受動の用法を見てきた。以下に尊敬の例を挙げる。2016 年 4 月 4 日にビーカイブというサイトで見つけた例をもとにして、以下の例文を作った。

　　(3-277)　部長が新聞を読まれた。

　　(3-278)　部長がこの資料を書かれた。

　　(3-279)　部長が最近釣りを始められた。

これらの文は下記の文の動詞にただ「られる」を付けただけである。語順と格の点で違いは全く無い。この点で、「られる」が受動の働きを持たないで、ただの飾りになっている例の場合と全く同じである。

　　(3-280)　部長が新聞を読んだ。

　　(3-281)　部長がこの資料を書いた。

　　(3-282)　部長が最近釣りを始めた。

　飾りのラレルは尊敬表現ではない。従って、尊敬表現とは別のものである。また可能の表現でもなく、自発の表現でもない。

　可能、自発、尊敬を除くと、今まで見た「られる」の用法は三つに分類できる。

　　(3-283)　ラレルの用法の分類：可能、自発、尊敬の他の用法

　　　　　　　(a) 受動文。

　　　　　　　(b) 能動文と受動文の中間(受動文になりきっていない)。

　　　　　　　(c) 能動文＋ラレル(他動詞文の一種)：飾り。

　(3-266)、(3-270)、(3-271)は(b)の例である。(3-244)は(c)そのものである。上で述べたように、見つかった例の中では、(3-244)の例、即ち(c)の例が最も多い。

　第 1 章では、ラレル受動文の使用頻度が上昇していると、繰り返し述べた。このことと、(3-283)で述べたことと(3-283)のすぐ下の段落で述べたことをもとにして、ラレル受動文の今後を予測する。これは大胆な予測である。ラレル文が今後どうなるか、可能性は多数あるが、その内の一つは下記である。

　　(3-284)　ラレル受動文の今後の可能性の一つ：

ラレル受動文の使用頻度が上昇している。その結果、「られる」を頻繁に使っているうちに、「られる」は受動を表すという意識が薄くなる。すると、「られる」を受動以外に使う頻度が上昇する。その結果(b)と(c)の用法が増える。特に(c)の用法が増える。ただし、(a)の用法も残る。

ラレル文が私の予測通りになるかどうか、後世の人たちに検証していただきたいと思っている。

ちなみに、使っているうちに意識が薄くなることは言語の変化ではよく起こることである。例えば、現代の日本語で、「お茶」、「お風呂」などの語に接頭辞「お」が入っていると意識する人は少ないであろう。これらの語に関しては、「お」が丁寧さを表すという意識が弱まった、あるいは、無くなったのである。(ここで「失われた」という言い方を使いたいと思う人がいるかもしれない。)また、私が東京大学文学部に勤務していた時、或る日、教授会で或る先生が以下の通り言った。

　　(3-285)　今、(名前)先生がおっしゃられたように、…

「おっしゃられる」と言い方を用いた。「おっしゃる」がそれ自体で尊敬語である。多分、「おっしゃる」が尊敬語であるという意識が薄くなって、尊敬語の「られる」を付けたのであろう。文学部の先生でもこんな言い方をする人がいる。社会全体でも「おっしゃる」が尊敬語であるという意識が薄くなっているのであろう。

### 3.9　第3章、ラレル受動文(第3部)のまとめ

第1章では、ラレル受動文の使用頻度が上昇していることと使用範囲が広まっていることを見た。更に、ラレル受動文の例の中には、私から見ておかしな文、間違った文が多数あることを見た。第2章では、なぜこんなラレル受動文を使うのか、その理由あるいは心理を探ってみた。第3章では、ラレル受動文の使用頻度の上昇と使用範囲の拡大が原因であると思われる変化、または、それらと関連あると思われる現象を見た。更に、ラレル受動文の将来を予測した。

ラレル受動文に起こっている変化には以下の、一見相矛盾する傾向がある。

　　(3-1)　　傾向1：日本語は或る面では、主語中心の言語になりつつある、あるいは、主語を欲しがる言語になりつつある。(3.2、

　　　　　　　3.3、3.4、3.5)

（3-2）　　傾向 2：日本語は或る面では、主語中心ではない言語になりつ
　　　　　　　つある。(3.6)

　3.2 では、以下のことを見た。連体修飾節の用法で、目的語を修飾しない
で、目的語をラレル受動文の主語にして修飾する例が多数ある。大胆な予測で
あるが、将来の日本語では、タガログ語などフィリピンの諸言語とマダガスカ
ルのマラガシ語のように、主語だけを連体修飾する言語になるかもしれない。
比喩的に言えば、日本語がフィリピン海プレートに乗って南下して、マダガス
カルに到達するかもしれない。

　3.3 では、以下のことを見た。日本語は主語「が」を要求する言語になりつつ
あるかもしれない。主語無し文を避けるために、受動文を使うのかもしれない。

　3.4 では、以下のことを見た。私の日本語では、例えば、「手足を縛られた」
(格助詞「を」)と言うところで、「手足が縛らた」(格助詞「が」)と言う例が多数
ある。私の日本語では、「疑いを持たれた」(格助詞「を」)と言うところで、「疑
い」の直前に連体修飾節がある場合に「疑いが持たれた」(格助詞「が」)という
傾向が見つかった。これらの現象も、日本語が主語「が」を要求する言語にな
りつつことの現れであろう。「を」と「が」を比べると、「を」の方が迷惑・被
害を表すという意識は無いようだ。迷惑・被害を表す「を」は絶滅危惧種にな
りかけているかもしれない。

　3.5 では以下のことを見た。「逮捕」、「保釈」、「選出」、「抹消」、「公開」な
どの漢語では、「する」無しで動詞として用いる時に、能動態と受動態の中和
が起こる場合がある。特に記事の見出しで起こりやすい。これは、日本語が主
語中心の言語になりつつあることの現れであろう。

　3.6 では、以下のことを見た。私の日本語では、意図、目的、動機、判断、
予定、積極性、決定権、義務、責任のようなものを表す表現は、必ず主語を修
飾する。一方、最近、新聞などで見る日本語では、意図、目的、動機、判断、
予定、積極性、決定権、義務、責任のようなものを表す表現は、主語であるか
どうかに関係無く、一貫して動作者を修飾する。この点では、日本語はある面
では、主語中心ではない言語になりつつある。

　3.7 では、以下のことを見た。自動詞が無い場合に、ラレル動詞がその代わ
りをする場合がある。ラレル動詞を自動詞と見なすことができる場合がある。
私にとって、「失う」と「失われる」は興味深い。私の日本語には「失われる」

という言い方は存在しない。しかし、新聞などで見る日本語では、「失う」(他動詞、能動)、「失われる」(ラレル動詞、受動)、「失われる」(自動詞)が併存している。

　3.8では、ラレル受動文の今後の変化を予測した。「られる」に受動の働きが無くて、「られる」をただの飾りとして用いる用法が増えるであろう。ラレル動詞の働きには、受動、可能、自発、尊敬の他に、飾りという用法が確立するかもしれない。

　このように、ラレル受動文には、様々な、かつ、大変興味深い変化が起こっている。今後も起こるであろう。

# 第4章　テアル受動文

## 4.1　はじめに

ここでテアル受動文と呼ぶのは以下のような文である。

（4−1）　　窓が開けてある。

（4−2）　　本が置いてある。

（4−3）　　木が植えてある。

（4−4）　　花が飾ってある。

第4章では、主に以下のことを述べる。

（a)従来の日本語文法研究では、このような文を受動文と呼ばなかったようだ。しかし、或る考えを用いれば、これらの文は受動文と呼べる。しかも、見事な受動文である。ラレル受動文よりもっと受動文らしい受動文である。

（b)ラレル受動文の使用範囲が拡大して、テアル受動文の領域に侵入して、テアル受動文を駆逐しかけている。テアル受動文は消滅の危機に瀕している。いわば、絶滅危惧種になっている。

（c)上記の(b)の結果であろうか、テアル受動文の使用法に混乱が生じている。

## 4.2　テアル文も受動文である。

第1章の1.1で、英語の受動文と能動文は、以下のように示すことができると述べた。私が作った例文も添える。

（1−1）　能動文：　主語　　動詞　　　　　目的語

（1−2）　受動文：　主語　be＋過去分詞　by＋動作者

（1−3）　Mary scolded John.

「メアリーがジョンを叱った。」

（1−4）　John was scolded by Mary.

「ジョンがメアリーに叱られた。」

受動文では「by＋動作者」が動作者を示す。

同じく、第1章の1.1で、日本語の能動文と受動文は以下のように示すことができると述べた。

| (1−5) | 能動文： | Xが | Yを | する。 |
|---|---|---|---|---|
| | | 主語 | 目的語 | |
| (1−6) | 受動文： | Yが | Xに | られる。 |
| | | 主語 | | |
| (1−7) | 受動文： | Yが | Xから | られる。 |
| | | 主語 | | |
| (1−8) | | 花子が | 太郎を | 叱った。 |
| (1−9) | | 太郎が | 花子に | 叱られた。 |
| (1−10) | | 太郎が | 花子から | 叱られた。 |

本書ではこのような受動文をラレル受動文と呼ぶ。受動文では「Xに」または「Xから」が動作者を示す。受動文の動作者を格助詞「に」でもなく、「から」でもなく、「によって」で示す場合もある。

　実は、或る考えを用いれば、日本語にはもう一つ受動文がある。それは本書がテアル受動文と呼ぶものである。この、或る考えとは、受動文における動作者の表現の有無に関することである。このことについては、考えが二つある。

　考え1.　第3章の3.7.1で見たように、奥津(1982: 77)、高橋(2003: 154)、村田(2005: 43)は、ラレル文を受動文と見なすためには動作者の表現を言えることが必要であり、動作者を言えないラレル文は自動詞文と見なすべきであるという趣旨の提案をした。この考えを用いると、(3−184)は受動文ではない。(3−185)と(3−186)が示すように、動作者を言えないからである。従って、(3−184)は自動詞文であるということになる。

| (3−184) | 私は | 東京で | 生まれた。 | |
|---|---|---|---|---|
| (3−185) | ＊私は | 東京で | 母に | 生まれた。 |
| | | | 動作者 | |
| (3−186) | ＊私は | 東京で | 母から | 生まれた。 |
| | | | 動作者 | |

　考え2を提示する前に、まず、関連すること述べておく。受動文の例では、英語の(1−4)に動作者の表現がある。by Maryである。日本語の(1−9)にも動作者の表現が入っている。「花子に」である。(1−10)にも入っている。「花子から」である。しかし、オットー・イェスペルセン(Jespersen 1924:

168)によると、多数の言語の受動文で動作者は言わないそうだ。同じくイェスペルセンによると、英語の受動文の70%から90%で、動作者を言わないそうだ。実は、日本語でも同様である。奥津(1982: 73)は、『枕草子』と『徒然草』の受動文について「＜動作主」が存在しない者が多い」と述べている。更に、「この現象は『枕』『徒』に限らず、日本語一般について言えそうであり…」と述べている。本書でも、第1章、第2章、第3章で、新聞記事、テレビニュース、インターネットニュースなどで見つけたラレル受動文の例を多数挙げた。その大多数は動作者を言わない。動作者を言った例は極めて少ない。(1-121)(「読者に」)、(1-163)(「労働者に」)などである。

　考え2に関連すること述べた。考え2を提示する。


　考え2.　奥津も高橋も村田も、日本語についてだけ述べている。他の言語については述べていない。以下で引用する説は諸言語の受動文に関する提案である。エドワード・キーナン(Keenan 1985)や柴谷方良(しばたに・まさよし)(Shibatani 1985)は、受動文の代表的なものは動作者を言わない文であると提案している。この考えを用いると、英語の(1-4)は受動文の代表的なものではない。by Mary を削除すれば、代表的なものになる。(4-5)参照。日本語の(1-9)と(1-10)も受動文の代表的なものではない。「花子に」と「花子から」を削除すれば、代表的なものになる。(4-6)参照。

(4-5)　　　John was scolded.
　　　　　　「ジョンが叱られた。」
(4-6)　　　太郎が叱られた。


　本書でテアル受動文と呼ぶものを見よう。以下のように表せる。例文も添える。結論を先に言うと、キーナンや柴谷の考えを用いると、この文は受動文である。しかも、代表的な受動文である。ラレル受動文よりも代表的な受動文である。

　能動文：
(4-7)　　　X が　　　Y を　　　する。
　　　　　　動作者
(4-8)　　　花子が　　　窓を　　　開ける。
　　　　　　動作者

受動文：

(4-9)　　　Yが　　　してある。

(4-10)　　　窓が　　　開けてある。

(4-11)　＊Yが　　　Xに　　　してある。（間違い）
　　　　　　　　　　動作者

(4-12)　＊窓が　　　花子に　　開けてある。（間違い）
　　　　　　　　　　動作者

(4-13)　＊Yが　　　Xから　　してある。（間違い）
　　　　　　　　　　動作者

(4-14)　＊窓が　　　花子から　開けてある。（間違い）
　　　　　　　　　　動作者

　テアル文はラレル受動文に似ている。まず、動詞に何か付く。ラレル受動文では「られる」が付き、テアル文では「てある」が付く。また、格助詞の点では、「Yを」が「Yが」になる。以上を考慮すると、テアル文を受動文と呼んでもよい。即ち、日本語には受動文が二つ存在すると言える。

　ただし、違いがある。動作者は、ラレル受動文では言えるのに対して、テアル文では言えない。(1-10)は正しい文であるが、(4-12)と(4-14)は間違いである。

　上述のように、エドワード・キーナンや柴谷方良の考えでは、受動文の代表的なものは動作者を言わない文である。この考えを用いると、テアル文は、動作者を言えない点で、代表的な受動文である。一方、ラレル受動文は動作者を言える点で、代表的な受動文ではない。

　テアル文を受動文と見なすことができるということは、大坪一夫からご教示いただいた。この考えは、日本語文法の研究では多数派ではないかもしれない。例えば、高橋太郎(2003: 206–207)は、テアル文を受動文とは見ていない。「結果の持続」の表現と見ている。しかし、エドワード・キーナンや柴谷方良の考えを用いると、テアル受動文は代表的な受動文である。

　以上を考慮して、本書では、(4-1)から(4-4)のような文を受動文と見なす。テアル受動文と呼ぶことにする。このような文は他動詞を用いている。「開ける」、「置く」、「植える」、「飾る」などである。対応する他動詞文がある。能動文である。(4-7)と(4-8)参照。

　一方、下記のような文は受動文とは見なさない。

（4-15） 来月のマラソン大会に備えて、選手は十分、走り込んである。

（4-16） 明日のマラソン大会に備えて、選手は十分、休んである。

これらの文は自動詞を用いている。「走りこむ」、「休む」である。対応する他動詞文は無い。即ち、対応する能動文が無い。従って、受動文とは見なさない。

奥津、高橋、村田の考えと、キーナンや柴谷の考えを比べて、どちらの方が優れているかをきめるのは困難である。それぞれに優れた点がある。奥津、高橋、村田の考えについて言うと、動作者を言えれば受動動詞と見なすという考えを用いたおかげで、3.7.2 から 3.7.4 まで見た、興味深い事実が見えてきた。キーナンや柴谷の考えについて言うと、テアル文を受動文とすると、第4章でこれから示すように、興味深い事実が見えてくる。

本書では、「奥津、高橋、村田の考えを用いると」あるいは「キーナンや柴谷の考えを用いると」といった、注意深い書き方をする。


## 4.3 テアル受動文とラレル受動文の役割分担

キーナンや柴谷の考えを用いると、テアル文も受動文である。しかし、テアル受動文とラレル受動文の使い方は同じではない。役割分担がある。役割分担の例を挙げる。


［1］動作者の表現

テアル受動文では動作者を言うことができない。仮に動作者が分かっていても言えない。（4-12）と（4-14）は間違いである。ラレル受動文では、大多数の場合は動作者を言わない。しかし、動作者を言うことは可能である。（1-9）と（1-10）は正しい文である。4.2 で述べたように、新聞記事、テレビニュース、インターネットニュースなどで見つけたラレル受動文の例の中にも動作者を言った例が、わずかではあるが、存在する。


［2］意味

高橋（2003: 207）によると、テアルは「結果の持続」を表す。もっと細かく言うと、テアルは「変化結果としての対象の状態を持続のすがたでさしだす」。大まかに言えば、以下のように言えるであろう。「誰かが何かに動作をして、何かに変化が起こった。その変化の結果として生じた状態をテアルは表

す。」例えば、(4-1)は、誰かが窓に動作をして、窓があくという変化が起こり、その変化の結果として生じた状態を表す。例を追加する。

(4-17)　店の前にのれんがかけてある。

(4-18)　晩ご飯が用意してある。

(4-19)　芝生が刈ってあった。

(4-20)　ふすまには虎の絵がかいてある。　　　　　　　（高橋2003: 206）

一方、ラレル受動文には「結果の持続」という意味は無い。

　第1章の1.5.3などで述べたように、ラレル受動文が迷惑や被害の意味を持つ場合が多数ある。第1章で挙げた(1-11)の例を再度挙げる。2013年10月25日のサンケイスポーツで見つけた。プロ野球のロッテと楽天の試合で、ロッテ打線が内角攻めされたという記事である。

(1-11)　ロッテ打線は外を待っているところで内角のシュート系を打たされて、併殺に打ち取られていた。左打者も内角のカットボールをファウルさせられて、カウントを稼がれた…

一方、テアル受動文には迷惑や被害の意味は無い。


　このように、テアル受動文とラレル受動文は、[1]動作者を言えるか言えないかと[2]結果の持続を表すか、迷惑や被害を表すことができるかの点で、役割分担をしている。

　以下でも、テアル受動文とラレル受動文の違いを示す。これも役割分担の例である。


### 4.4　テアル受動文：絶滅危惧種

　動物や植物について、絶滅危惧種と言うことがある。例えば、動物ではツシマヤマネコ、シマフクロウ、アホウドリ、アマミノクロウサギなどだそうだ。実は言語についても、同じことが言える。今、世界各地で多数の言語が消滅の危機に瀕している。特に少数民族の言語がそうだ。大言語に駆逐されているのである。また、日本語自体は消滅の危機に瀕していないが、各地の方言が消滅の危機に瀕している。共通語に駆逐されているのである。言語学の世界で、言語消滅の危機の問題は最も急を要する課題である。（言語消滅の危機について関心のある方は拙著Tsunoda (2005)をご覧いただきたい。）

　どの言語でも新しい表現が生まれる。例えば、流行語など新しい言い方が生

まれることがある。逆に、今まであった表現が消えたりする。古文の授業で
習った表現の中には、今は使わないものが多数ある。

　私の観察では、テアル受動文は消滅の危機に瀕している。ラレル受動文に駆
逐されている。第1章で、ラレル受動文の使用頻度が上昇していることと、
ラレル受動文の使用範囲が拡大してことを述べた。テアル受動文の消滅の危機
もその結果であると思う。ラレル受動文の使用範囲が拡大して、テアル受動文
の領域に侵入して、テアル受動文を駆逐しかけている。テアル受動文は消滅の
危機に瀕している。いわば、絶滅危惧種になっている。

　新聞記事、テレビニュース、インターネットニュースなどでテアル受動文の
例を探して見た。驚いたことに、今は（2020年現在で）、テアル受動文の例を
見つけることは極めて困難である。私ならテアル受動文を使うところで、ラレ
ル受動文を使っている。正確に言うと、「られている」を使っている。私の判
断ではこれらの文は全て、違和感を覚える、または、間違いである。以下の例
では疑問符（？）を付けておく。テアル受動文で言い換えれば、全て自然な文に
なる。

　第1章の1.2で、ラレル受動文の中で、私の判断で違和感を覚える、また
は、間違いであるものを分類した。その一つの類が、(b)私の日本語ではテア
ル動詞を使うところでラレル動詞を使った場合である。第1章で、下記を挙
げた。

　　（1－107）　？鮭が吊るされていました。

　　（1－108）　　鮭が吊るしてありました。

　　（1－317）　？これは磨かれ終わっています。

　　（1－318）　　これは磨き終えてあります。

　　（1－321）　？…、物語が練りに練られている。

　　（1－322）　　…、物語が練りに練ってある。

　例を追加する。1番目の例は下記である。

　　（4－21）　　？鹿の絵が彫られています。

　　（4－22）　　　鹿の絵が彫ってあります。

（4－21）はNHKの教育テレビの番組で聞いた。1980年代の中頃だったと思
う。スキタイ民族の金杯について述べている。（4－21）は、私から見て違和感
を覚える、そして、間違いである。（4－22）のように、テアル受動文を使え
ば、正しい文になる。

　私は(4-21)を聞いた時に、「え！」と思った。変な言い方をするなあと思った。今(2020年)から約35年前のことであるが、今でも覚えている。(4-21)は、私ならテアル受動文を使うところで、ラレル受動文を使っている現象に気づくきっかけとなった。(このことは、はしがきで述べた。)　今振り返って見ると、1980年代の中頃には既にテアル受動文の消滅が始まっていたのである。少なくとも、NHKの教育テレビでは始まっていた。

　例を追加する。年代順に並べる。

　2番目の例は下記である。

　　(4-23)　？このバスの後部にトイレが設置されています。

　　(4-24)　　このバスの後部にトイレが設置してあります。

(4-23)は1990年代に、つくば市と東京の間を走るバスで聞いた。(4-24)のように言えば良い。1990年代には、「られている」による、テアル受動文の駆逐がかなり広まっていたかもしれない、あるいは、定着していたかもしれない。

　3番目の例は下記である。

　　(4-25)　？女性専用車のステッカーが貼られています。

　　(4-26)　　女性専用車のステッカーが貼ってあります。

(4-25)は2003年3月24日に、或る民放テレビで聞いた。(4-26)のように言えば良い。

　4番目の例は下記である。

　　(4-27)　？…、モミジの葉の模様が浮き彫りにされていたそうだ。

　　(4-28)　　…、モミジの葉の模様が浮き彫りにしてあったそうだ。

(4-27)は2013年10月11日の朝日新聞の天声人語という欄で見た。江戸時代の或る種の豆腐について述べている。(4-28)のように言えば良い。

　5番目の例は下記である。

　　(4-29)　？生家は現在、当地の観光スポットとなっており、前にはマタ
　　　　　　ハリ像が置かれている。

　　(4-30)　　…、マタハリ像が置いてある。

(4-29)は2013年10月21日に、YOMIURI ONLINE(読売新聞)で見た。オランダ北部レーワルデンにある、女スパイのマタハリの生家についての記事である。(4-30)のように言えば良い。

　6番目の例は下記である。

　　(4-31)　？カップ麺や清涼飲料と同様、薄型テレビが店頭に置かれてい

る。

　（4-32）　…、薄型テレビが店頭に置いてある。

（4-31）は 2013 年 10 月 22 日の日本経済新聞（電子版）で見た。（4-32）のように言う。

　7 番目の例は下記である。

　（4-33）　？…、落とし物の手袋がはめられていた…

　（4-34）　…、落とし物の手袋がはめてあった…

（4-33）は、2014 年 7 月 29 日の朝日新聞（夕刊）で見た。熊本中央郵便局前に設置してあるタヌキ親子の像についての記事である。（4-34）のように言えば良い。

　8 番目の例は下記である。

　（4-35）　？約 1500 本の花桃が植えられていて、…

　（4-36）　　約 1500 本の花桃が植えてあり、…

（4-35）は、2018 年 4 月 3 日に NHK テレビのニュース番組で聞いた。（4-36）のように言えば良い。

　9 番目の例は下記である。

　（4-37）　？…、総領事館の監視カメラのハードディスクが取り外されていた。

　（4-38）　…ハードディスクが取り外してあった。

（4-37）は 2018 年 10 月 23 日の朝日新聞 DIGITAL で見た。イスタンブールにあるサウジ総領事館の様子である。（4-38）のように言う。

　新聞記事、テレビニュース、インターネットニュースなどで、私ならテアル受動文を使うところで、ラレテイル受動文を使っている例は無数にある。一方、今は（2020 年現在で）、テアル受動文の例を見つけることは極めて困難である。既に貴重品になっている。例をやっと一つ見つけた。（4-39）である。

　記事：

　（4-39）　　日光が盛大に差し込む工場内に様々な色のサツマイモが干してある。

　写真の説明：

　（4-40）　？イモが干されている。

　（4-41）　　イモが干してある。

（4-39）は 2014 年 2 月 16 日に見た日本経済新聞（インターネット版）で見た記

事にあった。テアル受動文を使っている。これは貴重品である。しかし、この記事の写真の説明では、やはり「られている」を使っている。(4-40)である。(4-41)のように言えば良い。

### 4.5 「られている」と「てある」の合体

　「られている」と「てある」が合体したと思われる例がある。「られてある」である。1番目の例は下記である。

　　(4-42)　？石が積み上げられてあります。

　　(4-43)　　石が積み上げてあります。

(4-42)は2012年7月24日に、NHKテレビのニュースで聞いた。或るアナウンサーがロンドン五輪の何かの会場から報告していて、建物の基礎について述べている。私の判断では(4-42)は間違いである。「積み上げられて」の「られ」の部分は無駄である。(4-43)のように言う。

　2番目の例は下記である。

　　(4-44)　？入り口にかかれてある絵

　　(4-45)　　入り口にかいてある絵

(4-44)は2013年12月30日にTBSテレビで聞いた。私の判断では(4-44)は間違いである。「かかれて」の「られ」の部分は無駄である。(4-45)のように言えば良い。

　3番目の例は下記である。

　　(4-46)　池上彰：

　　　　　　「戦闘」と書かれてあります。

　　(4-47)　語りのアナウンサー：

　　　　　　「戦闘」と書いてあります。

(4-46)は2017年12月28日頃に、「池上彰：「日本人が関心を持った今年のニュース50」」というような題のテレビ番組で聞いた。司会者の池上彰という人は(4-46)を言った。私の判断ではこれは間違いである。「書かれて」の「られ」の部分は無駄である。語りのアナウンサーは(4-47)を言った。これが正しい。「られ」は無い。

　(4-42)(「積み上げられてあります」)、(4-44)(「かかれてある」)、(4-46)(「書かれてあります」)で、「られてある」の例を見た。上述のように、私の判断では「られ」は無駄である。「られ」を削除して言う。

「られてある」の言い方は、「られるている」と「てある」の合体したもので
あると言える。

(4-42)は、原稿に基づいたものではなく、アナウンサーがその場で言った
ものであろう。言い間違いの可能性がある。(4-44)と(4-46)もそうかもし
れない。

仮に言い間違いであるとして、なぜ、「られてある」の言い間違いが生じる
のであろうか？　私の推測を提示する。

> 推測1：「られている」を多用して、「てある」を使わなくなって、その結
> 果、「られている」と「てある」の違いが分からなくなった。そ
> のため、二つを合体した。

> 推測2：「られている」を多用しているうちに、「られる」が受動を表すと
> いう意識が薄くなり、「られる」を飾りとして使っている。(2.5.4
> で、「られる」が飾りになっている例を見た。)その結果、状態を
> 表すために「てある」を加えた。

推測1でも、推測2でも、原因はラレル受動文の頻度が上昇したことである。

今後、「られてある」の言い方が増えるかもしれない。今(2020年)は、「ら
れてある」の言い方は、確実に原稿に基づいたと言えるものには見つかってい
ない。しかし、今後は、新聞記事、テレビニュース、インターネットニュース
など、原稿に基づいたものの中でも見つかるかもしれない。

## 4.6 ラレテイル受動文：問題

### 4.6.1 はじめに

私から見て、ラレル受動文の多数の例に問題がある。第1章、第2章、第3
章で述べた。上述のように、上で見たラレテイル受動文の例は、私から見て違
和感を覚える、そして、間違いである。以下では、ラレル受動文の中で、特に
ラレテイル受動文について、テアル受動文と比較しながら、問題点を述べる。

### 4.6.2 締まりが無い。

ラレテイル受動文はダラダラしている。締まりが無い。テアル受動文を使
えば、文が引き締まる。例えば、(4-35)の「植えられていて」は締まりが無
い。(4-36)の「植えてあり」を言えば、引き締まる。例を追加する。1番目
の例は下記である。

　　　(4-48)　？森には遊歩道が設置されていて、散歩に最適。

　　　(4-49)　　森には遊歩道が設置してあり、散歩に最適。

(4-48)は、2013 年 4 月 17 日に、日本テレビの番組で聞いた。式根島につい
て述べている。(4-49)のように、テアル受動文を使えば、文が引き締まる。

　2 番目の例は下記である。

　　　(4-50)　？上部に題名が書かれた細長い紙片(題簽＝だいせん)が貼られ
　　　　　　　　ている。保護するために、さらに表紙が付けられている。

　　　(4-51)　　上部に題名を書いた細長い紙片(題簽＝だいせん)が貼ってあ
　　　　　　　　る。保護するために、さらに表紙が付けてある。

(4-50)は 2019 年 10 月 8 日の毎日新聞(インターネット版)で見た。源氏物語
の最古の写本が見つかったという記事である。この記事に写本の表紙の写真が
付いていて、(4-50)はその写真の説明である。(4-50)も締まりが無い。だ
らだらしている。わずか二つの文の中で、ラレル動詞を三つも使っている。
しかも、そのうちの二つは「られている」の形である。(4-51)のように言え
ば、引き締まる。「が書かれた」を「を書いた」に変えた。「貼られている」を
「貼ってある」に変え、「付けられている」を「付けてある」に変えた。

### 4.6.3　ラレルのねじれ

　1.5.4 で、ラレル受動文が誤解を招く場合の原因の一つとして、「ラレルのね
じれ」を挙げ、実態を詳しく見た。ラレテイル受動文の例にもラレルのねじれ
の例がある。1 番目の例は下記である。

　　　(4-52)　？約 300 メートルの並木道にイチョウの木 146 本が遠近法を活
　　　　　　　　用して植えられている。

　　　(4-53)　　約 300 メートルの並木道にイチョウの木 146 本が遠近法を活
　　　　　　　　用して植えてある。

(4-52)は、2012 年 11 月 27 日に、インターネットのシブヤ経済新聞で見
た。明治神宮外苑のイチョウ並木の写真の説明である。(4-52)にラレルのね
じれがある。「植えられている」を「植えてある」に言い換えれば、ねじれは
無くなる。結果は(4-53)である。即ち、テアル受動文を使うと、ラレルのね
じれを解消でできる。

　2 番目の例は下記である。

　　　(4-54)　？29 基のパラボラアンテナを合わせて作られています。

　　（4－55）　　29 基のパラボラアンテナを合わせて作ってあります。
（4－54）は 2003 年 3 月 15 日に NHK テレビの番組で聞いた。或る観測装置
について述べている。（4－54）にもラレルのねじれがある。「作られています」
を「作ってあります」に言い換えれば、ねじれは無くなる。結果は（4－55）で
ある。即ち、テアル受動文を使うと、ラレルのねじれを解消でできる。

### 4.6.4　意味が誤解を招く場合と意味が不自然な場合

　［1］意味が誤解を招く場合：迷惑または被害の意味

　4.3 の［2］で見たように、ラレル受動文は迷惑または被害の意味がある例が多
数ある。しかし、テアル受動文には迷惑・被害の意味は無い。私から見ると、
ラレテイル受動文は、迷惑または被害の意味があると誤解しやすい場合があ
る。私は、（4－33）を見た時に、タヌキ親子が誰かにはめられたのかと思った。
また、私は（4－40）を読むと、イモが或る種の芸能人のように干されている感じ
がする。迷惑あるいは被害の含みを感じる。折角、記事で「てある」を使った
のに、なぜ、写真の説明で「られている」を使ったのだろうか？　不思議だ。

　［2］意味が不自然な場合

　ラレテイル受動文には意味が不自然な物もある。例を一つ挙げる。1.4 で、
意味が不自然なラレル受動文を見た。意図、目的、動機、判断、予定、積極
性、決定権、義務、責任などを持っていない人あるいは物について、あたかも
持っているかのごとく言っている場合である。そこで「活用する」を含む例を
見た。
　　（1－72）　　？…会計検査院で調べたところ、15 府県で有効に活用されてい
　　　　　　　ないことが分かった。
　　（1－73）　　…会計検査院で調べたところ、15 府県で有効に活用していな
　　　　　　　いことが分かった。
会計検査院がある補助金の無駄遣いを指摘したというニュースである。（1－
72）の意味は不自然だ。責任は活用しない側にある。補助金に責任はない。正
しくは（1－73）のように言う。
　（4－52）はラレテイル受動文の例である。「活用して」がある。（4－52）の意
味も不自然である。木が遠近法を活用することは無い。造園技師が遠近法を活
用するのである。（4－53）のように、「植えてある」を使えば、意味は不自然

ではなくなる。即ち、テアル受動文を使えば、意味が自然な文になる。

## 4.7　テアル受動文の背後に動作者がいる？

　テアル受動文をラレテイル受動文などのラレル受動文と比べていた時に、不思議なことに気づいた。

　4.2で見たように、キーナンや柴谷の考えを用いると、テアル文は受動文である。ただし、ラレル受動文とは違いがある。その一つは、動作者は、ラレル受動文では言えるが、テアル受動文では言えないことである。

　ラレル受動文については下記を再掲する。

　　（1-8）　　花子が　　太郎を　　叱った。
　　　　　　　動作者
　　（1-9）　　太郎が　　花子に　　叱られた。
　　　　　　　　　　　　動作者
　　（1-10）　太郎が　　花子から　　叱られた。
　　　　　　　　　　　　動作者

テアル受動文については下記を再掲する。

　　（4-8）　　花子が　　窓を　　開ける。
　　　　　　　動作者
　　（4-10）　窓が　　開けてある。
　　（4-12）　＊窓が　　花子に　　開けてある。（間違い）
　　　　　　　　　　　　動作者
　　（4-14）　＊窓が　　花子から　　開けてある。（間違い）
　　　　　　　　　　　　動作者

　上記の不思議なことを見よう。まず（4-54）と（4-55）を再度見よう。

　　（4-54）　？29基のパラボラアンテナを合わせて作られています。
　　（4-55）　　29基のパラボラアンテナを合わせて作ってあります。

ラレル受動文は受動文である。キーナンや柴谷の考えを用いると、テアル文も受動文である。それにもかかわらず、（4-54）にはラレルのねじれがある。一方、（4-55）にはねじれが無い。少なくとも、私の判断では、ねじれは無い。なぜ、この違いがあるのだろうか？　私の推測は下記である。

　形の上では、テアル受動文では動作者を言えない。（これは推測では無い。明らかな事実である。）しかし、私はテアル受動文を言う時には動作者を意識し

ている。動作者が何かをして、その結果について述べていると意識している。いわば、私がテアル受動文を言う時には動作者がテアル受動文の背後にいるのである。私は(4-55)を言う時には担当の技術者のことを考えている。表現は「作ってあります」であるが、私は技術者が作ったことを強く意識している。だから、(4-55)にねじれがあるとは感じない。一方、私はラレテイル受動文を言う時には動作者をあまり意識しない。少なくともテアル受動文の場合ほどは意識しない。私は(4-54)を言う時には技術者が作ったことをあまり意識しない。少なくとも(4-55)を言う時ほどは意識しない。だから(4-54)にねじれがあると感じる。

　以上が私の推測である。大まかに言えば、以下の通り纏めることができると思う。

(4-56)　　テアル受動文：
形：動作者を言えない。
私の意識：動作者を強く意識する。

(4-57)　　ラレテイル受動文：
形：動作者を言える。
私の意識：動作者を強く意識しない。

(4-56)では形と私の意識の間に矛盾がある。(4-57)も同様である。しかし、こう考えると、少なくとも私の日本語では、(4-54)が言えなくて、(4-55)が言える理由が分かったような気がする。

　(4-52)と(4-53)の場合も同様である。

(4-52)　　？約300メートルの並木道にイチョウの木146本が遠近法を活用して植えられている。

(4-53)　　約300メートルの並木道にイチョウの木146本が遠近法を活用して植えてある。

　まず、ねじれについて見よう。私の推測は下記である。

　私は「植えてある」を言う時には造園技師を強く意識する。従って、(4-53)にねじれがあると感じない。「植えられている」と言う時には、造園技師をあまり意識しない。従って、(4-52)にねじれがあると感じる。

　以上がねじれについての私の推測である。

　次に「活用して」についての私の推測を記す。

　私は「植えてある」を言う時には造園技師を強く意識する。従って、造園技

師が遠近法を活用したことを強く意識する。従って、(4−53)に意味の不自然さがあるとは感じない。「植えられている」と言う時には、造園技師をあまり意識しない。従って、木が遠近法を活用したように感じる。従って、(4−52)は意味が不自然である。

　以上は私の推測である。証明することは困難である。少なくとも、私はテアル受動文を言う時に動作者を強く意識することは間違いないと思う。

　誰かが或る表現を用いる時に、どのように感じて、あるいは、何を意識して、用いるかは、大変重要なことである。しかし、実証するのは困難である。例えば、ラレル受動文の使用頻度が上昇して、使用範囲も拡大していることの原因の一つとして、ラレル受動文がおしゃれであると思う人がいるらしいと、2.5.3で述べた。私は、この推測はかなり妥当であると思う。しかし、実証するのは困難である。

### 4.8　第4章、テアル受動文のまとめ

　テアル文は受動文であると言える。(この考えは日本語研究者の間では少数派かもしれないが。)しかし、キーナンや柴谷の考えを用いると、テアル文は動作者を言えないという点で、ラレル受動文よりも代表的な受動文である。即ち、日本語には二つの受動文はある(いや、あったと言うべきか？)。

　この二つの受動文は役割分担をしていた。例えば、テアル受動文では動作者を言えないが、ラレル受動文では言える。テアル受動文は結果の持続を表す。一方、ラレル受動文は迷惑、被害などを表すことがある。

　しかし、私ならテアル受動文を使うところで、ラレテイル受動文(ラレル受動文の一種)を使う人がいる。この用法は既に1880年代の中頃には始まっていた。今(2020年現在で)はこの用法の例は非常に多い。新聞記事、テレビニュース、インターネットニュースなどでテアル受動文の例を見つけることは極めて困難である。

　「られてある」という、「られている」と「てある」を併せた表現を使う人もいる。ラレテイル受動文を頻繁に使う結果、「られている」と「てある」の区別が分からなくなったのかもしれない。「られる」が受動を表すという意識が薄くなったのかもしれない。

　私ならテアル受動文を使うところで、ラレテイル受動文を使うと、締まりの無い文になったり、ラレルのねじれが生じたり、誤解を招く意味になったり、

意味が不自然になったりする。テアル受動文を用いれば、このようなことは起こらないのに。

ラレテイル受動文を使うとラレルのねじれが生じるが、テアル受動文を使えば生じない。これは不思議だ。この原因は、少なくとも、私の感覚では、テアル受動文を使う時には、背景にいる動作者を強く意識するが、ラレテイル受動文を使う時には強く意識しないことかもしれない。

今、テアル受動文が消滅の危機に瀕している。テアル受動文がラレル受動文の侵略を受け、駆逐されているのである。絶滅危惧種になっている。テアル受動文とラレル受動文は役割分担をして、細かい違いを表現していた。今、この細かい違いが消滅の危機に瀕している。

# 第5章　サセル文：使役文（第1部）：
# 作り方と意味

## 5.1　はじめに

　第5章と第6章では使役文と呼ぶ文を扱う。使役文は「させる」の形を持つ動詞を持つ。このような動詞を文法の研究では使役動詞と呼ぶと思う。しかし、サセル動詞と呼ぶ方が便利な場合がある。（実は、「させる」が付いた動詞でも、厳密に言うと、使役の意味を持たないものがある。5.7で見る、(h)他動詞相当のサセル動詞である。これらのサセル動詞は厳密な意味では使役動詞ではない。従って、サセル動詞は厳密な意味の使役動詞を含む。）

　使役文の例は(5-2)、(5-3)、(5-5)である。対応する文も挙げる。(5-1)と(5-4)である。

　　(5-1)　　花子が　　笑った。
　　(5-2)　　太郎が　　花子を　　笑わせた。
　　(5-3)　　太郎が　　花子に　　笑わせる。
　　(5-4)　　花子が　　本を　　読んだ。
　　(5-5)　　太郎が　　花子に　　本を　　読ませた。

　第1章、第2章、第3章で以下のことなどを見た。ラレル受動文の使用頻度が上昇して、使用範囲も拡大している。その結果、私から見て、違和感のある、あるいは、間違いであるラレル受動文が多数ある。ラレル動詞が、受動の意味が無く、単なる飾りのようになっている場合がある。

　使役文でも同様のことが起こっているようだ。使役文の使用頻度が上昇して、使用範囲も拡大しているようだ。その結果であろうか、私から見て、違和感のある、あるいは、間違いである使役文が多数ある。私から見て無駄なサセル動詞もある。

　第5章では、まず、導入として、使役文の作り方と意味を見る。その準備として、様々な、関連事項を述べておく。第6章で、上の段落で挙げたことについて詳しく述べる。

　第5章で述べることは、読者の皆様が学校の国語の授業で習ったこととは

違う場合がある。しかし、これはこれで合理的な考えである。

　使役文について、特に、日本語の使役文について述べる時に、柴谷方良の一連の研究（Shibatani 1976、柴谷 1978 など）が参考になった。

## 5.2　子音動詞、母音動詞、不規則動詞

　ここで述べることはバーナード・ブロック（Bloch 1946）の研究に基づいている。バーナード・ブロックは米国人ではあるが、この点については、日本の学者よりも優れた研究をしたと思う。

　日本語の動詞は子音動詞、母音動詞、不規則動詞の3種類に分けることができる。表5-1に日本語の動詞の活用の一部を載せる。子音動詞の例として「死ぬ」を、母音動詞の例として「見る」と「寝る」を挙げる。不規則動詞は二つある。両方を挙げる。動詞がどのように活用するかを示すには、ローマ字で書くと分かりやすい。漢字と平仮名で書くと分かりにくい。

### 表5-1　子音動詞、母音動詞、不規則動詞

|  | 子音動詞<br>（五段活用） | 母音動詞<br>（上一段活用） | （下一段活用） | 不規則動詞 | |
|---|---|---|---|---|---|
|  | 死ぬ | 見る | 寝る | する | 来る |
| 過去形 | sin-da | mi-ta | ne-ta | s-i-ta | k-i-ta |
| 非過去形 | sin-u | mi-ru | ne-ru | s-u-ru | k-u-ru |
| 命令形 | sin-e | mi-ro | ne-ro | s-i-ro | k-o-i |
|  |  | mi-yo |  | s-e-yo |  |
| 意志形 | sin-oo | mi-yoo | ne-yoo | s-i-yoo | k-o-yoo |
| 連用形 | sin-i | mi | ne | s-i | k-i |
| テ形 | sin-de | mi-te | ne-te | s-i-te | k-i-te |
| 否定形 | sin-ana- | mi-na- | ne-na- | s-i-na- | k-o-na- |

　子音動詞の活用と母音動詞の活用は規則的、または、かなり規則的である。一方、不規則動詞の活用は不規則である。

　語には文法研究者が語根と呼ぶものがある。語根は「死ぬ」の場合は sin-である。「見る」の場合は mi- である。「寝る」の場合は ne- である。「する」の場合は s- であると言える。また、si- と su- と se- であるとも言える。「来る」の場合は k- であると言える。また、ki- と ku- と ko- であるとも言える。

語根は、子音動詞では子音で終わる。母音動詞では母音で終わる。i または e で終わる。不規則動詞では、子音で終わるとも言えるし、母音で終わるとも言える。

非過去形は現在または未来の出来事を表す。子音動詞では -u が付き、母音動詞と不規則動詞では -ru が付く。

私が学校で習った国文法では、子音動詞の活用を五段活用と呼ぶ。母音動詞のうちの i で終わるものの活用を上一段活用と呼び、e で終わるものの活用を下一段活用と呼ぶ。私は子音動詞と母音動詞の分類の方が分かりやすいと思う。私が学校で習った国文法では、「する」の活用を「さ行変格活用」と呼び、「くる」の活用を「か行変格活用」と呼ぶ。正に、変格活用である。

## 5.3 自動詞文と他動詞文

日本語では(実は多分、世界の諸言語の大部分で)動詞は自動詞と他動詞に分けることができる。厳密に言うと、動詞を自動詞と他動詞に分けることには難しい問題がある。詳細は角田(2009: 67–93)をご覧いただきたい。ここでは、話を単純化して、仮に動詞を自動詞と他動詞に分けることとして話を進める。自動詞を持った文は自動詞文であり、他動詞を持った文は他動詞文である。例を挙げる。

自動詞と自動詞文：
（5–6）　花子が　　座った。
　　　　　主語

他動詞と他動詞文：
（5–7）　花子が　　太郎を　　叱った。
　　　　　主語　　　目的語
（5–8）　花子が　　太郎に　　　善子を　　　紹介した。
　　　　　主語　　　間接目的語　直接目的語

大まかに言って、自動詞文には主語がある。他動詞文には主語と目的語がある。動詞によっては、間接目的語と直接目的語の二つの目的語がある文もある。厳密に言うと、主語とは何か、目的語とは何かと述べるには、かなりのページ数が必要であるので、ここではこれ以上述べない。詳細は角田(2009)の第8章をご覧いただきたい。

## 5.4　自動詞と他動詞の対応（その1）

　ここで述べることに関連したことを述べた研究は多数ある。日本語の使役文との関連で特に参考になったのは柴谷方良の研究（Shibatani 1976 など）である。

　日本語の動詞の中には、主に形の観点から見て、自動詞と他動詞が対応を示すものがある。この対応の中には以下の三つのタイプがある。（他にもあるが。）

［1］タイプ1
まず例を表5−2に挙げる。

**表5−2　自動詞と他動詞の対応の例**

| 自動詞 | 働く | 付く | 焼ける | 始まる | 伸びる | 壊れる | 落ちる | 残る |
|---|---|---|---|---|---|---|---|---|
| | hatarak-u | tuk-u | yak-e-ru | hajim-ar-u | nob-i-ru | kowa-re-ru | ot-i-ru | noko-r-u |
| 他動詞 | 働かす | 付ける | 焼く | 始める | 伸ばす | 壊す | 落とす | 残す |
| | hatarak-as-u | tuk-e-ru | yak-u | hajim-e-ru | nob-as-u | kowa-s-u | ot-os-u | noko-s-u |

　タイプ1の対では、自動詞と他動詞は語根を共有している。その後に続く部分が異なる。

　ちなみに、表5−2に挙げた動詞の形で、-u で終わるものは子音動詞であり、-ru で終わるものは母音動詞である。自動詞に子音動詞もあり、母音動詞もある。また、他動詞にも、子音動詞もあり、母音動詞もある。

　自動詞と他動詞の対応を示す例文を挙げる。

　　（5−9）　　餅が焼ける。
　　（5−10）　花子が餅を焼く。
　　（5−11）　記録が伸びる。
　　（5−12）　花子が記録を伸ばす。

［2］タイプ2

　自動詞と他動詞の形が同じである。例は「ひらく」hirak-u、「閉じる」tozi-ru、「増す」mas-u、「保つ」tamot-u、「垂れる」tare-ru などである。子音動詞もあり、母音動詞もある。第3章の3.7.2で例を多数挙げた。以下に例文を挙げる。

　　（5−13）　窓がひらく。
　　（5−14）　花子が窓をひらく。

(5-15)　窓が閉じる。

(5-16)　花子が窓を閉じる。

　動詞「する」には自動詞の用法がある。様々な意味がある。他動詞の用法もある。様々な意味がある。様々な意味のうちの一つの例を挙げる。

(5-17)　自動詞「する」：違いがはっきりする。

(5-18)　他動詞「する」：花子が違いをはっきりする。

私の判断では、(5-18)は完全に自然な文、あるいは、全く問題なく言える文ではない。例えば(5-17)と比べて、文としての自然さがやや低い。しかし、全く言えない文でもない。或る人に聞いてみたら、(5-18)は文として不自然だそうだ。(5-19)のように言えば良いそうだ。即ち、命令文にするか、あるいは、「する」ではなく、「させる」を用いるそうだ。

(5-19)　花子が違いをはっきりさせる。

ただし、下記のような文なら自然な文だそうだ。即ち、命令文にするか、あるいは、「はっきりする」の後に何か他の表現が続くと自然な文になるようだ。

(5-20)　違いをはっきりしろ！

(5-21)　違いをはっきりして欲しい。

(5-22)　違いをはっきりしてください。

(5-23)　違いをはっきりしないと困る。

インターネットなどで探してみた。「違いをはっきりさせる」の例は多数ある。例を挙げる。

(5-24)　？…上下関係をはっきりさせたり…

(5-25)　？権限と責任、はっきりさせる教育行政を

(5-24)は2013年4月27日の朝日新聞で見た。(5-25)は2012年8月9日に、朝日新聞DIGITALで見た記事の見出しである。

　しかし、「違いをはっきりする」の例も見つかった。

(5-26)　フロアーコーティングは本当にいいものですか？　違いをはっきりしておきましょう。

(5-27)　そこまで言うなら蕁麻疹と発疹の違いをはっきりしてやろうじゃないか！

(5-26)は2016年4月18日にwww.aiki-clean.com/difference.pdfで見た。(5-27)は2014年4月18日に「冒険家族」というサイトで見た。共に、「はっきりする」の後に何か他の表現が続いている。上で引用した、或る人の言う通

りである。「違いをはっきりする」という言い方をする人は、私以外にもいる
ようである。少なくとも、後に何か他の表現が続く場合には。

　上記のように、(5-18)は自然さがやや低い。そのため、第3章の3.7.2で
は挙げなかった。


　　［3］タイプ3

　タイプ3では、タイプ1とタイプ2と違い、同じ動詞を使わない。異なる
動詞を使う。一つ目の例は「死ぬ」と「殺す」である。「死ぬ、殺す」は、異
なる動詞ではあるが、意味の点で、タイプ1とタイプ2で見た対応と同じ対
応を示す。

　　(5-28)　　犬が死ぬ。

　　(5-29)　　誰かが犬を殺す。

　二つ目の例は自動詞「なる」と他動詞「する」である。動詞「する」には
様々な意味がある。そのうちの一つである。

　　自動詞：

　　(5-30)　　部屋が明るくなる。

　　(5-31)　　花子が医者になる。

　　他動詞：

　　(5-32)　　章夫が部屋を明るくする。

　　(5-33)　　親が花子を医者にする。


## 5.5　サセル動詞・使役動詞の作り方

　サセル動詞(厳密な意味の使役動詞を含む)を作るには、或る接尾辞を用い
る。この接尾辞の形は、母音に付く時は -sase- であり、子音に付く時は -ase-
である。

　　母音 -sase-

　　子音 -ase-

別の言い方をすると、-sase- は母音動詞に付き、-ase- は子音動詞に付く。例
を挙げる。

　　母音 -sase-

　　「いる」i-　　　「いさせる」i-sase-

　　「見る」mi-　　　「見させる」mi-sase-

「寝る」ne-　　「寝させる」ne-sase-

「得る」e-　　「得させる」e-sase-

子音 -ase-

「書く」kak-　　「書かせる」kak-ase-

「読む」yom-　　「読ませる」yom-ase-

不規則動詞

「する」s-　　「させる」s-ase-

「来る」k-　　「こさせる」k-o-sase-

その結果として生じる動詞は e で終わる。従って、サセル動詞は母音動詞である。非過去形は以下のようになる。表5−1で見たように、母音動詞の非過去形は -ru で終わる。

i-sase-ru、mi-sase-ru、ne-sase-ru、e-sase-ru、kak-ase-ru、yom-ase-ru、

k-o-sase-ru、s-ase-ru

(「させる」s-ase-ru の例は(5−19)にある。)

## 5.6　使役文の構造

使役文は、動詞にサセル動詞を用いる。使役文は、自動詞文からを作る場合と他動詞文から作る場合がある。

まず、自動詞文から使役文を作る場合を見る。(5−34)は自動詞文の文型である。(5−34)を基にして、(5−35)の文型の使役文と(5−36)の文型の使役文を作ることができる。(仮に、サセル動詞を「させる」で表し、元の動詞を「する」で示す。)例文を添える。

(5−34)　X が　　する。

(5−35)　Y が　　X を　　させる。

(5−36)　Y が　　X に　　させる。

(5−37)　花子が　　走る。

(5−38)　太郎が　　花子を　　走らせる。

(5−39)　太郎が　　花子に　　走らせる。

動詞の形の点では、自動詞の語根に -sase- または -ase- が付く。(5−38)と(5−39)では、hasir-ase- である。

文の構成要素の点では、「Y」が加わる。文頭に来る。(5−34)には無い。即ち、(5−35)と(5−36)では文の構成要素が一つ増えている。

　格助詞の点では、「Y」に「が」が付く。(5-34)の「X が」が(5-35)では「X を」になり、(5-36)では「X に」になる。即ち、格助詞が変わる。

　次に、他動詞文から使役文を作る場合を見る。(5-40)は他動詞文の文型である。(5-40)を基にして、(5-41)の文型の使役文を作ることができる。例文を添える。

　　(5-40)　　X が　　Y を　　　する。
　　(5-41)　　Z が　　X に　　Y を　　　させる。
　　(5-42)　　花子が　　本を　　読む。
　　(5-43)　　太郎が　　花子に　　本を　　読ませる。

　動詞の形の点では、他動詞の語根に -sase- または -ase- が付く。(5-43)では、yom-ase- である。

　文の構成要素の点では、「Z」が加わる。文頭に来る。(5-40)には無い。即ち、(5-41)では文の構成要素が一つ増えている。

　格助詞の点では、「Z」に格助詞「が」が付く。(5-40)の「X が」が(5-41)では「X に」になる。この点では格助詞が変わる。「Y を」はそのままである。この点では格助詞に変化は無い。

　使役文の大きな特徴は、元の文と比べて、文の構成要素が一つ増えることである。

　サセル動詞は他動詞の一種であると言って良い。格助詞を見よう。(5-35)（Y が　X を　させる）の文型は(5-7)（花子が　太郎を　叱った）の他動詞文と同じく「が＋を」を持っている。一方、(5-36)（Y が　Y に　させる）は「が＋に」を持っている。これも他動詞文と呼んで良いであろう。自動詞文と呼ぶのは困難である。(5-41)（Z が　X に　Y をさせる）は(5-8)（花子が太郎に　善子を　紹介した）の文型の他動詞文と同じく「が＋に＋を」を持っている。纏めると、サセル動詞は他動詞の一種であると言って良い。

## 5.7　使役文あるいはサセル動詞の意味と用法の分類

　第 1 章で、受動文の使用範囲が上昇していること、使用範囲が拡大していること、その結果、私から見て、違和感のある、あるいは、間違いである受動文が多数あること、ラレルがただの飾りになっている例があることなどを見た。使役文でも同様のことが起こっているようだ。例えば、私から見て無駄なサセル動詞とでも呼べるものがある。

　使役文あるいはサセル動詞の意味と用法には様々なものがある。柴谷(1978: 310)は以下の二つに分類した。

　(a)　誘発使役。

　(b)　許容使役。

誘発使役は「ある事象が使役者の誘発がなければ起こらなかったが、使役者の誘発があったので起こった」ことを表す。許容使役は「ある事象が起こる状態にあって、許容者(使役者と形態的に同じ)はこれを妨げることができた。しかし、許容者の妨げが控えられ、その結果その事象が起こった」ことを表す。柴谷によると、誘発使役と許容使役の違いが、被使役者の表現の格助詞に反映することがある。

　(5-44)　　太郎は次郎を走らせた。　　　　　　　(柴谷 1978: 310)

　(5-45)　　太郎は次郎に走らせた。　　　　　　　(柴谷 1978: 310)

　(5-46)　　太郎は次郎を失神させた。　　　　　　(柴谷 1978: 310)

　(5-47)　＊太郎は次郎に失神させた。　　　　　　(柴谷 1978: 310)

柴谷によると、(5-44)(「次郎を」)と(5-45)(「次郎に」)は、それぞれ、誘発使役にも許容使役にも使える。(5-46)(「次郎を」)は誘発使役には使えるが、許容使役には使えない。(5-47)(「次郎に」)はどちらにも使えない。柴谷が挙げた誘発使役の例を追加する。

　(5-48)　　太郎は次郎をびっくりさせた。　　　　(柴谷 1978: 312)

柴谷が挙げた許容使役の例を追加する。

　(5-49)　　わたしもお供させてください。　　　　(柴谷 1978: 311)

私が見つけた許容使役の例を挙げる。

　(5-50)　　水質の悪化や共食いなど、養殖経験が浅いことなどによる不手際から多くを死なせてしまった…

(5-50)は2020年10月20日の琉球新報の記事(Yahoo! JAPAN に転載)で見た。あるエビ養殖場についての報道である。

　高橋(2003: 141-144)は日本語の使役文を以下の三つに分類した。

　(c)　本来の使役。

　(d)　放任・許可の使役。

　(e)　他動詞相当の使役。

高橋によると、本来の使役は「動作を指示して、動作者に意図的な動作をおこなわせることをあらわす」。柴谷の誘発使役に似ている。放任・許可の使役は

「主語のしめすひとが、動作者に対して積極的にはたらきかけるのではなく、動作者の動作にストップをかけないというかたちで消極的にかかわることをあらわす用法である」。柴谷の許容使役と同じであると言って良いであろう。高橋の分類は、「(e)他動詞相当の使役」を設定している点で、柴谷の分類と異なる。

　私の観察では日本語の使役文あるいはサセル動詞は以下の通り分類できると思う。

　　(f)　誘発使役(または本来の使役)。

　　(g)　許容使役(または放任・許可の使役)。

　　(h)　他動詞相当のサセル動詞。

私が提案する分類は、大まかに言って、高橋の分類と同じである。(f)と(g)については追加することは無い。私の観察では、(h)は以下の五つに分類できる。

　　(h-1)「対応する他動詞をもたない自動詞を他動詞化する用法」

(高橋 2003: 142)

　　(h-2)　他動詞がある場合に、自動詞のサセル形を他動詞として用いる用法。

　　(h-3)　他動詞がある場合に、他動詞のサセル形を他動詞として用いる用法。

　　(h-4)「させる」を他動詞の印として用いる用法。

　　(h-5)　無駄なサセル動詞。

　(h-1)を見よう。5.4 で自動詞と他動詞が対応する場合の例を見た。しかし、対応する他動詞を持たない自動詞もある。この自動詞を使役動詞の形にして用いる場合が(h-1)である。(h-1)の相応しい例を見つけるのは困難であったが、見つけた。1番目の例は(5-54)である。

　　(5-51)　　アイデアが膨らんだ。

　　(5-52)　　風船を膨らました。

　　(5-53)　　?アイデアを膨らました。

　　(5-54)　　…アイデアを膨らませた…

(5-54)は 2013 年 10 月 30 日のデイリースポーツで見た。「膨らむ hukuram-u」は自動詞である。(5-51)参照。「膨らます hukuram-as-u」という他動詞がある。(hukuram-as-u の -as- は表 5-2 の他動詞「働かす hatarak-as-u」の -as-と同じである。)過去形は「膨らました hukuram-as-i-ta」である。(5-52)参照。私の日本語では「風船を膨らます」は言えるが、「アイデアを膨らます」は言えない。(5-52)と(5-53)参照。サセル形の「膨らませる hukuram-ase-ru」なら使える。過去形は「膨らませた hukuram-ase-ta」である。(5－54)参照。(5－54)の「膨らませる hukuram-ase-ru」は(h-1)の例である。

2番目の例は(5－58)である。

    (5－55)    桜の花が咲く。

    (5－56)    桜が花を咲かす。

    (5－57)    ？花咲か爺さんが桜の花を咲かす。

    (5－58)    花咲か爺さんが桜の花を咲かせる。

「咲く sak-u」は自動詞である。「咲かす sak-as-u」という他動詞がある。しかし、私の日本語では(5－56)は言えるが、(5－57)は言えない。「咲かす」は(5－57)では使えない。(5－57)で使える他動詞は無い。サセル形「咲かせる sak-ase-ru」なら使える。(5－58)の「咲かせる sak-ase-ru」は(h-1)の例である。

(h-2)の例を挙げる。

    (5－59)    目が輝く。

    (5－60)    高山は目を輝かした。

    (5－61)    …高山は…目を輝かせた。

(5－61)は2016年4月12日のスポーツ報知の記事(Yahoo! JAPAN に転載)で見た。阪神タイガースの高山俊選手について述べている。「輝く kagayak-u」は自動詞である。「輝かす kagayak-as-u」という他動詞がある。(5－60)は言える。更に、(5－61)のようにサセル形の「輝かせる kagayak-ase-ru」も言える。他動詞があるが、自動詞のサセル形も他動詞として使っていると言える。従って、(5－61)の「輝かせる kagayak-ase-ru」は(h-2)の例であると言える。

(h-3)の例を挙げる。

    (5－62)    絵が完成した。

    (6－63)    田中さんが絵を完成した。

    (5－64)    ？田中さんが絵を完成させた。

私の日本語では(5－62)(自動詞「完成する」)と(5－63)(他動詞「完成する」)を言う。(5－64)は言わない。しかし、(5－63)は言わないで、(5－64)(「完成させる」)を言う人達がいる。少なくとも私の日本語では他動詞があるのに、この人達は他動詞のサセル形を他動詞として用いている。私はこれも他動詞相当のサセル動詞と呼ぶ。いくつか種類がある。第6章で見る。表6－5に列挙する。

(h-4)は6.4.4.5で見る。(h-5)は6.4.4.6で見る。

(h-1)「対応する他動詞をもたない自動詞を他動詞化する用法」に関連して、

以下のことを述べておく。実は、ラレル動詞で、いわば逆の現象がある。それは 3.7.2 で述べた、自動詞が無い場合、ラレル動詞がその代わりをするということである。私の日本語では、例えば、「保つ」は自動詞としても使えるし、他動詞としても使える。

　　私の日本語：

　（3-179）　他動詞：　高い温度を保つ。

　（3-180）　自動詞：　高い温度が保つ。

しかし、或る学生の日本語では、「保つ」は他動詞としては使えるが、自動詞としては使えない。「高い温度が保つ」とは言わないで、「高い温度が保たれる」と言う。即ち、ラレル動詞の「保たれる」が自動詞の代わりをしている。下記の通りである。星印は、言えないことを表す。

　　或る学生の日本語：

　（3-181）　他動詞：　　高い温度を保つ。

　（3-182）＊自動詞：　＊高い温度が保つ。

　（3-183）　ラレル動詞が自動詞の代わり：　高い温度が保たれる。

　このように、他動詞をラレル形にして自動詞の代わりに使う場合がある。一方、(h-1)でみたように、自動詞をサセル形にして他動詞の代わりに使う場合がある。即ち、他動詞に何かをつけて自動詞の代わりに使う場合があり、一方、自動詞に何かをつけて他動詞の代わりに使う場合がある。いわば逆の方向の現象である。


## 5.8 「漢語＋する」

　サセル動詞の一種に「漢語＋させる」がある。第6章で詳しく見る。その前に、まず「漢語＋する」の用法を見ておく。

　以下では、使役文の例文などに、疑問符（？）または星印（＊）を付けることがある。これらの記号について説明しておく。

　第1章、第2章、第3章、第4章で、新聞、テレビなどで見つけた受動文の例で、私から見て違和感を覚える、あるいは、間違いであるものに、疑問符（？）を付けた。使役文の場合も、同様に疑問符を付ける。

　一方、文によっては、私から見てだけでなく、誰から見ても間違いである、言えない文であろうと思われる文もある。このような文には星印を付ける。間違いである、言えない文に星印を付けることは、言語学で普通の習慣である。

　自動詞として使えるか、他動詞として使えるかの観点から見ると、「漢語＋する」は以下のように分類できる。
　　［1］「漢語＋する」：自動詞と他動詞の両方
　　［2］「漢語＋する」：他動詞だけ
　　［3］「漢語＋する」：自動詞だけ（その1）
　　［4］「漢語＋する」：自動詞だけ（その2）
以下で例を見る。

　　［1］「漢語＋する」：自動詞と他動詞の両方
　「漢語＋する」の中には自動詞と他動詞の両方に使えるものがある。「完成する」、「実現する」などである。例文を挙げる。自動詞か他動詞か、分かりやすいように、用いる格助詞も示す。
　　自動詞：「が」：
　（5-65）　論文が　　　完成する。
　（5-66）　夢が　　　　実現する。
　　他動詞：「が＋を」：
　（5-67）　田中先生が　　論文を　　完成する。
　（5-68）　鈴木君が　　　夢を　　　実現する。

　　［2］「漢語＋する」：他動詞だけ
　自動詞として使えないで、他動詞としてだけ使える「漢語＋する」もある。例は「確保する」、「獲得する」などである。
　　自動詞：「が」：
　（5-69）　＊財源が　　　確保する
　（5-70）　＊新人賞が　　獲得する。
　　他動詞：「が＋を」：
　（5-71）　　財務省が　財源を　　　確保する。
　（5-72）　　花子が　　新人賞を　　獲得する。

　　［3］「漢語＋する」：自動詞だけ（その1）
　自動詞として使えるが、他動詞としては使えない「漢語＋する」もある。「独立する」、「上昇する」などである。

自動詞：「が」：

(5-73)　　子どもが　　独立する。

(5-74)　　温度が　　　上昇する。

他動詞：「が＋を」：

(5-75)　＊親が　　　子どもを　　独立する。

(5-76)　＊実験で　　研究者が　　温度を　　上昇する。

[4]「漢語＋する」：自動詞だけ(その 2)

　自動詞として使えるが、他動詞としては使えない。格助詞の用法には「が」と「が＋に」の二つがある。例は「成功する」、「失敗する」などである。

自動詞：「が」：

(5-77)　　事業が　　成功する。

(5-78)　　事業が　　失敗する。

自動詞：「が＋に」：

(5-79)　　花子が　　事業に　　成功する。

(5-80)　　花子が　　事業に　　失敗する。

他動詞：「が＋を」：

(5-81)　＊花子が　　事業を　　成功する。

(5-82)　＊花子が　　事業を　　失敗する。

　(5-79)と(5-80)(が＋に)を他動詞文と呼べないことはないが、自動詞文とする方が妥当であろう。

　厳密に言うと、上記の「漢語＋する」の分類には個人差があるかもしれない。以下では、私の判断による分類を用いて話を進める。

## 5.9　自動詞と他動詞の対応(その 2)

　5.4 で、以下のように述べた。「日本語の動詞の中には、主に形の観点から見て、自動詞と他動詞が対応を示すものがある。」これは主に、自動詞と他動詞が共有する語根の観点からみた分類である。日本語に限らず、多くの言語で(もしかしたら、世界の全ての言語で)、自動詞と他動詞の対応は、もう一つの観点から分類できる。この観点からは、自動詞と他動詞の対応は(少なくとも)以下の二つに分類できる。(詳細は角田(2009: 108–110)をご覧いただきたい。)

(5-83)　　自動詞主語　＝　他動詞目的語

　(5-84)　　自動詞主語　＝　　他動詞主語

　(5-83)では、自動詞文の主語が他動詞文の目的語に対応する。(5-84)では、自動詞文の主語が他動詞文の主語に対応する。この二つの型の対応は和語の動詞にもあり、「漢語＋する」にもある。例を挙げる。


　[1] 和語の例

　[1-1] (5-83)自動詞主語　＝　　他動詞目的語

　この型の対応関係を示す和語の動詞は多数ある。実は、5.4で挙げた例は全てそうである。例を再度挙げる。

　　(5-9)　　餅が　　　　　焼ける。
　　　　　　　自動詞主語

　　(5-10)　　花子が　　　　餅を　　　　　　焼く。
　　　　　　　他動詞主語　　他動詞目的語

　　(5-11)　　記録が　　　　伸びる。
　　　　　　　自動詞主語

　　(5-12)　　花子が　　　　記録を　　　　　伸ばす。
　　　　　　　他動詞主語　　他動詞目的語


　[1-2] (5-84)自動詞主語　＝　　他動詞主語

　この型の対応も、和語の動詞の例はある。しかし、[1-1]の型の対応ほどは多くないようだ。例の一つは「楽しむ」である。プロ野球の中継番組で、アナウンサーが以下のように言うのを聞くことがある。

　　(5-85)　　野球中継を　　お楽しみください。

　　(5-86)　　野球中継で　　お楽しみください。

(5-85)には格助詞「を」がある。「野球中継を」が目的語である。「楽しむ」を他動詞として使っている。((5-7)(「が＋を」)参照。) (5-86)では格助詞は「を」でなく、「で」である。目的語が無い。「楽しむ」を自動詞として使っていると言って良いであろう。「楽しく過ごす」というような意味であろう。即ち、(5-85)と(5-86)は(5-84)の型の対応の例と見て良いであろう。以下のように表せる。

　　(5-87)　　花子が　　　　野球中継で　　楽しむ。
　　　　　　　自動詞主語

(5-88)　花子が　　　　野球中継を　　楽しむ。
　　　　　他動詞主語


[2] 漢語の例

[2-1] (5-83)自動詞主語　=　他動詞目的語

　5.8で、自動詞として使えるか、他動詞として使えるかの観点から見て「漢語＋する」を分類した。実は、この分類は(5-83)の観点から見た分類である。(5-83)の型の対応を示す「漢語＋する」は多数ある。下記の例を再掲する。

　　自動詞：「が」：

(5-65)　論文が　　　完成する。
　　　　　自動詞主語

(5-66)　夢が　　　　実現する。
　　　　　自動詞主語

　　他動詞：「が＋を」：

(5-67)　田中先生が　　論文を　　　完成する。
　　　　　他動詞主語　　目的語

(5-68)　鈴木君が　　　夢を　　　　実現する。
　　　　　他動詞主語　　目的語


[2-2] (5-84)自動詞主語　=　他動詞主語

　この型の対応も「漢語＋する」の例はある。しかし、[2-1]の型の対応ほどは多くないようだ。例の一つは「心配する」である。

(5-89)　花子が　　　結果について　　心配する。
　　　　　自動詞主語

(5-90)　花子が　　　結果を　　心配する。
　　　　　他動詞主語　目的語


　日本語の文法の研究では、一般に、自動詞と他動詞が対応すると言う場合、(5-83)(自動詞主語　=　他動詞目的語)の型の対応だけを考えている。しかし、上で見たように、(5-84)(自動詞主語　=　他動詞主語)の型の対応の例もある。和語の動詞にもあり、「漢語＋する」にもある。従って、自動詞と他動詞の対応を研究する場合には、(5-84)の型の対応も見なくてはいけない。

## 5.10　第 5 章、サセル文：使役文（第 1 部）のまとめ

　第 5 章では、第 6 章で述べる事柄の導入となる事について述べた。以下の事柄である。

　　5.2　子音動詞、母音動詞、不規則動詞

　　5.3　自動詞文と他動詞文

　　5.4　自動詞と他動詞の対応（その 1）

　　5.5　サセル動詞・使役動詞の作り方

　　5.6　使役文の構造

　　5.7　使役文あるいはサセル動詞の意味と用法の分類

　　5.8　「漢語＋する」

　　5.9　自動詞と他動詞の対応（その 2）

特に 5.7 では新しい分類を提案した。

　第 6 章では、使役文に起こっている変化を見る。

# 第 6 章　サセル文：使役文(第 2 部)：変化

## 6.1　はじめに

　5.1 で述べたように、サセル使役文の使用頻度が上昇して、使用範囲も拡大しているようだ。その結果であろうか、サセル使役文に変化が起こっている。私から見て、違和感のある、あるいは、間違いであるサセル使役文の例が多数ある。無駄なサセル動詞と呼べるものがある。サセル動詞の乱用であると言って良いくらいだ。第 6 章では、これらのことについて述べる。第 5 章では、第 6 章の準備として、サセル使役文の作り方と意味を見た。第 6 章でも、準備的なことも述べる場合がある。

## 6.2　「漢語＋する、漢語＋させる」と「英語＋する、英語＋させる」
### 6.2.1　はじめに

　私が集めたサセル使役文の例の大多数は「漢語＋させる」の形のサセル動詞の例である。(これはたまたまの結果かもしれないが。)「漢語＋させる」とは「完成させる」、「実現させる」などである。和語のサセル動詞の例は少ない。和語のサセル動詞とは「笑わせる」、「読ませる」などである。英語からの外来語に「させる」が付いたものもあった。「スタートさせる」や「アップさせる」などである。

　「漢語＋させる」の用法にも、5.1 で述べた変化が今、起こっているようだ。使用頻度の上昇と使用範囲の拡大である。その結果であろうか、私から見て、違和感のある「漢語＋させる」の用法もある。無駄な「させる」と呼べるものがある。サセル動詞の乱用であると言って良いくらいだ。

　このように、私ならサセル動詞を使わないところでサセル動詞を使っている例が多数ある。例を挙げる。

　　　(6-1)　　？(名前)さんが絵を完成させました。
　　　(6-2)　　(名前)さんが絵を完成しました

(6-1)は 1990 年代の後半か 2000 年頃に、NHK テレビの番組で聞いた文に基づいている。イギリスの海岸沿いの町に住んでいる、或る女性が何かを完成

した。絵だったかもしれない。アナウンサーが(6-1)のような文を言った。
「完成させる」を使っている。私は違和感を覚えた。私なら「完成する」を使
う。(6-2)である。

　他にも例は多数ある。5.8で述べた、「漢語＋する」の分類に従って例を挙
げる。「英語＋させる」も、「漢語＋させる」程ではないが、例がある。この例
も挙げる。

　ラレル受動文には、私から見て間違いと思う例が多数ある。一方、サセル使
役文では、私から見て間違いと思う例はラレル受動文の場合ほどは多くない。
なぜこの違いがあるか、今の段階では、分からない。

　私から見て、違和感のあるサセル使役文に疑問符をつける。このような文に
違和感を覚える人がいるという記録を残すためである。今、サセル動詞、特
に、「漢語＋させる」の使用範囲が拡大しているので。

## 6.2.2　自動詞と他動詞の両方の「漢語＋する」とそれの「漢語＋させる」

### 6.2.2.1　はじめに

　これらの例の中には5.9で見た、以下の二つの対応の型の例がある。

　　(5-83)　自動詞主語　＝　他動詞目的語
　　(5-84)　自動詞主語　＝　他動詞主語

(5-83)の対応を示すものは非常に多い。6.2.2.2で見る。(5-84)の対応を示
すものは少ない。6.2.2.3で見る。

### 6.2.2.2　「自動詞主語　＝　他動詞目的語」の対応の例

　(5-83)(自動詞主語　＝　他動詞目的語)の対応を示す「漢語＋させる」の
例は実に多数ある。

　このグループの「漢語＋させる」の例については、私は全てに違和感を覚え
る。このことを記録として残したいので、なるべく多くの例を挙げる。

　しかし、例が余りにも多いので、収集した例の全てを挙げることはできな
い。また、例の数が多いので、先を急ぐ読者は、6.2.2.2は流し読みして下さ
れば十分である。

　以下では、このグループの「漢語＋する」と「漢語＋させる」の例を挙げる。

例 1. 「完成する」と「完成させる」

「漢語＋する」の自動詞の例は(6–3)、「漢語＋する」の他動詞の例は(6–4)、「漢語＋させる」の例は(6–5)である。(以下の例文も同様である。)

(6–3)　　　新著が　　　　完成しました。
　　　　　　自動詞主語

(6–4)　　　田中先生が　　新著を　　　　　完成しました。
　　　　　　他動詞主語　　他動詞目的語

(6–5)　　　?田中先生が　　新著を　　　　　完成させました。
　　　　　　他動詞主語　　他動詞目的語

例 2.「実現する」と「実現させる」

(6–6)　　　都構想が実現する。

(6–7)　　　国会が都構想を実現する。

(6–8)　　　?国会が都構想を実現させて…

(6–8)は 2012 年 5 月 26 日に朝日新聞で見た。(6–6)と(6–7)は私が作った文である。出典が書いてない文は私が作ったものである。

例 3.「確定する」と「確定させる」

(6–9)　　　卓球の女子団体準決勝で日本はシンガポールに勝って決勝に進出し、銀メダル以上が確定した。

(6–10)　　日本チームは銀メダル以上を確定した。

(6–11)　　?第 2 シードの日本は、…シンガポールを 3–0 で破って決勝進出を決め、銀メダル以上を確定させた。

(6–9)は 2012 年 8 月 6 日のスポニチアネックス(インターネット版)で、(6–11)は同日の日刊スポーツ(インターネット版)で見た。ロンドン五輪の卓球女子団体の日本チームについて述べている。

例 4.「完治する」と「完治させる」

(6–12)　　右肘が完治する。

(6–13)　　福原愛が右肘を完治する。

(6–14)　　?福原愛(23)＝ANA＝は昨夏に痛めた右肘を完治させるため、年内は休養に充てる。

(6–14)は 2012 年 8 月 9 日にスポーツ報知(インターネット版)で見た。上記の日本チームの一人、福原愛選手が休養をとるというニュースである。

例5. 「復旧する」と「復旧させる」

 （6-15）  電車の運行が復旧した。

 （6-16）  私たちはその電源を復旧する。

 （6-17）  ？間違って消したファイルを復旧させたい…

（6-16）は2016年4月12日にweblioというサイトで、（6-17）は2016年4月12日に電網通信あみあみというサイトで見た。

例6. 「再開する」と「再開させる」

 （6-18）  交渉が再開する。

 （6-19）  交渉を再開する。

 （6-20）  ？アメリカとの交渉を再開させる。

（6-20）は2012年5月22日に、テレビ朝日の「報道ステーション」という番組で聞いた。北朝鮮について述べている。

例7. 「拡大する」と「拡大させる」

 （6-21）  輸入が拡大した。

 （6-22）  オーストラリアが輸入を拡大した。

 （6-23）  ？オーストラリアが輸入を拡大させたので…

（6-23）は2012年5月30日に、NHKテレビのニュースで聞いた。

例8. 「本格化する」と「本格化させる」

 （6-24）  芸能活動が本格化した。

 （6-25）  三根梓が芸能活動を本格化した。

 （6-26）  ？…芸能活動を本格化させた。

（6-26）は2012年5月26日の朝日新聞で見た、三根梓という女優についての記事にあった。

例9. 「加速する」と「加速させる」

 （6-27）  海外シフトが加速している。

 （6-28）  JTが海外シフトを加速している。

 （6-29）  ？…海外シフトを加速させる…

（6-29）は2013年10月30日の朝日新聞で見た、JTという会社についての記事にあった。

例10. 「集積する」と「集積させる」

 （6-30）  多様な価値が集積する日本…

 （6-31）  情報を集積する。

（6-32）　？…SA 周辺に集客施設を集積させすぎると、…

（6-30）は国土交通省のサイトで、（6-31）は weblio というサイトで、ともに、2016 年 4 月 12 日に見た。（6-32）は 2014 年 7 月 29 日の朝日新聞で見た。

　　例 11．「持続する」と「持続させる」

　　（6-33）　　やる気が持続する。

　　（6-34）　　やる気を持続する。

　　（6-35）　　？…やる気を持続させる…

（6-35）は 2013 年 11 月 16 日に、朝日新聞 DIGITAL で見た。

　　例 12．「逆転する」と「逆転させる」

　　（6-36）　　形勢が逆転する。

　　（6-37）　　形勢を逆転する。

　　（6-38）　　？一気に形勢を逆転させます。

（6-38）は 2012 年 5 月 22 日に、テレビ朝日の「報道ステーション」という番組で聞いた。

　　例 13．「交代する」と「交代させる」

　　（6-39）　　閣僚が交代する。

　　（6-40）　　トルコ首相、10 閣僚を交代

　　（6-41）　　？トルコのエルドアン首相は…計 11 閣僚を交代させる…

（6-40）と（6-41）は 2013 年 12 月 16 日の日本経済新聞（インターネット版）で見た。（6-40）は記事の見出しである。格助詞「を」があるので、「交代する」を他動詞として使った例として見て良いだろう。（6-41）はその記事の中にあった。即ち、同じ記者が他動詞「交代する」と「交代させる」の両方を使っているようである。

　　例 14．「混入する」と「混入させる」

　　（6-42）　　殺虫剤が混入する。

　　（6-43）　　犯人が殺虫剤を混入する。

　　（6-44）　　？…庭師のヒ素入りの殺虫剤をしめ子さんの吸入器に混入させた。

（6-44）は 201 年 3 月 25 日（日）に、テレビ朝日の「アガサクリスティー作ミステリー SP 第 2 夜、大女優殺人事件〜鏡は横にひび割れて〜男女 7 人真犯人は誰か！？ウェディングドレスが死を招く・・・天才刑事 vs. 殺人トリックの

女！！」というドラマで見た。刑事が(6-44)を言った。

　例 15.　「交配する」と「交配させる」

　　(6-45)　　動植物が自然に交配する。

　　(6-46)　　動植物を交配する。

　　(6-47)　　？…地元の牛と交配させたもの…

(6-45)と(6-46)は 2016 年 4 月 13 日に weblio というサイトで見た。(6-47)は 2012 年 5 月 30 日に、NHK テレビで聞いた。オーストラリア産の和牛について述べている。

　例 16.　「噴出する」と「噴出させる」

　　(6-48)　　溶岩流が噴出している。

　　(6-49)　　火山が溶岩流を噴出している。

　　(6-50)　　？…キラウエア火山は…溶岩流を噴出させている。

(6-50)は 2014 年 10 月 30 日の毎日新聞のインターネット版で見た。

　例 17.　「乾燥する」と「乾燥させる」

　　(6-51)　　落花生が乾燥する。

　　(2-67)　　落花生を乾燥して、…

　　(2-66)　　？落花生を乾燥させて、…

(2-66)は 2013 年 10 月 3 日に NHK のニュース番組で聞いた。

　例 18.　「的中する」と「的中させる」

　「的中する」は、私の日本語では自動詞としてだけ使う。他動詞としては使わない。また、「的中させる」も使わない。しかし、私がインターネットや新聞などで集めた例の中に、「的中する」を自動詞として用いた例、「的中する」を他動詞として用いた例、「的中させる」の例の全てがあった。私の日本語とインターネットや新聞などで見た日本語の違いを表 6-1 に示す。

表 6-1　「的中する」と「的中させる」

|  | 私の日本語 | インターネットや新聞などで見た日本語 |
|---|---|---|
| 「的中する」自動詞 | ＋ | ＋ |
| 「的中する」他動詞 | － | ＋ |
| 「的中させる」 | － | ＋ |

以下では、インターネットや新聞などで見た日本語の場合について述べる。

　　　（6－52）　　予想が的中した。

　　　（6－53）　　？548 倍の万馬券を的中

　　　（6－54）　　？AKB48 の小嶋陽菜（27）が…競馬で 3 連単を的中させた…

自動詞「的中する」の例は（6－52）である。この文は私が作った。他動詞「的中する」の例は（6－53）で、「的中させる」の例は（6－54）である。（6－53）と（6－54）は 2016 年 4 月 9 日のサンケイスポーツの記事（Yahoo! JAPAN に転載）で見た。AKB48 という女性グループのメンバーの小嶋陽菜という人が競馬で儲けたというニュースである。（6－53）は記事の見出しの中にあった。格助詞「を」があるので、「的中する」を他動詞として使った例と見て良い。（6－54）はその記事の中にあった。即ち、同じ記者が他動詞「的中する」と「的中させる」の両方を使っているようである。

　「的中させる」を使った例は他にもある。

　　　（6－55）　　？昨年、国内では震度 5 以上の地震が 8 回発生した。村井氏は
　　　　　　　　　　このすべてをメルマガや週刊ポスト記事で事前に予測、的中
　　　　　　　　　　させた。

（6－55）は 2015 年 2 月 16 日の NEWS ポストセブンの記事（Yahoo! JAPAN に転載）で見た。東京大学名誉教授の村井俊治という人の地震の予測が繰り返し的中したというニュースである。

　「英語＋する」の例もある。「スタートさせる」、「オープンさせる」、「アップさせる」など、いくつか見た。「スタート」を含む例を挙げる。

　例 19.　「スタートする」と「スタートさせる」

　　　（6－56）　　大学生活がスタートした。

　　　（6－57）　　花子が大学生活をスタートした。

　　　（6－58）　　？…およそ 3100 人が大学生活をスタートさせました。

（6－58）は 2016 年 4 月 12 日の TBSNews の記事（nifty ニュースに転載）で見た。東京大学の入学式について述べている。

　ちなみに、私なら自動詞「始まる」と他動詞「始める」を使う。文が引き締まる。

　　　（6－59）　　大学生活が始まった。

　　　（6－60）　　花子が大学生活を始めた。

　　　（6－61）　　…およそ 3100 人が大学生活を始めた。

表5-2で、自動詞と他動詞が対応する形がある場合の例を見た。自動詞「始まる hajim-ar-u」と他動詞「始める hajim-e-ru」は、その対応の型の一つの例である。

　以上、6.2.2.2では、「漢語＋する」で、自動詞としても、他動詞としても使えるもののうちの「自動詞主語　＝　他動詞目的語」の対応を示すものと、その「漢語＋させる」を見た。(「英語＋する」と「英語＋させる」の例も見た。)
　上述のように、このグループの「漢語＋させる」は非常に多い。しかし、私は全ての例について違和感を覚える。このことは「漢字＋させる」の使用範囲が広がっていることを示しているのであろう。
　このグループでは、少なくとも私の日本語では、「漢語＋する」を自動詞としても用いるし、他動詞としても用いる。即ち、自動詞と他動詞で形の区別が無い。上で見たように、「漢語＋させる」を用いる人がいる。(私は用いないが。)この人達の日本語では、「漢語＋させる」を他動詞として用いていると言える。自動詞「漢語＋する」と他動詞「漢語＋させる」の形の区別をしていると言える。その点では便利である。
　5.7で、高橋(2003)による、使役動詞の意味と用法の分類を見た。その一つは「他動詞相当の使役動詞」である。ここで見た「漢語＋させる」は他動詞相当の使役動詞と見て良いだろう。
　上述のように、「漢語＋させる」を他動詞として用いると、自動詞と他動詞の形を区別できるので、便利である。しかし、この結果、不便なことも起こっている。このことは6.3で見る。

### 6.2.2.3　「自動詞主語　＝　他動詞主語」の対応の例

　6.2.2.2では、(5-83)の対応(自動詞主語　＝　他動詞目的語)の「漢語＋させる」の例を見た。「漢語＋させる」を他動詞として用いている。例が非常に多い。6.2.2.3では(5-84)の対応(自動詞主語　＝　他動詞主語)の「漢語＋させる」の例を見る。
　(5-84)の対応の「漢語＋させる」は、(5-83)の対応の「漢語＋させる」と、二つの点で異なる。
　違い1：例が少ない。
　違い2：「漢語＋させる」を使役動詞として用いている。他動詞相当ではない。

上述のように例が少ない。一つ例を挙げる。他にもあるかもしれないが。

　例 1.　「心配する」と「心配させる」

　5.9 で挙げた (5−89) と (5−90) で見たように、「心配する」は (5−84)（自動詞主語　＝　他動詞主語）の型の対応を示す。

　　　(5−89)　花子が　　　　結果について　　　心配する。

　　　　　　　自動詞主語

　　　(5−90)　花子が　　　　結果を　　　心配する。

　　　　　　　他動詞主語　目的語

「心配させる」の例を見つけた。(6−64) である。

　　　(6−62)　客席が指原莉乃について心配する。

　　　(6−63)　客席が指原莉乃の安否を心配する。

　　　(6−64)　指原莉乃が客席を心配させた…

(6−64) は 2012 年 6 月 21 日のスポニチ Sponichi Annex で見た。HKT という女性アイドルグループの指原莉乃という人が、公演途中で過呼吸になり、お客さんを心配させたというニュースである。もとの文には無かったが、私が「指原莉乃が」を補った。(6−64) では「心配させる」を使役の意味で使っている。他動詞相当ではない。即ち、「漢語＋させる」を、他動詞相当ではなく、使役の意味で使っている。

　6.2.2.2 では、(5−83)（自動詞主語　＝　他動詞目的語）の型の対応の例を見た。この対応は例が非常に多い。「漢語＋させる」を他動詞として用いている。一方、(6−62) と (6−63) は (5−84)（自動詞主語　＝　他動詞主語）の型の対応の例である。この型の対応は例が少ない。「漢語＋させる」を使役の意味で使っている。他動詞相当ではない。(5−83) の対応と (5−84) の対応を区別すると、この違いが見えてくる。この区別は重要である。5.9 で述べたように、日本語の文法の研究では、一般に、自動詞と他動詞が対応すると言う場合、(5−83) の型の対応だけを考えている。しかし、(5−84) の型の対応も見なくてはいけない。

## 6.2.3　他動詞だけの「漢語＋する」とそれの「漢語＋させる」

　6.2.2 では、自動詞と他動詞の両方の「漢語＋する」とそれの「漢語＋させる」を見た。以下では、自動詞用法が無くて、他動詞用法だけがある「漢語＋する」とそれの「漢語＋させる」を見る。「漢語＋する」に他動詞用法がある

のだから、「させる」を付けるのは、いわば、無駄である。無駄な「させる」ではあるが、例は意外に多い。5.7 で、使役文あるいはサセル動詞の意味と用法の分類を見た。私は(h-5)「無駄なサセル動詞」という種類を立てることを提案した。ここで挙げる「漢語＋させる」の例もその種類の例である。私はこの種の「漢語＋させる」には全て違和感を覚える。例を挙げる。以下の例では「漢語＋する」には自動詞用法が無い。「＊」で示す。

例 1.　「再建する」と「再建させる」

（6-65）　＊チームが再建する。

（6-66）　　チームを再建する。

（6-67）　？…チームを再建させよう…

（6-67）は 2017 年 5 月 5 日の西日本スポーツの記事（Yahoo! JAPAN に転載）で見た。

例 2.　「復刻する」と「復刻させる」

（6-68）　＊往年の名著が復刻する。

（6-69）　　往年の名著を復刻する。

（6-70）　？今は無くなった商品を復刻させたり、…

（6-69）は 2016 年 4 月 13 日に goo 辞書というサイトで見た。（6-70）は 2012 年 5 月 22 日に、テレビ朝日の「報道ステーション」という番組で聞いた。

例 3.　「放流する」と「放流させる」

（6-71）　＊稚魚が放流した。

（6-72）　　小学生が鮭の稚魚を放流した。

（6-73）　？小学生が稚魚を放流させました。

（6-73）は 2017 年 5 月 16 日（火）にテレビ朝日の番組で聞いた。新潟県村上市の小学生について述べている。村上市の人たちはよく鮭を食べるそうだ。

例 4.　「量産する」と「量産させる」

（6-74）　＊ホームランが量産する。

（6-75）　　広島のエルドレッドがホームランを量産する。

（6-76）　？広島のエルドレッドがホームランを量産させている。

（6-76）は 2014 年 7 月 4 日に THE PAGE の記事（Yahoo! JAPAN に転載）で見た。例文が分かりにくいので少し変えた。

　例5.「発揮する」と「発揮させる」
　　（6-77）　＊力が発揮する。
　　（6-78）　　学生が力を発揮する。
　　（6-79）　？学生が力を発揮させる。
（6-79）は2014年1月28日に杉浦滋子（私信）がご教示下さった。麗澤大学の
学生案内で見たそうだ。
　例6.「助長する」と「助長させる」
　　（6-80）　＊そういう行いが助長する。
　　（6-81）　　そういう行いを助長する。
　　（6-82）　？そういう行いを助長させる。
（6-82）は2012年5月23日にテレビ朝日の番組で聞いた。
　例7.「維持する」と「維持させる」
　　（6-83）　＊天皇制が維持する。
　　（6-84）　　天皇制を維持する。
　　（6-85）　？どうしても、天皇制を維持させたいとマッカーサーに伝えた。
（6-85）は2017年4月30日にNHKのニュースで聞いた。戦後、憲法制定の
時、或る人がマッカーサー元帥に言ったというニュースである。
　例8.「温存する」と「温存させる」
　　（6-86）　＊坂爪（さかづめ）選手が温存する。
　　（6-87）　　坂爪選手を温存する。
　　（6-88）　？坂爪（さかづめ）選手を温存させるために
（6-88）は2018年2月13日（火）にNHKテレビの平昌五輪、スケート、
ショートトラック、男子5000メートルリレー、予選の中継でアナウンサーが
言った。
　例9.「抹消する」と「抹消させる」
　　（6-89）　＊捕手の清水が抹消した。
　　（6-90）　　捕手の清水を抹消した。
　　（6-91）　？捕手の清水を抹消させました。
（6-91）は、2016年5月4日に、テレビの中日対阪神の試合の中継で、試合
が終わった後、アナウンサーが言った。捕手の清水を一軍から二軍に移すとい
う話である。

例 10. 「消化する」と「消化させる」

(6−92) ＊プログラムが消化する。

(6−93) プログラムを消化する。

(6−94) ？新しいプログラムを消化させて

(6−94)は 2018 年 2 月 23 日にテレビ朝日で見た。平昌五輪の女子フィギュアスケートのフリーの番組で、解説の八木沼純子という人が或る選手について言った。

例 11. 「圧迫する」と「圧迫させる」

(6−95) ＊財政が圧迫する。

(6−96) 財政を圧迫する。

(6−97) ？財政を圧迫させています。

(6−97)は 2003 年 12 月の多分 29 日にテレビの番組で見た。川崎市の下水道運営の費用について述べている。

例 12. 「刺激する」と「刺激させる」

(6−98) ＊成長ホルモンが刺激する。

(6−99) アルギニンが成長ホルモンを刺激する。

(6−100) ？豚肉のアルギニンが成長ホルモンを刺激させます。

(6−100)は、2017 年 8 月 29 日に、テレビ朝日の、林修という人が司会する番組で、名古屋学芸大学の下方浩史という先生が言った。

例 13. 「意識する」と「意識させる」

(6−101) ＊低めの感覚が意識する。

(6−102) 黒田投手が低めの感覚を意識する。

(6−103) ？3 回の投球練習でワンバウンドの球を 2 度投げ、低めの感覚を意識させた。

(6−103)は 2013 年 4 月 26 日の朝日新聞(夕刊)で見た。当時ニュース・ヤンキーズにいた黒田博樹投手について述べている。或る試合で高めの球を打たれた。そのために、投球練習の間に、(6−103)に書いてあることを行った。

　私の日本語では、ここまで見てきた「漢語＋させる」は言わない。更に驚いたことに、この種の「漢語＋させる」に受動の「られる」が付いた例が見つかった。

例 14. 「釈放する」と「釈放させる」と「釈放させられる」

(6−104) ＊万平さんが釈放する。

(6-105)　　万平さんを釈放する。

(6-106)　?万平さんを釈放させる。

(6-107)　?万平さんが釈放させられた。

(6-107)は、2018年12月28日にNHKテレビの朝のドラマ「まんぷく」で聞いた。東太一弁護士と誰かが言った。私は、(6-106)は言わない。(6-105)を言う。(1-107)も言わない。(1-108)を言う。即ち、(6-105)をラレル受動文にしたものを言う。

(6-108)　　万平さんが釈放された。

　ここまで6.2.3では、自動詞として使えなくて、他動詞としてのみ使う「漢語＋する」とそれらの「漢語＋させる」を見てきた。

　「させる」の言い方が何かの働きをしている例は多数ある。例えば、6.2.2.2で見た例の場合では、例えば、自動詞「完成する」、他動詞「完成する」、完成させる」の場合では、「漢語＋する」に自動詞用法と他動詞用法がある。従って、「漢語＋させる」を用いると、自動詞の「漢語＋する」と他動詞「漢語＋させる」の形を区別できる。6.2.2.3で見た例の場合では、例えば、「心配する」(自動詞)と「心配させる」の場合は、「心配させる」は使役の意味がある。

　しかし、6.2.3で見た例の場合には、例えば「再建する」は、自動詞の用法が無くて、他動詞としてのみ使うのだから、「させる」は無駄である。私の印象は下記である。失礼な言い方になるが、ご容赦いただきたい。これらの「漢語＋させる」を乱用している。多分、どこで「させる」を使うのか分からないで、無闇に「させる」を使っているのであろう。

　言語の働きの一つは伝達である。言語は伝達の手段として大変効率が良い。しかし、言語には無駄もある。無駄なサセル動詞はその例である。

## 6.2.4　自動詞だけの「漢語＋する」とそれの「漢語＋させる」(その1)

　5.8で見たように、自動詞だけに用いて、他動詞としては用いない「漢語＋する」は2種類ある。

　[3]「漢語＋する」：自動詞だけ(その1)

　[4]「漢語＋する」：自動詞だけ(その2)

6.2.4で[3]を扱う。6.2.5で[4]を見る。

　[3]の場合の「漢語＋させる」は、私が集めた例の中では少ない。(たまた

まの結果かもしれないが。）例を挙げる。

例1.「誕生する」と「誕生させる」

（6-109）　メジャーリーガー野茂が誕生した。

（6-110）＊団野村氏がメジャーリーガー野茂を誕生した。

（6-111）　メジャーリーガー野茂を誕生させた団野村氏

（6-111）は2013年11月27日のサンケイスポーツの記事（Yahoo! JAPAN転載）で見た。

例2.「成立する」と「成立させる」。

（6-112）　法案が成立した。

（6-113）＊国会が法案を成立した。

（6-114）　国会が法案を成立させた。

「成立させる」の例は、テレビニュースの国会に関する報道で何度も聞いた記憶がある。メモしておかなかったので、（6-114）は私が作った。（6-112）と（6-113）も私が作った。

例3.「独立する」と「独立させる」

（5-115）　子どもが独立する。

（5-116）＊親が子供を独立する。

（6-117）　親が子どもを独立させる。

上記の例文も私が作った。

例4.「上昇する」と「上昇させる」

（5-118）　温度が上昇する。

（5-119）＊実験で研究者が温度を上昇する。

（6-120）　実験で研究者が温度を上昇させる。

上記の例文も私が作った。

例5.「終結する」と「終結させる」

（6-121）　戦争が終結した。

（6-122）＊アメリカが原爆で戦争を終結した。

（6-123）　アメリカが原爆で戦争を終結させた。

（6-123）は2016年4月11日にNHKテレビのニュースの画面で見た。アメリカの或る退役軍人が英語で述べたことを和訳した文を表示していた。

例 6.「内定する」と「内定させる」

（6-124）　　五輪代表が内定した。

（6-125）＊ケンブリッジ飛鳥が五輪代表を内定した。

（6-126）　　…ケンブリッジ飛鳥（23＝ドーム）が 10 秒 16 で優勝し、五輪代表を内定させた。

（6-126）は 2016 年 6 月 25 日の日刊スポーツの記事（Yahoo! JAPAN 転載）で見た。陸上競技の日本選手権兼リオデジャネイロ五輪代表選考会の報道である。

例 7.「調整する」と「調整させる」

（6-127）　　ベテラン勢が別メニューで調整する。

（6-128）＊トレーナーがベテラン勢を調整する。

（6-129）　　巨人の高橋監督は…ベテラン勢を別メニューで調整させる…

（6-129）は 2016 年 1 月 14 日の時事通信の記事（Yahoo! JAPAN に転載）で見た。「調整する」は、（6-127）では、「運動選手が自分のコンディションを整える」といったような意味で使っている。自動詞として使った例と見て良いと思う。私の日本語では、他動詞としての用法は無いと思う。（6-128）参照。

英語からの外来語に「させる」を付けた例も見つかった。

例 8.「ヒットする」と「ヒットさせる」

（6-130）　　75 年に「『いちご白書』をもう一度」がヒット。

（6-131）＊ばんばひろふみが「『いちご白書』をもう一度」をヒットした。

（6-132）　　…「『いちご白書』をもう一度」を大ヒットさせた…

（6-130）と（6-132）は 2014 年 7 月 29 日の朝日新聞（夕刊）にあった、ばんばひろふみという歌手についての記事の中で見た。（6-130）には格助詞「が」がある。「ヒットする」を自動詞として用いた例と見て良いだろう。（6-132）の「大ヒットさせた」には「大」は入っている。これは「ヒットさせる」の例と見て良いだろう。

　　ここまで 6.2.4 では、自動詞だけの「漢語＋する」とそれの「漢語＋させる」を見てきた。このグループの「漢語＋する」は他動詞としての用法が無い。従って、「漢語＋させる」の用法は「他動詞相当」の用法であると言って良い。

　　しかし、これらの例には使役の意味がある。5.7 で見たように、柴谷（1978：

310)は、意味の観点から見て、使役文を以下の二つに分類した。

(a) 誘発使役。

(b) 許容使役。

誘発使役は「ある事象が使役者の誘発がなければ起こらなかったが、使役者の誘発があったので起こった」ことを表す。許容使役は「ある事象が起こる状態にあって、許容者（使役者と形態的に同じ）はこれを妨げることができた。しかし、許容者の妨げが控えられ、その結果その事象が起こった」ことを表す。同じく、5.7で見たように、高橋（2003: 141–144）は、日本語の使役文を以下の三つに分類した。

(c) 本来の使役。

(d) 放任・許可の使役。

(e) 他動詞相当の使役。

本来の使役は「動作を指示して、動作者に意図的な動作をおこなわせることをあらわす」。放任・許可の使役は「主語のしめすひとが、動作者に対して積極的にはたらきかけるのではなく、動作者の動作にストップをかけないというかたちで消極的にかかわることをあらわす用法である」。

　(6-111)、(6-114)、(6-117)、(6-120)、(6-123)、(6-126)、(6-129)、(6-132)の全てが、柴谷の誘発使役の例である。その内の(6-117)と(6-129)は高橋の本来の使役の例である。(6-117)では、独立するように、親が子供に指示を出したのであろう。(6-129)では、別メニューで調整するように、監督が選手に指示を出したのであろう。

　以上纏めると、6.2.4で見た「漢語＋させる」は「他動詞相当」の用法であると言える。同時に使役の用法であるとも言える。

### 6.2.5　自動詞だけの「漢語＋する」とそれの「漢語＋させる」（その2）

　5.8に示した分類で見た、下記の場合である。

　[4]「漢語＋する」：自動詞だけ（その2）

5.8の[4]で述べた通り、私の日本語では下記の通りである。自動詞の用法だけあり、他動詞の用法は無い。自動詞用法で、格助詞は「が」の場合と「が＋に」の場合の二つがある。例は「成功する」、「失敗する」などがある。例は少ない。私は「成功させる」と「失敗させる」などは使わない。

　自動詞：「が」：Xが。

（5-77）　事業が　成功する。
（5-78）　事業が　失敗する。
自動詞：「が＋に」：Y が　X に。
（5-79）　花子が　事業に　成功する。
（5-80）　花子が　事業に　失敗する。
他動詞：「が＋を」：Y が　X を。
（5-81）　＊花子が　事業を　成功する。
（5-82）　＊花子が　事業を　失敗する。

　上記は私の日本語での使い方である。しかし、インターネットや新聞などで例文を集めてみたら、私の日本語では言わない言い方も見つかった。「成功する」の他に「成功させる」の例も見つかった。一方、たまたまかもしれないが、「失敗する」と「失敗させる」の例は見つからなかった。以下では「成功する」と「成功させる」を見る。


[4]「成功する」と「成功させる」
　私の日本語とインターネットや新聞などで見た日本語の違いを表 6-2 に示す。（プラス記号は「使える」を示し、マイナス記号は「使えない」を示す。）

### 表 6-2　「成功する」と「成功させる」

|  | 私の日本語 | インターネットや新聞などで見た日本語 |
|---|---|---|
| 「成功する」自動詞：X が | ＋ | ＋ |
| 「成功する」自動詞：Y が　X に | ＋ | ＋ |
| 「成功する」他動詞：Y が　X を | － | ＋ |
| 「成功させる」他動詞相当：Y が　X を | － | ＋ |

　インターネットや新聞などで見つけた例を挙げる。見つけた例の大部分フィギュアスケートの試合に関するものである。特に女子選手のトリプルアクセル（3 回転半ジャンプ）は注目の的である。「成功する」または「成功させる」の例はトリプルアクセル（3 回転半ジャンプ）に関する記事に多数あった。

[4-1] 自動詞：「Xが成功する」

　意外にも、この型の例文を見つけるのは非常に困難であった。唯一見つけたのが下記である。

　　(6-133)　冒頭のトリプルアクセルは着氷がやや乱れたが成功。

　　(6-134)　トリプルアクセルが成功した。

(6-133)は2013年10月21日にスポニチSponichi Annexで見た。浅田真央選手に関する記事である。「成功」を自動詞相当として使っている可能性がある。即ち、(6-134)の「成功した」に相当するものとして使っている可能性がある。しかし、助詞には「が」でなく、「は」を使っている。「トリプルアクセルが」ではない。従って、(6-134)の「成功した」に相当するものとして使っているという保証は無い。


[4-2] 自動詞：「YがXに成功する」

　この型の例もフィギュアスケートに関する記事の中では意外にも少なかった。四つしか見つからなかった。そのうちの三つを挙げる。

　　(6-135)　紀平が…トリプルアクセル(3回転半ジャンプ)に成功。

(6-135)は2018年12月7日の産経デジタルで見た。紀平梨花選手に関する記事にあった。

　　(6-136)　…トリプルアクセル(3回転半ジャンプ)や2連続3回転ジャン
　　　　　　　プに成功するなど…

(6-136)は2013年10月20日のスポニチアネックスの記事(Yahoo! JAPANに転載)にあった。浅田真央選手に関する記事である。

　　(6-137)　…3回転ルッツ-3回転トゥループ-2回転トゥループのコン
　　　　　　　ビネーションに成功。

(3-137)は2018年3月11日のTHE ANSWERの記事(Yahoo! JAPANに転載)にあった。山下真湖選手に関する記事である。

　フィギュアスケートに関する記事以外でも、例を見つけた。

　　(6-138)　…ヤンキースに入団させることに成功した。

(6-138)は(6-111)を見出しとする記事にあった。米大リーグ(MLB)の公認代理人、団野村という人がロッテの伊良部秀輝選手のヤンキース入団に尽力したという報道である。

　　(6-139)　…DNAを抽出することに、国立科学博物館が成功した。

(6－139)は 2013 年 12 月 2 日に毎日新聞（インターネット版）で見た。

 （6－140）　新林さんは…「ダイヤモンド富士」の最遠撮影に成功している。

(6－140)は 2013 年 11 月 27 日に朝日新聞 DIGITAL で見た。


 ［4－3］他動詞：「Y が X を成功する」

 この文型は、私は使わない。従って、疑問符（？）を付ける。この型の例も、フィギュアスケートに関する記事の中では、六つ見つかった。

 （6－141）　？…アリョーナ・コストルナヤ（ロシア）がフリーでトリプルアクセル（3 回転半ジャンプ）を成功して…

(6－141)は 2019 年 10 月 14 日の毎日新聞（インターネット版）で見た。

 （6－142）　？紀平梨花は代名詞と言える冒頭の 3 回転アクセル（3 回転半、トリプルアクセル）を成功し、…

(6－142)は 2018 年 12 月 7 日のデイリースポーツの記事（Yahoo! JAPAN に転載）で見た。

 フィギュアスケートに関する記事以外の記事で、例を一つ見つけた。

 （6－143）　？ユン・スンヒョンは 2m29 と 2m32 を一度で成功し、…

 （6－143）は 2015 年 9 月 12 日の WorldKorea（Yahoo! JAPAN に転載）で見た。韓国の陸上競技大会の報道である。


 ［4－4］「Y が X を成功させる」

 この文型も私は使わない。従って、疑問符（？）を付ける。フィギュアスケートに関する記事の中で、この文型の例が 15 も見つかった。この文型の例が最も多い。

 （6－144）　？…トルソワが女子では史上初となる 2 度の 4 回転を成功させていた。

(6－144)は(6－137)（「Y が X に成功する」）と同じ記事にあった。即ち、同じ記者が同じ記事の中で、「Y が X に成功する」の文型と「Y が X を成功させる」の文型の両方を使っている。

 （6－145）　？…紀平梨花(16)＝関大 KFSC ＝は得意の 3 回転アクセルを含む 3 本のジャンプを全て成功させる…

(6－145)は (6－142)（「Y が X を成功する」）と同じ記事にあった。即ち、同じ記者が同じ記事の中で「Y が X を成功する」の文型と「Y が X を成功させ

る」の文型の両方を使っている。

　「YがXを成功させる」の文型の例は、フィギュアスケートに関する記事以外で三つ見つかった。陸上競技の記事に一つ、野球の記事に一つ、サッカーの記事に一つ見つかった。全てスポーツに関する記事である。以下に挙げる。

　　　（6-146）？2メートル23を成功させ、…

（6-146）は2015年6月27日の京都新聞の記事（Yahoo! JAPAN に転載）で見た。陸上競技の日本選手権での、筑波大学の平松祐司選手の活躍を報じる記事にあった。

　　　（6-147）？…今季もここまで全てのセーブ機会を成功させる…

（6-147）は2015年7月29日の ISM の記事（Yahoo! JAPAN に転載）で見た。MLB のジョナサン・パペルボン投手という抑えの投手についての記事である。

　　　（6-148）？決めれば勝利というキックを MF エリック・ダイアーが成功
　　　　　　　させ、…

（6-148）は2018年7月4日の Football ZONE Web（Yahoo! JAPAN に転載）で見た。サッカーのロシア・ワールドカップの決勝トーナメントでのイングランド対コロンビアの試合で、PK戦の末、イングランドが勝ったという報道である。なお、この記事には下記の文もあった。

　　　（6-149）？…、お互いに1人目から全員が成功して…

これは「YがXに成功する」の文型の例かもしれないし、「YがXを成功する」の文型の例かもしれない。どちらか分からない。

　「YがXを成功させる」の文型の「成功させる」は高橋（2003）の言う「他動詞相当の使役」と呼んで良いだろう。


　［4-1］から［4-4］まで見た例の数を表6-3に示す。

**表6-3　「成功する」と「成功させる」：インターネットや新聞などで見た日本語**

|  | スポーツ記事 | それ以外の記事 |
| --- | --- | --- |
| 「成功する」自動詞：Xが | 1 | 0 |
| 「成功する」自動詞：Yが　Xに | 5 | 2 |
| 「成功する」他動詞：Yが　Xを | 6 | 0 |
| 「成功させる」他動詞相当：Yが　Xを | 19 | 0 |

　たまたまかもしれないが、「YがXを成功させる」の文型の例が圧倒的に多い。更に、それらは全てスポーツ記事にあった。スポーツ担当記者が「YがXを成功させる」の文型を好むのかもしれない。

　「成功する」と「成功させる」について、ここまで見たことをもとに、私は以下のことを推測する。

　推測 1.　表6-2で示したように、私は「Xが成功する」と「YがXに成功する」だけ使う。「YがXを成功する」と「YがXを成功させる」は使わない。「YがXを成功する」と「YがXを成功させる」を見るようになったのは最近のことである。2010年ころだったかもしれない。少なくと、2000年より前に見た記憶は無い。「YがXを成功する」と「YがXを成功させる」は新しい言い方であろう。最近広まったのであろう。

　推測 2.　同じ記者が同じ記事の中で二つ文型の文型を用いている例が三つ見つかった。

(a)　(a-1)(6-137)「YがXに成功する」。(a-2)(6-144)「YがXを成功させる」。

(b)　(b-1)(6-142)「YがXを成功する」。(b-2)(6-145)「YがXを成功させる」。

(c)　(c-1)(6-149)「YがXに成功する」または「YがXを成功する」。(c-2)(6-148)「YがXを成功させる」。

これらの3人の記者の日本語では、「成功する」と「成功させる」の用法が固定していないようだ。「成功する」と「成功させる」の用法が固定していない人は他にもいるであろう。この原因は「YがXを成功する」と「YがXを成功させる」が新しい言い方で、最近広まった(かもしれない)ことかもしれない。

　推測 3.　少なくとも私が見つけた例の中では、「YがXを成功させる」の文型の例が圧倒的に多い。今後、この文型の使用頻度は上昇するであろう。その結果、「YがXに成功する」と「YがXを成功する」の使用頻度は下がるであろう。消滅はしないかもしれないが。

　推測 4.　少なくとも私が見つけた例の中では、「YがXを成功させる」の文型の例は全てスポーツ記事にあった。今後、使用範囲が拡大して、スポーツ記事以外でも使うようになるであろう。

### 6.2.6 「着氷する」と「着氷させる」

　「成功する」と「成功させる」の例を集めていた時に、「着氷する」と「着氷させる」の例を見つけた。その中に意外な用法もあった。私の日本語では、「着氷する」は自動詞の用法しか無い。しかし、インターネットや新聞などで見た日本語では、「着氷する」の他動詞用法の例があった。「着氷させる」の例もあった。表6-4のように示すことができる。見つかった例の数も示す。

#### 表6-4　「着氷する」と「着氷させる」

|  | 私の日本語 | インターネットや新聞などで見た日本語 |
|---|---|---|
| 「着氷する」自動詞：Y が | ＋ | ＋　（0） |
| 「着氷する」自動詞：Y が　X に | － | ＋　（3） |
| 「着氷する」他動詞：Y が　X を | － | ＋ （11） |
| 「着氷させる」他動詞相当：Y が　X を | － | ＋　（7） |

　「成功する」と「成功させる」の例では、「Y」で選手を示し、「X」でジャンプの種類などを示した。比較しやすいように、「着氷する」と「着氷させる」の場合も、「Y」で選手を示し、「X」でジャンプの種類などを示す。表6-2（「成功する」と「成功させる」）と表6-4（「着氷する」と「着氷させる」）を比べていただきたい。表6-2には「X が成功する」がある。「X」はジャンプの種類などを示す。表6-4には「Y が着氷する」がある。「Y」が選手を示す。この点で表6-2と表6-4は逆である。他の点では、「Y」と「X」に関して、表6-2と表6-4は同じである。

　インターネットや新聞などで見た日本語については、下記の通り表せる。

　「成功する」と「成功させる」

（6-150）　　X が　　　　　成功する。
　　　　　　　自動詞主語

（6-151）　？Y が　　　　　X を　　成功する。
　　　　　　　他動詞主語　　目的語

（6-152）　？Y が　　　　　X を　　成功させる。
　　　　　　　他動詞主語　　目的語

「着氷する」と「着氷させる」

（6－153）　Ｙが　　　　　着氷する。
　　　　　　　自動詞主語

（6－154）　？Ｙが　　　　　　　Ｘを　　　着氷する。
　　　　　　　他動詞主語　　　　目的語

（6－155）　？Ｙが　　　　　　　Ｘを　　　着氷させる。
　　　　　　　他動詞主語　　　　目的語

即ち、「成功する」と「成功させる」は（5－83）（自動詞主語　＝　他動詞目的語）の対応を示す。一方、「着氷する」と「着氷させる」が（5－84）（自動詞主語　＝　他動詞主語）の対応を示す。

　「着氷する」と「着氷させる」の例を挙げる。

［1］自動詞：「Ｙが着氷する」
　私の日本語ではこの文型を使える。使った記憶は無いが。例がインターネットや新聞等などで見つからなかったので、私が作った例を挙げる。インターネットや新聞などの記事を書く人達もこの文型を使うと思う。

　　（6－156）　浅田真央選手が着氷した。

［2］自動詞：「ＹがＸに着氷する」
　私の日本語ではこの文型は使わない。例が三つ見つかった。疑問符を付ける。

　　（6－157）　？…浅田真央（23＝中京大）が、…トリプルアクセル（3回転半
　　　　　　　　ジャンプ）に着氷し、…

（6－157）は 2013 年 10 月 21 日にスポニチ Sponichi Annex で見た。

　　（6－158）　？…アリーナ・ザギトワが…ルッツ－ループの連続 3 回転ジャ
　　　　　　　　ンプに着氷。

（6－158）は 2018 年 12 月 6 日にスポニチ Sponichi Annex で見た。

［3］他動詞：「ＹがＸを着氷する」
　この文型も私の日本語では使わない。11 の例が見つかった。疑問符を付ける。

　　（6－159）　？…浅田真央（中京大）がトリプルアクセル（3回転半ジャンプ）
　　　　　　　　や単独の 3 回転、3 回転－ 2 回転のジャンプを着氷する…

（6－159）は 2013 年 10 月 20 日の朝日新聞 DIGITAL で見た。

(6-160)　？…浅田真央(25)＝中京大＝が…冒頭のトリプルアクセル(3回転半ジャンプ)を着氷する…

(6-160)は2015年10月3日のデイリースポーツ(Yahoo! JAPANに転載)で見た。

(6-161)　？…浅田が、…3回転半を着氷した…

(6-161)は2013年10月19日の産経新聞(Yahoo! JAPANに転載)で見た。


[4] 他動詞：「XがYを着氷させる」

この文型も私の日本語では使わない。七つの例が見つかった。疑問符を付ける。

(6-162)　？…浅田真央(中京大)が、トリプルアクセル(3回転半)ジャンプを3度試み、すべて着氷させた。

(6-162)は2015年10月2日の朝日新聞DIGITALで見た。

(6-163)　？…冒頭の3回転半を着氷させると、…

(6-163)は(6-160)(「YがXを着氷する」)と同じ記事にあった。即ち、同じ記者が同じ記事で、「YがXを着氷する」と「YがXを着氷させる」の両方を使っている。

(6-164)　？…トリプルアクセル(3回転半ジャンプ)や連続3回転ジャンプを着氷させ、…

(6-164)は(6-161)(「YがXを着氷する」)と同じ記事にあった。即ち、同じ記者が同じ記事で、「YがXを着氷する」と「YがXを着氷させる」の両方を使っている。

6.2.5の最後で「成功する」と「成功させる」について私の推測を四つ述べた。そのうちの推測1と推測2は、大まかに言って、「着氷する」と「着氷させる」にも当てはまる。


推測1.　表6-4で示したように、私の日本語では「Yが着氷する」は言える。使った記憶は無いが。「YがXに着氷する」、「YがXを着氷する」、「YがXを着氷させる」は使わない。「着氷する」と「着氷させる」を見たのはごく最近のことだと思う。2010年より前に見た記憶は無い。「Yが着氷する」は前からあったかもしれない。一方、「YがXに着氷する」、「YがXを着氷する」、「YがXを着氷させる」は新しい言い方であろう。最近広まったのであろう。「YがXを成功する」と「YがXを成功させる」より新しいと思う、

推測 2. 同じ記者が同じ記事の中で二つ文型の文型を用いている例が二つ見つかった。

    (a) (a-1)(6 - 160)「Y が X を着氷する」。(a-2)(6 - 163)「Y が X を着氷させる」。

    (b) (b-1)(6 - 161)「Y が X を着氷する」。(b-2)(6 - 164)「Y が X を着氷させる」。

これらの 2 人の記者の日本語では、「着氷する」と「着氷させる」の用法が固定していないようだ。「着氷する」と「着氷させる」の用法が固定していない人は他にもいるかもしれない。この原因は「Y が X を着氷する」と「Y が X を着氷させる」が新しい言い方で、最近広まった(かもしれない)ことかもしれない。

ちなみに、推測 3 は「着氷する」と「着氷させる」には当てはまらない。「着氷する」の方が「着氷させる」より例が多い。推測 4 も当てはまらない。「着氷する」と「着氷させる」はフィギュアスケートの記事では用いるが、他のスポーツの記事では用いないと思う。スポーツ記事以外の記事でも使うことは無い、あるいは、滅多に無いであろう。

### 6.2.7 「漢語＋する」と「漢語＋させる」のまとめ

6.2 では、「漢語＋する」と「漢語＋させる」を見てきた。(漢語ではなく、英語からの外来語を用いた例も見た。) 大まかに言って、表 6-5 のように纏めることができる。

## 表6−5 「漢語＋する」と「漢語＋させる」

| | 私の日本語 | インターネットや新聞などで見た日本語 |
|---|---|---|
| 6.2.2.2 の例 | | |
| 自動詞主語 ＝ 他動詞目的語 | | |
| 自動詞「完成する」 | ＋ | ＋ |
| 他動詞「完成する」 | ＋ | 多分− |
| 「完成させる」 | −（使役なら言える） | ＋（他動詞相当。例が多い） |
| 6.2.2.3 の例 | | |
| 自動詞主語 ＝ 他動詞主語 | | |
| 自動詞「心配する」 | ＋ | ＋ |
| 他動詞「心配する」 | ＋ | ＋ |
| 「心配させる」 | ＋（使役） | ＋（使役。例が少ない） |
| 6.2.3 の例 | | |
| 自動詞「発揮する」 | − | − |
| 他動詞「発揮する」 | ＋ | 多分＋ |
| 「発揮させる」 | −（使役なら言える） | ＋（他動詞相当。無駄） |
| 6.2.4 の例 | | |
| 自動詞「誕生する」 | ＋ | ＋ |
| 他動詞「誕生する」 | − | − |
| 「誕生させる」 | ＋（他動詞相当。使役の意味がある例がある） | ＋（他動詞相当。使役の意味がある例がある） |
| 6.2.5 の例 | | |
| 自動詞主語 X ＝ 他動詞目的語 X | | |
| 「成功する」自動詞：X が | ＋ | ＋ |
| 「成功する」自動詞：Y が　X に | ＋ | ＋ |
| 「成功する」他動詞：Y が　X を | − | ＋ |
| 「成功させる」 | −（使役なら言える） | ＋（他動詞相当） |
| 6.2.6 の例 | | |
| 自動詞主語 Y ＝ 他動詞主語 Y | | |
| 「着氷する」自動詞：Y が | ＋ | ＋ |
| 「着氷する」自動詞：Y が　X に | − | ＋ |
| 「着氷する」他動詞：Y が　X を | − | ＋ |
| 「着氷させる」 | −（使役なら言える） | ＋（他動詞相当） |

表6-5に、私の日本語の場合、「使役なら言える」と注を付けた「漢語＋させる」がある。「使役なら言える」場合については、6.3で詳しく述べる。

インターネットや新聞などで見た日本語は私の日本語と以下の点で違う。

違い1. 「漢語＋する」を、私の日本語では他動詞として使えない場合に、他動詞として使う例がある。6.2.5と6.2.6に挙げた。

違い2. 「漢語＋させる」を、私の日本語では使役以外には使わない場合に、他動詞相当として使う例がある。6.2.2.2、6.2.3、6.2.5、6.2.6に挙げた。

違い3. 「させる」が無駄な場合がある。6.2.3に挙げた。

違い4. 違い2と違い3をまとめると、「漢語＋させる」の使用範囲が拡大していると言える。

私の推測であるが、私の日本語の方が古くて、インターネットや新聞などで見る日本語の方が新しいのであろう。即ち、違い1、違い2、違い3の変化が起こっているのであろう。

## 6.3 「漢語＋させる」の使役用法が消滅する？

6.2.2.2で、「完成する」と「完成させる」が属するグループの例を見た。「完成する」と「完成させる」の例を再度挙げる。

（6-3）　　　新著が　　　　　完成しました。
　　　　　　　自動詞主語

（6-4）　　　田中先生が　　　新著を　　　　　完成しました。
　　　　　　　他動詞主語　　　他動詞目的語

（6-5）　　　?田中先生が　　　新著を　　　　　完成させました。
　　　　　　　他動詞主語　　　他動詞目的語

このグループでは、少なくとも私の日本語では、「漢語＋する」を自動詞としても用いるし、他動詞としても用いる。即ち、自動詞と他動詞で形の区別が無い。この点では、不便である。一方、「漢語＋させる」を他動詞として用いる人達もいる。この人達の日本語では、自動詞「漢語＋する」と他動詞「漢語＋させる」の形の区別をしていると言える。その点では便利である。しかし、同時に、不便なことも起きている。どんなことが不便なのであろうか？

私の日本語では以下のように言う。

　　（6-165）　小林君の博士論文が　　完成した。

　　（6-166）　小林君が　　博士論文を　　完成した。

　　（6-167）　鈴木先生が　　小林君に　　博士論文を　　完成させた。

私の日本語では、「完成する」は自動詞としても用いて、他動詞としても用いる。自動詞と他動詞の形の区別が無い。この点では、不便である。「完成させる」は使役の意味で用いる。（表6-5の「使役なら言える」の例である。）（6-167）では、鈴木先生が小林君に指示を出したり、助言したり、励ましたりして、その結果、小林君が論文を完成したのである。

　一方、（6-5）のような文を言う人達の日本語では、下記のように言うようだ。

　　（6-168）　　小林君の博士論文が　　完成した。

　　（6-169）　＊小林君が　　博士論文を　　完成した。

　　（6-170）　？小林君が　　博士論文を　　完成させた。

（6-170）では「完成させる」を他動詞相当として用いている。（表6-5の「他動詞相当」の例である。）小林君が博士論文に指示を出したと言う意味ではない。（6-170）を用いるから、多分（6-169）は用いないのであろう。仮に星印（＊）を付けておく。使わないことを示す。

　上記の人達の日本語では、自動詞「完成する」と他動詞「完成させる」を区別する。この点で、便利である。しかし、不便な点もある。使役の意味の動詞が無いのだ。（6-170）は小林君が博士論文に指示を出したり、助言したり、励ましたりしたという意味ではない。（6-170）の意味は私の日本語の（6-166）の意味と同じである。

　では、上記の人達の日本語では、「完成する」の使役の意味はどう表すのであろうか？　何人かの学生に「漢語＋する」の使役の表現の仕方について聞いてみた。この学生は私とは違い、（6-170）の言い方を用いる。結論としては、使役の表現の仕方は無いそうだ。そこで、（6-171）のような文が言えるか聞いてみた。「完成させさせる」の言い方である。いわば、二重使役の言い方である。この言い方はしないそうだ。使役の表現としての用法が無い。

　　（6-171）　＊鈴木先生が　　小林君に　　論文を　　完成させさせた。

纏めると、6.2.2.2で見た、「完成する」と「完成させる」が属すグループにおいて、「完成させる」などを他動詞相当として用いると、自動詞「完成する」などと他動詞「完成させる」などを区別する点で便利である。しかし、使役の用法が無くなる点では不便である。

　言語は変化する。変化の結果、便利になることもあり、不便になることもある。いわゆる「ラ抜き言葉」が言葉の乱れとして、批判の対象になるのを見たことがある。しかし、便利になった点もある。例えば、「見られる」は受動の意味もあり、可能の意味もある。しかし、形の区別が無い。この点では不便である。ラ抜き言葉では、例えば、「見れる」が可能を表し、「見られる」が受動を表す。可能の意味の形と受動の意味の形を区別する。この点では便利である。（このことを誰かが指摘したのを見た記憶がある。しかし、誰がどこで指摘したか、記録しておかなかった。）

　上記の人達の日本語では、「完成する」と「完成させる」が属すグループで、「漢語＋する」の他動詞用法が消滅しかけている、あるいは、既に消滅してしまったようだ。「完成させる」などを他動詞相当として用いている。インターネットや新聞で、「完成させる」が属すグループの動詞を使役の意味で用いている例を見つけることはできなかった。

　「完成する」と「完成させる」が属すグループではないが、「漢語＋する」あるいは英語からの外来語に「する」が付いたものに「させる」が付いて、使役を表す例をやっと二つ見つけた。

　1番目の例は「漢語＋する」ではなく、英語からの外来語に「する」を付けて、それを「させる」の形にしたものである。

　「1軍スタートする」：自動詞：

　　（6-172）　新人3選手が　1軍スタートする。

　「1軍スタートする」：使役動詞ではない他動詞：

　　（6-173）？監督が　新人3選手を　1軍スタートする。

　「1軍スタートさせる」：使役動詞である他動詞。使役の意味がある：

　　（6-174）巨人の高橋監督は…、ドラフト1位の桜井俊貴投手（立命大）、
　　　　　　　同2位の重信慎之介外野手（早大）、同7位の中川皓太投手（東
　　　　　　　海大）の新人3選手を1軍スタートさせる考えを示した。

　　（6-175）　高橋監督は　新人3選手を　1軍スタートさせる。

（6-174）は（6-129）と同じ記事で見つけた。「1軍スタートさせる」を使っている。（6-172）、（1-173）、（6-175）は私が作った。私の日本語では（6-173）は言えない。従って、「1軍スタートする」には他動詞用法は無い。従って、「完成する」と「完成させる」が属すグループに属さない。（6-174）は分かりにくい。（6-175）のように書けば、分かりやすいであろう。（6-174）も

(6-175)も(5-35)(「YがXをさせる」)と(5-38)(「太郎が花子を走らせる」)の文型を持っている。(6-174)と(6-175)の「1軍スタートさせる」は(6-58)(「?... およそ3100人が大学生活をスタートさせました」)の「スタートさせる」とは違う。(6-58)の「スタートさせる」は他動詞相当である。しかし、(6-174)と(6-175)の「スタートさせる」は他動詞相当ではない。高橋監督が新人3選手に指示を出すのである。明らかに使役の意味がある。

　2番目の例は(6-178)である。「徹底させる」を使っている。

「徹底する」：自動詞：

　　(6-176)　?扶養義務者の義務が　徹底する。

「徹底する」：使役動詞ではない他動詞：

　　(6-177)　　地方自治体が　扶養義務者の義務を　徹底する。

「徹底させる」：使役動詞である他動詞。使役の意味がある：

　　(6-178)　小宮山厚生労働相は…家庭裁判所の調停手続きを使って扶養義
　　　　　　　務者に生活の面倒をみさせるよう、地方自治体に徹底させる方
　　　　　　　針を示した。

　　(6-179)　小宮山厚生労働相が　地方自治体に　扶養義務者の義務を徹底
　　　　　　　させる。

(6-178)は2012年5月26日の朝日新聞で見つけた。生活保護の不正使用があったので、まず、扶養義務者が生活保護者の生活の面倒をみるべきという指示を厚生労働相が出したというニュースである。(6-176)、(6-177)、(6-179)は私が作った。私の日本語では(6-176)は言えない。即ち、少なくともこの言い方では「徹底する」に自動詞用法は無い。他動詞用法だけである。従って、少なくともこの言い方では「徹底する」は「完成する」と「完成させる」が属すグループに属さない。(6-178)は分かりにくい。(6-179)のように書けば、分かりやすいであろう。(6-178)も(6-179)も(5-41)(「ZがXにYをさせる」)と(5-43)(「太郎が花子に本を読ませる」)の文型を持っている。(6-178)と(6-179)では、厚生労働相が地方自治体に指示を出す。従って、「徹底させる」に使役の意味がある。

　「漢語＋する」が使役の意味なのか、他動詞相当か、分からない例もあった。

　1番目の例を挙げる前に、まず、私の日本語の例を挙げる。

　　(6-180)　午後3時に　　この店が　　閉店する。

　　(6-181)　午後3時に　　店長が　　この店を　　閉店する。

（6-182）　社長が　　店長に　　午後3時に　　この店を　　閉店させる。

1番目の例は下記である。

（6-183）　イングランドがW杯の決勝に進んだ場合、ディスカウント系
　　　　　　スーパーマーケットのアルディは15日には英国全土の店舗を
　　　　　　午後3時に閉店させて、従業員が決勝を観戦できるように配
　　　　　　慮する…

（6-183）は2018年7月10日の時事通信の記事（Yahoo! JAPANに転載）で見
た。使役の意味なのか、他動詞相当なのか、分からない。社長か誰かが店長か
誰かに指示を出したという意味なら、使役の意味である。しかし、ただ、午後
3時に店を閉めるという意味なら、他動詞相当であろう。

　2番目の例を挙げる前に、まず、私の日本語の例を挙げる。

（6-184）　改修工事が　　完了する。

（6-185）　作業員が　　改修工事を　　完了する。

（6-186）　社長が　　作業員に　　改修工事を　　完了させる。

2番目の例は下記である。

（6-187）　改修工事を　　完了させる。

（6-187）は2019年4月12日にNHKテレビのニュース番組で聞いた。大和
ハウスが作ったアパートに不備があって、会社から発表があったというニュー
スである。（6-183）について述べたことが（6-186）にも当てはまる。使役の
意味なのか、他動詞相当なのか、分からない。

　もしこれらの「漢語＋する」のサセル形を、私の日本語と同じように、使役
の意味だけに使えば、こんなことは起こらない。（ただし、私の日本語ではこ
れらの「漢語＋する」は自動詞用法と他動詞用法の両方があるので、自動詞と
他動詞を形では区別できない。）

## 6.4　元の文が無い使役文

### 6.4.1　はじめに

　まず、使役文について再度おさらいをしよう。5.6で下記を見た。

（5-34）　Xが　　する。

（5-35）　Yが　　Xを　　させる。

（5-36）　Yが　　Xに　　させる。

（5-37）　花子が　　走る。

　　（5-38）　太郎が　　花子を　　走らせる。

　　（5-39）　太郎が　　花子に　　走らせる。

（5-38）と（5-39）は使役文である。元の文がある。（5-37）である。元の文の
動詞に「させる」が付く。文法の研究で言う使役文とはこのようなものであ
る。いわば、使役文の代表的なものである。

　しかし、使役文の例を見ると、あるいは、一見、使役文に見えるものの例を
見ると、元の文が無いものがある。どのような場合に元の文があり、どのよう
な場合に元の文が無いのであろうか？

　5.7 で、私は柴谷（1978: 310）の提案と高橋（2003: 141–144）の提案をもとに
して、使役文あるいはサセル動詞の意味と用法を以下のように分類することを
提案した。

　　（f）　誘発使役（または本来の使役）。

　　（g）　許容使役（または放任・許可の使役）。

　　（h）　他動詞相当のサセル動詞。

この分類に沿って、使役文の元の文がどのような場合にあり、どのような場合
に無いか、見てゆこう。

### 6.4.2　誘発使役（または本来の使役）

　使役文の元の文がある。1 番目の例は下記である。

　　（6-166）　小林君が　博士論文を　完成した。

　　（6-167）　鈴木先生が　小林君に　博士論文を　完成させた。

私の日本語では、（6-166）の「完成する」は他動詞であり、（6-167）の「完
成させる」はその使役形である。使役文（6-167）に元の文がある。（6-166）
である。（ただし、「完成させる」を他動詞相当として使う人がいる。使役文で
はない。）

　2 番目の例は下記である。

　　（6-172）　新人 3 選手が　1 軍スタートする。

　　（6-175）　高橋監督は　新人 3 選手を　1 軍スタートさせる。

（6-175）は使役文である。元の文がある。（6-172）である。

　3 番目の例は下記である。

　　（6-177）　地方自治体が　　扶養義務者の義務を　　徹底する。

　　（6-179）　小宮山厚生労働相が　　地方自治体に　　扶養義務者の義務を

　　　　　　　徹底させる。

(6-179)は使役文である。元の文がある。(6-177)である。


### 6.4.3 許容使役(または放任・許可の使役)

　使役文の元の文がある。例を挙げる。1番目の例は下記である。

　　(6-188)　…、多くのエビが死んだ。

　　(5-50)　　水質の悪化や共食いなど、養殖経験が浅いことなどによる不手
　　　　　　　際から多くを死なせてしまった…

(6-188)は(5-50)と同じ記事にあった。(5-50)の中に使役文がある。その
元の文がある。(6-188)参照。

　2番目の例は下記である。

　　(6-189)　私もお供する。

　　(5-49)　　わたしもお供させてください。　　　　　　(柴谷1978: 311)

(5-49)の中に使役文がある。その元の文がある。(6-189)参照。


### 6.4.4 他動詞相当のサセル動詞

#### 6.4.4.1 はじめに

　私は5.7で提示した提案で、他動詞相当のサセル動詞を以下のように分ける
ことを提案した。

　　(h-1)「対応する他動詞をもたない自動詞を他動詞化する用法」

　　　　　　　　　　　　　　　　　　　　　　　　　　(高橋2003: 142)

　　(h-2) 他動詞がある場合に、自動詞のサセル形を他動詞として用いる用法。

　　(h-3) 他動詞がある場合に、他動詞のサセル形を他動詞として用いる用法。

　　(h-4)「させる」を他動詞の印として用いる用法。

　　(h-5) 無駄なサセル動詞。

この分類に沿って見ていこう。


#### 6.4.4.2 対応する他動詞を持たない自動詞を他動詞化する用法

　使役文の元の文がある。1番目の例は下記である。

　　(5-51)　　アイデアが膨らんだ。

　　(5-53)　　?アイデアを膨らましました。

　　(5-54)　　…アイデアを膨らませた…

「膨らむ hukuram-u」は自動詞である。（5-51）参照。「膨らます hukuram-as-u」は他動詞である。（表5-2の他動詞「働かす hatarak-as-u」参照。）しかし、（5-53）では使えない。「膨らむ hukuram-u」をサセル動詞にしたもの、即ち、「膨らませる hukuram-ase-ru」を使う。（5-54）参照。（5-54）の「膨らませる hukuram-ase-ru」は、対応する他動詞を持たない自動詞を他動詞化する用法の例である。

　2番目の例は下記である。

　　（5-55）　　桜の花が咲く。

　　（5-57）　? 花咲か爺さんが桜の花を咲かす。

　　（5-58）　　花咲か爺さんが桜の花を咲かせる。

「咲く sak-u」は自動詞である。（5-55）参照。「咲かす sak-as-u」は他動詞である。しかし、（5-57）では使えない。「咲く sak-u」をサセル動詞にしたもの、即ち、「咲かせる sak-ase-ru」を使う。（5-58）参照。（5-58）の「咲かせる sak-ase-ru」も、対応する他動詞を持たない自動詞を他動詞化する用法の例である。

### 6.4.4.3　他動詞がある場合に、自動詞のサセル形を他動詞として用いる用法

　使役文の元の文がある。例は下記である。

　　（5-59）　　目が輝く。

　　（5-60）　　高山は目を輝かした。

　　（5-61）　　…高山は…目を輝かせた。

「輝く kagayak-u」は自動詞である。（5-59）参照。（5-60）で他動詞「輝かす kagayak-as-u」を使える。「輝く kagayak-u」をサセル動詞にしたもの、即ち、「輝かせる kagayak-ase-ru」も使える。（5-61）参照。（5-61）の「輝かせる kagayak-ase-ru」は他動詞がある場合に、自動詞のサセル形を他動詞として用いる用法の例である。

　第3章の3.7.1で以下の提案を見た。

　（a）自動詞が無い場合、ラレル動詞がその代わりをする。（村田 2005: 43）

即ち、他動詞に何かをつけて自動詞として用いる場合である。一方、6.4.4.2と 6.4.4.3 では、自動詞のサセル形を他動詞として用いる場合を見た。即ち、自動詞に何かを付けて他動詞として用いる場合である。この二つの場合は、丁

度、逆の方向の現象である。

### 6.4.4.4 他動詞がある場合に、他動詞のサセル形を他動詞として用いる用法

使役文の元の文がある場合と無い場合がある。例を挙げる。

［1］6.2.2.2 で（5-83）（自動詞主語 ＝ 他動詞目的語）の対応の例を見た。

例として「完成する」と「完成させる」を見る。他動詞として、私の日本語では「完成する」を用いる。しかし、他動詞として、「完成させる」を用いる人もいる。

私の日本語では以下のように言う。

（6-165）小林君の博士論文が完成した。

（6-166）小林君が博士論文を完成した。

（6-167）鈴木先生が小林君に博士論文を完成させた。

私の日本語では、「完成する」は自動詞として用いることができる。（6-165）参照。他動詞として用いることもできる。（6-166）参照。自動詞と他動詞の形の区別が無い。「完成させる」は使役の意味で用いる。（6-167）参照。使役文（6-167）の元の文がある。（6-166）である。

一方、（6-5）のような文を言う人達の日本語では、下記のように言うようだ。

（6-168）　小林君の博士論文が完成した。

（6-169）＊小林君が博士論文を完成した。

（6-170）？小林君が博士論文を完成させた。

「完成させる」を他動詞相当として使っている。使役動詞の形を持っているが、使役の意味は無い。その点では（6-170）は使役文ではない。しかし、形の上では元の文があると言える。（6-168）である。


［2］使役文の元の文が無い場合

6.2.3 で他動詞だけの「漢語＋する」とそれの「漢語＋させる」を見た。

私の日本語では以下のように言う。

（6-77）　＊力が発揮する。

（6-78）　学生が力を発揮する。

（6-190）　先生が学生に力を発揮させる。

「発揮する」は自動詞用法が無い。（6-77）参照。他動詞用法はある。（6-78）参照。「発揮させる」は使役の意味で使う。（6-190）参照。使役文（6-190）の

元の文がある。(6-78)である。

　或る種の日本語では下記のように言うようだ。

　　(6-77)　＊力が発揮する。

　　(6-191)　＊学生が力を発揮する。

　　(6-79)　？学生が力を発揮させる。

「発揮させる」を他動詞相当として使っている。使役動詞の形を持っているが、使役の意味は無い。その点では(6-79)は使役文ではない。そればかりでは無い。元の文も無い。


### 6.4.4.5　「させる」を他動詞の印として用いる用法

　「させる」を、使役の意味無しで、他動詞の印として使っていると思われる例がある。この場合、元の文がある場合もあり、無い場合もある。私が集めた例の中では特に「成功させる」の例が目立った。全てスポーツ記事にあった。


　[1]　元の文がある場合

　「成功させる」の例を挙げる。(6-145)には元の文として(6-192)を設定できる。即ち、元の文がある。

　　(6-192)　　3本のジャンプが全て成功する。

　　(6-145)　？…紀平梨花(16)＝関大 KFSC ＝は得意の3回転アクセルを含
　　　　　　　　む3本のジャンプを全て成功させる…


　[2]　元の文が無い場合

　まず、「成功させる」の例を挙げる。1番目の例は下記である。

　　(6-193)　＊要素が成功する。

　　(6-194)　？ほぼ完璧に要素を成功させて…

(6-194)は2013年10月22日の朝日新聞で見た、浅田真央選手に関する記事にあった。もし仮に元の文を設定するとしたら(6-193)である。しかし、(6-193)は言えない。即ち、元の文が無い。

　2番目の例は下記である。陸上競技の男子走り高跳びに関する文である。

　　(6-195)　＊2メートル23が成功する。

　　(6-146)　？2メートル23を成功させ、…

もし仮に(6-146)に元の文を設定するとしたら(6-195)である。しかし、(6

－195)は言えない。即ち、元の文が無い。

　3番目の例は下記である。野球の米大リーグに関する文である。

　　　(6－196)　＊セーブ機会が成功する。

　　　(6－147)　？…今季もここまで全てのセーブ機会を成功させる…

もし仮に(6－147)に元の文を設定するとしたら(6－196)である。しかし、(6－196)は言えない。即ち、元の文が無い。

　ここまでは「成功させる」の例を見た。「着氷させる」の例もある。女子のフィギュアスケートに関する文である。

　　　(6－197)　＊トリプルアクセル(3回転半ジャンプ)や連続3回転ジャンプが着氷する。

　　　(6－164)　？…トリプルアクセル(3回転半ジャンプ)や連続3回転ジャンプを着氷させ、…

もし仮に(6－164)に元の文を設定するとしたら(6－197)である。しかし、(6－197)は言えない。即ち、元の文が無い。


　(1－192)では「成功する」を自動詞として使っている。一方、(6－145)では「成功させる」を他動詞相当として使っている。自動詞「成功する」と区別するのに役立っている。この場合、「させる」はこの動詞が他動詞であることの印であると見て良い。

　(6－194)(「成功させる」)、(6－146)(「成功させる」)、(6－147)(「成功させる」)、(6－164)(「着氷させる」)には元の文が無い。自動詞と区別する役目は無い。いわば、「させる」は無駄である。それでも「させる」が付いている。「させる」はこれらの動詞が他動詞であることの印であるかもしれない。別の言い方をすると、これらの文を書いた人は、「させる」を付けておけば、読者が他動詞と思ってくれると思ったのかもしれない。意識的ではなく、無意識にそう思ったのかもしれないが。

### 6.4.4.6　無駄なサセル動詞

　動詞の「させる」の部分(正確には -sase- の部分と -ase- の部分)が無駄と思われる場合が多数ある。柴谷(1978: 120－133, 310－321)や高橋(2003: 141－145)の使役文の研究は無駄なサセル動詞を扱っていない。言い間違いあるいは書き間違いと見なしたのかもしれない。しかし、無駄なサセル動詞は珍しく

ない。かなり頻繁に見る、または、聞く。見つけた例の殆ど全ては新聞記事やインターネットニュースなど、原稿に基づくものである。その場で言ったものではない。従って、記者の書き間違いではない。

無駄な「させる」（正確には -sase- と -ase-）の例は和語の動詞にだけ見つかった。「漢語＋する」あるいは「漢語＋させる」の例は見つからなかった。たまたまかもしれないが。6.4.4.4 と 6.4.4.5 で「漢語＋させる」を見たが、無駄な「させる」の例ではない。

無駄である原因は大まかに言って二つに分けられる。仮に、(i)ただの無駄の場合と(ii)意味的に二重使役の場合と呼ぶことにする。現在の日本語の姿を示すために、できるだけ例を多く挙げる。個々の動詞の形の共通点と違いが分かるように、ローマ字表記も加える。

無駄な「させる」の例には元の文が存在する場合もあり、無い場合もある。

［1］ただの無駄の場合
例は少ない。たまたまかもしれないが。唯一見つけた例は下記である。

例1.「失う usina-u」と「失わせる usina-w-ase-ru」
「失う」は他動詞である。「失わせる」はサセル動詞である。私の日本語と下記で見る日本語は表6-6のように示すことができる。

**表6-6 「失う」と「失わせる」**

|  | 私の日本語 | 下記の日本語 |
| --- | :---: | :---: |
| 他動詞「失う」 | ＋ | 多分＋ |
| 「失わせる」 | －（使役なら使える） | ＋（他動詞相当） |

私の日本語では、他動詞に「失う」を使う。例は(6-198)。「失わせる」は他動詞相当としては使わない。(6-199)参照。「失わせる」は使役動詞としてなら使える。例は(6-200)。例えば、Y が何かして、例えば、邪魔をして、X が食の多様性を失うようにする場合である。
私の日本語：
　他動詞「失う」：

（6-198） Ｘが 食の多様性を 失う。

サセル動詞：他動詞相当：

（6-199） ＊Ｘが 食の多様性を 失わせる。

サセル動詞：使役の意味：

（6-200） Ｙが Ｘに 食の多様性を 失わせる。

以上は私の日本語である。

「失わせる」を他動詞相当として用いた例を見た。（6-201）である。

サセル動詞「失わせる」：他動詞相当：

（6-201）？人間は縄文時代から、炭水化物に大きく依存して食の多様性
を失わせ、その弊害を被っていたというのだ。

（6-202）？人間は…食の多様性を失わせ、…

（6-201）は第3章の（3-214）があった記事で見た。総合地球環境学研究所の
羽生淳子教授の仮説である。この記事を書いた記者の日本語では、下記のよ
うであろう。他動詞「失う」を多分、使うであろう。（6-198）参照。「失わせ
る」を他動詞相当として用いている。例は（6-201）。（私は言わない。疑問符
を付ける。）（6-201）は分かりにくい。（6-202）のように書けば、分かりやす
くなるだろう。

私の推測では、この記事を書いた記者の日本語では、（6-198）を言うのだ
ろうと思う。もしそうなら（6-201）の「させる」は無駄である。（6-203）の
ように言えば良い。

（6-203） 人間は…食の多様性を失い、…

もし（6-201）に対応する、元の文を設定するとしたら、それは（6-204）が
考えられる。しかし、（6-204）は意味をなさない。従って、（6-201）には元
の文が無い。

（6-204）＊食の多様性が失う。


［2］意味的に二重使役の場合

例は多数ある。自動詞と他動詞の両方が関係ある場合と他動詞だけが関係あ
る場合がある。他動詞だけが関係ある場合の方が分かりやすいので先に見る。


［2-1］他動詞だけが関係ある場合

例が二つ見つかった。

例 1.　「損なう sokona-u」と「損なわせる sokona-w-ase-ru」

「損なう」は他動詞である。「損なわせる」はサセル動詞である。私の日本語と下記で見る日本語は表 6 - 7 のように示すことができる。

表 6-7　「損なう」と「損なわせる」

|  | 私の日本語 | 下記の日本語 |
|---|---|---|
| 他動詞「損なう」 | + | 多分+ |
| 「損なわせる」 | -（使役なら使える） | +（他動詞相当） |

　私の日本語の他動詞「損なう」の例を挙げる。

　　他動詞「損なう」：

　（6-205）　前監督は大学の信頼を損なった。

　「損なわせる」を他動詞相当として用いた例を見た。(6-206)である。

　　サセル動詞「損なわせる」：他動詞相当：

　（6-206）　?前監督は大学の信頼を損なわせた。

(6-206)は 2018 年 11 月 15 日の毎日新聞(インターネット版)で見た。日本大学のアメリカンフットボール部の監督が不祥事を起こして、解雇されたという記事である。goo 辞書というサイト(2020 年 11 月 5 日に見た)によると「損なう」の意味の一つは「人の気持ちやからだの調子を悪くする」である。例として「感情を損なう」と「健康を損なう」を挙げている。この意味は柴谷(1978: 310)の言う誘発使役に当たる。5.7 で見たように、誘発使役は「ある事象が使役者の誘発がなければ起こらなかったが、使役者の誘発があったので起こった」ことを表す。即ち、「損なう」にすでに使役の意味がある。私の推測では、この記事を書いた記者の日本語では、(6-205)を言うのだろうと思う。もしそうなら(6-206)の「させる」は無駄である。「損なわせる」に使役の意味が二重に存在することになる。従って、「損なわせる」の「させる」は無駄である。(6-205)のように言えば良い。

　もし(6-206)に対応する、元の文を設定するとしたら、それは(6-207)が考えられる。しかし、(6-207)は意味をなさない。従って、(6-206)には元の文が無い。

　（6-207）＊大学の信頼が損なう。

　私の日本語では、(6-205)では、「損なう」よりも「損ねる」の方が自然に

感じる。しかし、(6-206)に合わせるために、「損なう」を使った。

例 2. 「読む yom-u」、「読ませる yom-ase-ru」、「読ます yom-as-u」、「読まさせる yom-as-ase-ru」

「読む」は他動詞で、「読ませる」はサセル他動詞で、「読ます」は他動詞で、「読まさせる」はサセル動詞である。この組はやや分かりにくいかもしれない。私の日本語と下記で見る日本語は表6-8のように示すことができる。

**表6-8 「読む」、「読ませる」、「読ます」、「読まさせる」**

|  | 私の日本語 | 下記の日本語 |
|---|---|---|
| 他動詞「読む」 | + | + |
| 使役動詞「読ませる」 | + | 多分+ |
| 他動詞「読ます」 | + | 多分+ |
| 「読まさせる」 | − | +（使役） |

私の日本語では、他動詞に「読む」を使う。例は(6-208)。サセル動詞「読ませる」も言える。使役の意味である。例は(6-209)。他動詞「読ます」も言える。あまり使わないが。例は(2-210)。「読ます」は使役の意味がある。柴谷(1978: 310)の言う誘発使役に当たる。更に、高橋(2003: 141-144)の言う本来の使役にも当たる。高橋によると、本来の使役は「動作を指示して、動作者に意図的な動作をおこなわせることをあらわす」。私の日本語では「読まさせる」は使わない。他動詞相当として使わない。使役動詞としても使わない。「読ます」yom-as-u に使役の意味があるので、「読まさせる」yom-as-ase-ru には、使役の意味が二重にある。しかし、私の日本語では「読まさせる」を二重使役には使わない。(6-212)参照。単一の使役にも使わない。(6-211)参照。

私の日本語：

他動詞「読む」：

(6-208)　秘書が　　文書を　　読む。

サセル動詞「読ませる」：

(6-209)　外務大臣が　秘書に　文書を　読ませる。

他動詞「読ます」：意味は使役：

(6-210)　外務大臣が　秘書に　文書を　読ます。

　　サセル動詞「読まさせる」：単一使役：

　（6-211）＊外務大臣が　秘書に　文書を　読まさせる。

　　サセル動詞「読まさせる」：二重使役：

　（6-212）＊総理大臣が　外務大臣に　秘書に　文書を　読まさせる。

以上は私の日本語である。「読まさせる」は言えない。

　「読まさせる」の例があった。（6-123）である。

　　サセル動詞「読まさせる」：使役の表現が二つある：意味は単一使役：

　（6-213）　　読まさせていただいた…

（6-213）は 2018 年 9 月 15 日の NHK テレビのニュース番組で聞いた。財務省理財局の文書改竄問題で安倍晋三首相（当時）が国会で答弁した言葉の中にあった。書き直す前の文書を財務省が安倍晋三首相に提示したことを述べている。「読まさせて」はローマ字で書くと、yom-as-ase-te である。この言葉は安倍晋三首相自身の言葉ではなく、財務省かどこかの、国会答弁文案作成者が書いたのであろう。この作成者の日本語では、他動詞「読む yom-u」は問題なく使うであろう。（6-208）参照。使役動詞「読ませる yom-ase-ru」も、多分、使うであろう。（6-209）参照。他動詞「読ます yom-as-u」も、多分、使うであろうと思う。自信は無いが。（6-210）参照。「読まさせる yom-as-ase-ru」の例が（6-213）である。

　「読まさせる yom-as-ase-ru」には、形の上では使役の意味を表す表現が二つ入っている。-as- と -ase- である。使役の意味が二重にある。しかし、（6-213）では単一使役の意味で使っている。従って、「読まさせる yom-as-ase-ru」には無駄がある。（6-209）の「読ませる yom-ase-ru」または（6-210）の「読ます yom-as-u」で十分である。従って、（6-213）の「読まさせて yom-as-ase-te」にも無駄がある。「読ませて yoma-ase-te」または「読まして yom-as-i-te」で十分である。

　（6-214）　読ませていただいた…　（yoma-ase-te）

　（6-215）　読ましていただいた…　（yom-as-i-te）

ただし、私の日本語では「読まして」は使わない。

　「失わせる」には元の文が無い。（6-204）参照。「損なわせる」にも元の文が無い。（6-207）参照。一方、（6-213）には元の文がある。（6-216）または（6-217）である。「読まさせる yom-as-ase-ru」の -as- を削除した場合の元の文は（6-216）（「読ませる yom-ase-ru」）である。-ase- を削除した場合の元の文

は(6-217)(「読ます yom-as-u」)である。

　　(6-216)　Xが　安倍晋三首相に　文書を　読ませる。　（yom-ase-ru）

　　(6-217)　Xが　安倍晋三首相に　文書を　読ます。　（yom-as-u）

更に、これらの文の元の文を設定することもできる。他動詞「読む yom-u」を用いる。

　　(6-218)　安倍晋三首相が文書を読む。


[2-2] 自動詞と他動詞の両方が関係ある場合

　例1.「変わる ka-war-u」、「変える ka-e-ru」、「変えさせる ka-e-sase-ru」

「変わる」は自動詞で、「変える」は他動詞で、「変えさせる」はサセル動詞である。私の日本語とインターネットなどで見た日本語との違いと共通点は表6-9のように示すことができる。

表6-9　「変わる」、「変える」、「変えさせる」

|  | 私の日本語 | 下記の日本語 |
|---|:---:|:---:|
| 自動詞「変わる」 | ＋ | ＋ |
| 他動詞「変える」 | ＋ | ＋ |
| 「変えさせる」 | －（使役なら言える） | ＋（他動詞相当） |

　私の日本語では以下の通り用いる。

　　自動詞「変わる」：

　　(6-219)　方針が　　変わる。

　　他動詞「変える」：

　　(6-220)　花子が　　方針を　　変える。

　　サセル動詞「変えさせる」：他動詞相当：

　　(6-221)　?花子が　　方針を　　変えさえる。

　　サセル動詞「変えさせる」：使役動詞：

　　(6-222)　章夫が　　花子に　　方針を　　変えさせる。

自動詞に「変わる」を使う。例は(6-219)。他動詞に「変える」を使う。例は(6-220)。「変える」は使役の意味がある。柴谷(1978: 310)の言う誘発使役に当たる。「変えさせる」は他動詞相当としては使わない。(6-221)参照。「変えさせる」は使役動詞としてなら使える。例は(6-222)。

インターネットなどで見た、あるいは、聞いた日本語は下記のようだ。

自動詞「変わる」：

（6-219）　方針が　　変わる。

他動詞「変える」：

（6-223）　ワールドカップは選手の人生を変えるほどの大会だが、今回は
　　　　　　選手ではなく一人の女性の人生も大きく変えたようだ。

（6-223）は 2014 年 7 月 11 日のフットボールチャンネルの記事（スポーツナビ
に転載）で見た。サッカーのワールドカップ・ブラジル大会を見に来た、或る
ベルギー人女性について述べている。

サセル動詞「変えさせる」：他動詞相当：

（6-224）　？17 年間の逃亡生活がその容貌を大きく変えさせていた。

　自動詞「変わる」は問題なく使えると思う。（6-219）参照。他動詞「変え
る」も使える。例は（6-223）参照。（6-224）は 2012 年 6 月 4 日にテレビ朝
日の「報道ステーション」という番組で聞いた。ある犯人が 17 年間の逃亡生
活の後、逮捕されたという報道である。「変えさせる」を他動詞相当として用
いている。（私の日本語では「変えさせる」は他動詞相当としては使えない。
（6-224）に疑問符を付けておく。）上述のように「変える」は使役の意味があ
る。私の推測では、（6-224）を言った人、または、書いた人の日本語では、
（6-223）も言うのだろうと思う。もしそうなら「変えさせる」に使役の意味
が二重に存在することになる。（6-224）の「させる」は無駄である。「変え
た」と言えば良い。

　もし（6-224）に元の文を設定するとしたら、それは（6-225）である。しか
し、（6-225）は言えない。従って（6-224）には元の文が無い。

（6-225）　＊容貌が　　変える。


　例 2.　「進む susum-u」、「進める susum-e-ru」、「進めさせる susum-e-sase-ru」

　「進む」は自動詞で、「進める」は他動詞で、「進めさせる」はサセル動詞で
ある。私の日本語と下記の日本語は表 6-10 のように示すことができる。

表6-10　「進む」、「進める」、「進めさせる」

|  | 私の日本語 | 下記の日本語 |
|---|---|---|
| 自動詞「進む」 | ＋ | ＋ |
| 他動詞「進める」 | ＋ | 多分＋ |
| 「進めさせる」 | －（使役なら言える） | ＋（他動詞相当） |

「進む」、「進める」、「進めさせる」の場合は「変わる」、「変える」、「変えさせる」の場合と殆ど同じである。唯一の違いは「下記の日本語」の「他動詞「進める」」の例が見つかっていないので、「多分」を付けたことである。この点以外は、「変わる」、「変える」、「変えさせる」について述べたことが「進む」、「進める」、「進めさせる」にも当てはまる。

　私の日本語では下記の通り用いる。

　　自動詞「進む」：

　　(6-226)　話が　　進む。

　　他動詞「進める」：

　　(6-227)　花子が　　話を　　進める。

　　サセル動詞「進めさせる」：他動詞相当：

　　(6-228)　？花子が　　話を　　進めさせる。

　　サセル動詞「進めさせる」：使役動詞：

　　(6-229)　章夫が　　花子に　　話を　　進めさせる。

インターネットなど見た日本語は下記のようであるらしい。

　　自動詞「進む」：

　　(6-226)　話が　　進む。

　　他動詞「進める」：

　　(6-227)　花子が　　話を　　進める。

　　サセル動詞「進めさせる」：他動詞相当：

　　(6-230)　？話し合いを　　進めさせる。

(6-230)は2003年12月の多分29日にNHKテレビで聞いた。他動詞相当として用いている。

　(6-231)は言えない。従って、(6-230)の元の文は無い。

　　(6-231)　＊話し合いが　　進める。

例3. 「起こる oko-r-u」、「起こす oko-s-u」、「起こさせる oko-s-ase-ru」

「起こる」は自動詞で、「起こす」は他動詞で、「起こさせる」はサセル動詞である。私の日本語と下記で見る日本語との違いと共通点は表6-11のように表せる。表6-10の場合とほぼ同じであるが、唯一違いがある。私の日本語での違いである。表6-10では、「進めさせる」は使役の意味なら言える。一方、表6-11では、「起こさせる」は使役の意味で使えない。他動詞相当でも言えない。

**表6-11 「起こる」、「起こす」、「起こさせる」**

|  | 私の日本語 | 下記で見る日本語 |
|---|---|---|
| 自動詞「起こる」 | ＋ | ＋ |
| 他動詞「起こす」 | ＋ | 多分＋ |
| 「起こさせる」 | － | ＋(他動詞相当) |

私の日本語では、自動詞に「起こる」を使う。例は(6-232)。他動詞には「起こす」を使う。例は(6-233)。「起こす」には使役の意味がある。柴谷(1978: 310)の言う誘発使役に当たる。「起こさせる」は使わない。(6-234)参照。他動詞相当としても、使役動詞としても使わない。

　　自動詞「起こる」：

　　(6-232)　望郷の念が　　起こる。

　　他動詞「起こす」：

　　(6-233)　望郷の念を　　起こす。

　　サセル動詞「起こさせる」：他動詞相当：

　　(6-234) ＊望郷の念を　　起こさせる。

NHKテレビの番組で或るアナウンサーが「起こさせる」の例を言うのを聞いた。このアナウンサーの日本語は多分、下記の通りであろう。

　　自動詞「起こる」：

　　(6-232)　望郷の念が　　起こる。

　　他動詞「起こす」：

　　(6-233)　望郷の念を　　起こす。

　　サセル動詞「起こさせる」：他動詞相当：

　　(6-235) ？望郷の念を　　起こさせる…

自動詞「起こる」は問題なく言えると思う。(6-232)参照。他動詞「起こす」も多分言えるであろう。(6-233)参照。(6-235)は「起こさせる」の例である。(6-235)は2018年3月にNHKテレビの「らららクラシック」という番組で聞いた。アナウンサーがアメリカの作曲家スティーブン・フォスターのMy old Kentucky homeについて言った。他動詞相当で使っている。(私は使わない。疑問符を付ける。)上述のように「起こす」は使役の意味がある。私の推測では、(6-235)を言った人の日本語では、(6-233)も言うのだろうと思う。もしそうなら「起こさせる」に使役の意味が二重に存在することになる。「させる」は無駄である。(6-233)のように言えば良い。

　もし(6-235)に元の文を設定するとしたら、それは(6-236)である。しかし(6-236)は言えない。従って、(6-235)には元の文が無い。

　　(6-236)　＊望郷の念が　　起こす。


　例4.　「でる d-e-ru」、「でさせる d-e-sase-ru」、「だす d-as-u」、「ださせる d-as-ase-ru」

　「でる」は自動詞で、「でさせる」はサセル動詞で、「だす」は他動詞で、「ださせる」はサセル動詞である。私の日本語と下記で見る日本語は表6-12のように示すことができる。漢字の「出」は「で」と読む場合もあり、「だ」と読む場合もある。以下では、音を明確に示すために、漢字「出」を使わないで、平仮名を使う。

**表6-12　「でる」、「でさせる」、「だす」、「ださせる」**

| | 私の日本語 | 下記で見る日本語 |
|---|---|---|
| 自動詞「でる」 | ＋ | ＋ |
| 「でさせる」 | ＋(使役) | 多分＋(使役) |
| 他動詞「だす」 | ＋ | 多分＋ |
| 「ださせる」 | ＋(使役) | ＋(使役) |

　私の日本語では、自動詞に「でる」を使う。例は(6-237)。「でる d-e-ru」のサセル形「でさせる d-e-sase-ru」も使えると思う。あまり使わないが。使役動詞である。例は(6-238)。他動詞に「出す」を使う。「だす」に使役の意味がある。柴谷(1978: 310)の言う誘発使役に当たる。例は(6-239)。「だす

d-as-u」のサセル形「ださせる d-as-ase-ru」も使える。例は（6−240）である。
使役動詞である。

　　　自動詞「でる」：

　　　（6−237）　陽川選手が　試合に　でる。

　　　サセル動詞「でさせる」：

　　　（6−238）　監督が　陽川選手を　試合に　でさせる。

　　　他動詞「だす」：

　　　（6−239）　監督が　陽川選手を　試合に　だす。

　　　サセル動詞「ださせる」：使役動詞：

　　　（6−240）　球団オーナーが　監督に　陽川選手を　試合に　ださせる。

　2016年4月29日のテレビのスポーツ番組で、阪神の陽川尚将（ようかわ・
なおまさ）選手がヒーローインタビューで「ださせる」を使った。陽川選手の
日本語では、多分、下記の通りであろう。自動詞「でる」は問題なく使える
であろう。（6−237）参照。使役形「でさせる」は多分使えるであろう。（6−
238）参照。他動詞「出す」をも使えるであろう。（6−239）参照。

　　　自動詞「でる」：

　　　（6−237）　陽川選手が　　試合に　　でる。

　　　サセル動詞「でさせる」：

　　　（6−238）　監督が　　陽川選手を　　試合に　　でさせる。

　　　他動詞「だす」：

　　　（6−239）　監督が　　陽川選手を　　試合に　　だす。

　サセル形「ださせる」の場合、私の用法でも、陽川選手の用法でも、使役で
ある。しかし違いがある。私の用法は（6−240）に示した。陽川選手の用法は
下記である。

　　　サセル動詞「ださせる」：

　　　（6−241）　？試合にださせていただいているので…

（6−241）は、球団オーナーか誰かが監督に指示を出して、陽川選手を試合に
ださせると言う意味ではない。監督が陽川選手を試合にだすという意味であ
る。私の日本語では下記のように言う。

　　　（6−242）　試合にだしていただいているので…

　上述のように「だす」は使役の意味がある。私の推測では、陽川選手の日本
語では、（6−239）も言うのだろうと思う。もしそうなら「ださせる」に使役

の意味が二重に存在することになる。「させる」は無駄である。(6-242)のように言えば良い。

もし(6-241)に元の文を設定するとしたら、考えられるのは(6-243)である。サセル形「ださせる d-as-ase-ru」に対応する、元の形は「だす d-as-u」である。

(6-243) 陽川選手が　　試合に　　だす。

しかし、(6-243)は(6-241)の元の文ではない。陽川選手が誰かを試合にだすという意味である。従って、(6-241)には元の文が無い。

「試合に出させてもらっている」と言う表現は新聞記事でよく見る。例えば、2019年9月5日の毎日新聞(インターネット版)で見た記事によると、阪神の近本光司選手が「試合に出させてもらっているおかげ」と言ったそうだ。しかし、漢字で書いてあるから、「でさせて」か「ださせて」か、分からない。そのため、(6-241)では、新聞記事で見たのでははなく、私が聞いた例を挙げた。私が聞いた例は他にもある。例えば、2018年7月9日の朝のNHKテレビの番組で、巨人の吉川尚輝(よしかわ・なおき)選手が「試合にださせてもらっているので…」と言うのを聞いた。

例5.「働く hatarak-u」、「働かせる hatarak-ase-ru」、「働かす hatarak-as-u」、「働かさせる hatarak-as-ase-ru」

「働く」は自動詞で、「働かせる」はサセル動詞で、「働かす」は他動詞で、「働かせる」はサセル動詞である。私の日本語と下記で見る日本語は表6-13のように示すことができる。

**表6-13 「働く」、「働かせる」、「働かす」、「働かさせる」**

|  | 私の日本語 | 下記の日本語 |
|---|---|---|
| 自動詞「働く」 | + | + |
| 「働かせる」 | + | 多分+ |
| 他動詞「働かす」 | + | 多分+ |
| 「働かさせる」 | − | +(使役) |

私の日本語では、自動詞として「働く」を用いる。例は(6-244)。そのサセル形「働かせる」も使う。例は(6-245)。他動詞「働かす」も使う。例は

(6-246)。「働かす」には使役の意味がある。柴谷(1978: 310)の言う誘発使
役に当たる。「働かす」のサセル形「働かさせる」は使わない。使役動詞とし
ても使えないし、他動詞相当としても使えない。(6-247)参照。

　　　自動詞「働く」：

　　(6-244)　　社員が　　　働く。

　　　サセル動詞「働かせる」：

　　(6-245)　　社長が　　　社員を　　　働かせる。

　　　他動詞「働かす」：

　　(6-246)　　社長が　　　社員を　　　働かす。

　　　サセル動詞「働かさせる」：

　　(6-247)　＊社長が　　　社員を　　　働かさせる。

　或るテレビドラマで「働かさせる」の例を見た。このドラマの脚本を書いた
人の日本語では下記のようだ。自動詞「働く」は問題なく使えるであろう。例
は(6-244)。使役形「働かせる」は多分使えるであろう。(6-245)参照。他
動詞「働かす」も多分使えるであろう。(6-246)参照。更に、驚いたことに
「働かさせる」の例を聞いた。(6-248)である。

　　　自動詞「働く」：

　　(6-244)　社員が　　　働く。

　　　サセル動詞「働かせる」：

　　(6-245)　社長が　　社員を　　　働かせる。

　　　他動詞「働かす」：

　　(6-246)　社長が　　社員を　　　働かす。

　　　サセル動詞「働かさせる」：

　　(6-248)　？…愉快に働かさせてもらった。

(6-248)は2020年9月27日のTBSテレビのドラマ「半沢直樹」の第2シ
リーズの第10回(最終回)で聞いた。東京中央銀行の中野渡(なかのわたり)頭
取が辞職して銀行を去る時に言った言葉である。(私の日本語では言えない。
疑問符を付けておく。)「働かさせる」は「働かす」のサセル形である。上述
のように「働かす」は使役の意味がある。私の推測では、このドラマの脚本を
書いた人の日本語では、(6-246)も言うのだろうと思う。もしそうなら「働
かさせる」に使役の意味が二重に存在することになる。「させる」は無駄であ
る。(6-249)のように言えば良い。

　　　（6-249）　愉快に働かせてもらった。

　もし（6-248）に元の文を設定するとしたら、それは（6-250）が考えられる。上で見たように、使役形「働かさせる hatarak-as-ase-ru」に対応する元の形は「働かす hatarak-as-u」である。

　　　（6-250）　中野渡さんが　　　愉快に　　　働かした。

　しかし、（6-250）は（6-248）の元の文ではない。（6-250）は、中野渡さんが誰か他の人を働かせたという意味である。従って、（6-248）には元の文が無い。

### 6.4.4.7　なぜ無駄なサセル動詞を使う？

　6.4.4.6 で無駄なサセル動詞の例を見た。柴谷（1978: 120–133, 310–321）や高橋（2003: 141–145）の使役文の研究は無駄なサセル動詞を扱っていない。言い間違いあるいは書き間違いと見なしたのかもしれない。しかし、無駄なサセル動詞は珍しくない。かなり頻繁に見る、または、聞く。

　誤解の無いように以下のことを述べておく。サセル動詞の全てが無駄であるわけではない。動詞に「させる」を付けると便利なことがある。例えば、6.2.2.2 で下記のことを見た。私の日本語では、「完成する」を自動詞としても用い、他動詞としても用いる。自動詞と他動詞の形の区別が無い。この点では不便である。一方、「完成させる」を他動詞相当として用いる人達がいる。この人達の日本語では、自動詞「完成する」と他動詞相当「完成させる」の形の区別がある。この点では便利である。（ただし、「完成させる」に使役用法が無いという点では不便だが。）

　今まで見たように、無駄なサセル動詞が多数ある。では、或る種の人達は、なぜ無駄なサセル動詞を使うのだろうか？　以下は推測である。あくまでも推測である。この推測は 6.4.4.5 で見た、「させる」を他動詞の印として使った例に関係がある。

　「この種のサセル動詞を使う人達は学校で（例えば、英文法の授業で）動詞には自動詞と他動詞があると習った。自動詞とは何か、他動詞とは何か、今は、はっきり覚えていないかもしれないが、少なくとも漠然とは、覚えている。或る種の動詞については、この動詞が自動詞なのか、他動詞なのか、確かではない場合がある。その場合には動詞に「させる」を付ける。即ち、「私はこの動詞を他動詞として使っていますよ」という印である。特に「ださせていただく

d-as-ase-te itada-k-u」や「働かさせてもらう hatarak-as-ase-te mora-u」のように長い表現の場合はそうである。即ち、かなり多くの例では、「させる」に使役の意味があるという意識は無い。

　以上はあくまでも、私の推測である。しかし、かなり的確な推測であると思う。理由を挙げる。明らかに自動詞と分かる動詞の場合には、無駄なサセル動詞の例を見たことが無い。例えば、以下のようなサセル動詞は見たことが無い。

　　（6-251）＊選手が一生懸命走らせています。

　　（6-252）＊赤ちゃんが泣かせています。

　　（6-253）＊魚が泳がせています。

　　（6-254）＊鳥が飛ばせています。

私に推測では、多分「これらの動詞が他動詞ではないことに確信がある。だから「させる」は付けない」と考えているのであろう。無意識にかもしれないが。

　以上を纏めると、私の推測では、無駄なサセル動詞の場合、「させる」を付けることは、「私はこの動詞を他動詞として使っていますよ」という印なのであろう。

　私が言う無駄なサセル動詞は、頻繁に見たり、聞いたりする。柴谷（1978: 120–133, 310–321）や高橋（2003: 141–145）の使役文の研究は無駄なサセル動詞を扱っていないが。もはや言い間違いあるいは書き間違いではないようだ。サセル動詞の用法の一つとして確立しているようだ。そのため、私は5.7で提案した使役文あるいはサセル動詞の意味と用法の分類において、（h-5）無駄なサセル動詞という類を立てることを提案した。

　第1章で、ラレル受動文を、私の日本語では使わないところで使った例を多数見た。ラレル受動文を使ったために、分かりにくくなったり、誤解を招いたりする例を見た。第2章で、なぜこんなラレル受動文を使うのか推測した。ラレル受動文はおしゃれだと思っている人がいるようだ。2.5.3で見た。「られる」をただの飾りとして使っているらしい例を2.5.4で見た。

　サセル動詞の場合、「他動詞として使っていますよ」という印として使っているらしい例がある。この点では、一見、ラレル動詞の飾り用法に似ているように見えるかもしれない。しかし、私の推測では違いがある。ラレル受動文はおしゃれだと思っている人がいるようだ。一方、サセル使役動詞はおしゃれだと思っているようには見えない。この動詞が自動詞なのか、他動詞なのか、確かではない場合に、動詞に「させる」を付けるのである。

　無駄なサセル動詞の多くは、意味の点から見て、使役の意味を表す要素が二つある。同じ意味、あるいは、似た意味を表す要素が二つある表現は他にもある。いくつか例を挙げる。3.8.2.7で以下の例を挙げた。

　（3-285）　今、（名前）先生がおっしゃられたように、…
「おっしゃられる」と表現を用いた。「おっしゃる」には尊敬の意味がある。しかし、（3-285）を言った人の日本語では、多分「おっしゃる」に尊敬の意味があるという意識が薄くなって、あるいは、無くなって、尊敬の意味を表す「られる」を付けたのであろう。例は他にもある。「子供達」には「供」と「達」がある。「供」も「達」も複数を表す。ただし、現代語では「子供」に複数の意味は無い。「おみ足」には「お」と「み」がある。共に尊敬または丁寧を表す。「おみおつけ」には「お」と「み」と「お」が付いている。三つも付いている。

　ここで話がやや横道にそれる。英語のchilden「子供達」にも複数を表す要素が二つあるそうだ。-rと-enである。-rが複数を表す例は私達が学校で習う英語には無いようだ。-enはox「雄牛」の複数形oxenにある。私は1971年から1974年にかけて豪州東北部で、現地のWarrongo ワロゴという言語を調査した。この言語では名詞は一般に単数と複数の区別が無い。例えばbamaは単数「男」の意味でも、複数「男達」の意味でも使える。しかし、例外がある。「子供」と「子供達」である。単数形galbin「子供」と複数形galbiri「子供達」がある。以上のこともとにして、私は以下の予測を立てた（Tsunoda 2011: 231）。

　「もし或る言語で複数を表す名詞があれば、そのような名詞の一つはchildを表す名詞であろう。もし或る言語で複数の印を二つ持つ名詞があれば、そのような名詞の一つはchildを表す名詞であろう。」

　非常に大まかに言えば、childを表す名詞は複数形を持ちやすいであろう、二重の複数形を持ちやすいであろうということである。

　無駄なサセル動詞の話に戻る。「おっしゃられる」、「子供達」、「おみ足」、「おみおつけ」、childrenの例を見て考えると、一つの表現の中に同じ意味、あるいは、似た意味を表す要素が二つあることは驚くほどのことではないのだろう。諸言語にある現象かもしれない。

## 6.5　サセル動詞ではない他動詞が消える？

　5.5 で見たように、日本語文法の研究で一般に使役動詞と呼ぶものは下記の形を持っている。

　　母音 -sase-

　　子音 -ase-

この他、使役動詞とは呼ばないが、使役の意味を持つ動詞もある。例えば、表5-2 に挙げた他動詞は全てそうである。表5-2 を再掲する。

### 表5-2　自動詞と他動詞の対応の例

| 自動詞 | 働く | 付く | 焼ける | 始まる | 伸びる | 壊れる | 落ちる | 残る |
|---|---|---|---|---|---|---|---|---|
| | hatarak-u | tuk-u | yak-e-ru | hajim-ar-u | nob-i-ru | kowa-re-ru | ot-i-ru | noko-r-u |
| 他動詞 | 働かす | 付ける | 焼く | 始める | 伸ばす | 壊す | 落とす | 残す |
| | hatarak-as-u | tuk-e-ru | yak-u | hajim-e-ru | nob-as-u | kowa-s-u | ot-os-u | noko-s-u |

　他動詞とサセル動詞が並存している場合がある。例を挙げる。

　　（a）「働かす hatarak-as-u」と「働かせる hatarak-ase-ru」

　　（b）「立てる tat-e-ru」と「立たせる tat-ase-ru」

　　（c）「休める yasum-e-ru」と「休ませる yasum-ase-ru」

　　（d）「進める susum-e-ru」と「進ませる susum-ase-ru」

　　（e）「終える o-e-ru」と「終わらせる o-war-ase-ru」

　　（f）「余す ama-s-u」と「余らせる ama-rase-ru」

　5.1 で以下の通り述べた。「使役文の使用頻度が上昇して、使用範囲も拡大しているようだ。」他動詞とサセル動詞が並存している場合にも、このことが起こっている。サセル動詞が他動詞を駆逐して、他動詞が消滅の危機に瀕している場合がある。例を挙げる。

　例 1.　「終える o-e-ru」と「終わらせる o-war-ase-ru」

　「終える」が他動詞で、「終わらせる」がサセル動詞である。他動詞とサセル使役動詞が並存している場合の他動詞の中で、「終える o-e-ru」が最も危機的な状況にある。

　まず、私の日本語について述べる。私の日本語では「終える」と「終わらせる」には使い分けがある。違いを正確に言うのは困難であるが、例えば、自分が介入する場合、あるいは、働きかける場合、あるいは努力する場合、ある

いは、責任があって行う場合、あるいは、そのことをコントロールできるような場合には、「終わらせる」でなく、「終える」を用いる。意味の点で言うと、大まかに言って、柴谷(1978: 310)の言う誘発使役に当たる。高橋(2003: 141–145)の言う本来の使役に当たるとも言える。私が作った例を挙げる。

　(6–255)　今日も執筆がはかどった。午後 5 時に執筆を終えた。

　他動詞「終える」の例を二つ見つけた。

　1 番目の例は下記である。

　(6–256)　訪問を終えた香取は…

(6–256)は 2013 年 10 月 30 日のデイリースポーツで見た。SMAP という男性グループの香取慎吾という人が或る会社を訪問したという記事である。

　2 番目の例は下記である。

　(6–257)　宮里藍は…現役最後の試合を終えた。

(6–257)は 2017 年 9 月 18 日の産経ニュースで見た。ゴルフの宮里藍選手の現役最後の試合についての報道である。

　一方、放任する場合や放置する場合には「終える」でなく、「終わらせる」を使う。意味の点で、柴谷の許容使役と高橋の放任・許可の使役に当たる。この意味の例を二つ見つけた。

　1 番目の例は下記である。

　(6–258)　なでしこジャパンを「奇蹟の集団」で終わらせていいのか

(6–258)は 2015 年 7 月 21 日に Yahoo! JAPAN で見た記事の見出しである。女子サッカー日本代表チームの「なでしこジャパン」は 2011 年のワールドカップで優勝し、2012 年のロンドン五輪で準優勝した。しかし、その後成績が悪くなってきた。この見出しは、この状況を放置して良いのかと訴えている。

　2 番目の例は下記である。

　(6–259)　"松坂効果"を一過性で終わらせないために

(6–259)は 2018 年 3 月 29 日の Full-Count の記事(Yahoo! JAPAN に転載)の見出しで見た。松坂大輔投手が中日に入団したために、一時的に観客が増えたが、今後が心配だ、何かしなくては、という記事である。

　ここまで、私の日本語を見た。「終える」は誘発使役または本来の使役の意味を持ち、「終わらせる」は許容使役または放任・許可の使役の意味を持っている。「終える」と「終わらせる」は意味の点で使い分けている。この違いのある日本語を話す人は私以外にもいるであろう。

　しかし、私が見た例、あるいは、聞いた例の大部分では、「終える」が消滅の危機に瀕している。「終わらせる」が「終える」を駆逐して、「終える」が絶滅危惧種になっている。「終える」を使った例を見つけることは非常に困難である。たまたまかもしれないが。やっと二つ見つけた。(6−256)と(6−257)である。これらは貴重品だ。私の日本語と同じで、「終える」を誘発使役または本来の使役の意味で使っている。

　しかし、私が見た例、あるいは、聞いた例の大部分では「終わらせる」を誘発使役または本来の使役の意味で使っている。例は多数ある。以下にいくつか挙げる。私の日本語では「終える」を使う。従って、これらの例には疑問符を付ける。

　1番目の例は下記である。

　(6−260)　？第3章を終わらせました。

　(6−261)　　第3章を終えました。

2008年頃のことだったと思う。東京大学に勤務していた時だ。ある博士課程の学生の指導教員を担当していた。その学生がある日、博士論文の原稿を持って来て、(6−260)を言った。私は「え！」と思った。私なら(6−261)を言う。私はその学生に「終える」という動詞を知っているか聞いてみた。その学生は「終える」は知っているが、使わないそうだ。

　2番目の例は下記である。

　(6−262)　？ガラス掃除を手早く終わらせるコツ

(6−262)は2018年3月14日にYahoo! JAPANで見た。私の日本語では「終える」と言う。

　3番目の例は下記である。

　　見出し：

　(6−263)　？戦争　　終わらせる困難と憲法

　　記事の中：

　(6−264)　？戦争を始めること。そして戦争を終わらせること。

(6−263)は2014年5月2日の朝日新聞で見た記事の見出しである。国家として戦争を終える責任について述べている。見出しに「終わらせる」がある。記事の中に「終わらせる」が6回出てくる。(6−264)はそのうちの一つである。しかし「終える」は1回も出てこない。(6−264)は特に興味深い。他動詞「始める」(表5−2参照)を使っているが、サセル動詞「始まらせる」は

使っていない。他動詞「始める」は消滅の危機に瀕していないようだ。

　上で見たように、「終わらせる」を誘発使役または本来の使役の意味で使っている例は多数ある。話し言葉にも、新聞記事にもある。私は「終わらせる」を誘発使役または本来の使役の意味で使うのは若い世代だけかと思った。しかし、新聞記事などを見てそうではないと分かった。他にもある。2010 年頃のことだったと思う。国立国語研究所に勤務していた時である。当時 55 歳くらいであった同僚に、(6-260)の例を話した。するとこの同僚も、「終える」ではなく、「終わらせる」を使うと言った。「終わらせる」を使うのは若い世代だけではない。

　明らかに、「終わらせる」が「終える」を駆逐して、「終える」が絶滅危惧種になっている。

　例 2.　「休める yasum-e-ru」と「休ませる yasum-ase-ru」
　「休める」が他動詞で、「休ませる」がサセル動詞である。「休ませる」の例を一つ見つけた。断言できないが、「休める」と「休ませる」の場合でも、他動詞「休める」が消滅しかけているかもしれない。
　　(6-265)　？機関車がエンジンを休ませていた。
　　(6-266)　　機関車がエンジンを休めていた。
(6-265)は 2017 年 4 月 29 日に NHK テレビの「機関車トーマス」という番組で聞いた。私の日本語では(6-266)を使う。

　例 3.　「立てる tat-e-ru」と「立たせる tat-ase-ru」
　「立てる」が他動詞で、「立たせる」がサセル動詞である。「立たせる」の例を一つ見つけた。断言できないが、「立てる」と「立たせる」の場合でも、他動詞「立てる」が消滅しかけているかもしれない。
　　(6-267)　？…役立たせたい。
　　(6-268)　　…役立てたい。
(6-267)は 2018 年 1 月 28 日に NHK テレビのニュースで見た。高校生達が手話の講習会で手話を習ったというニュースである。一人の女子高校生が(6-267)を言った。私なら(6-268)を使う。

例4.「余す ama-s-u」と「余らせる ama-rase-ru」

「余す」が他動詞で、「余らせる」がサセル動詞である。「余らせる」の例を一つ見つけた。断言できないが、「余す」と「余らせる」でも、他動詞「余す」が消滅しかけているかもしれない。

(6-269) ？交代枠を一つ余らせたまま破れたモイーズ監督は…

(6-270) 交代枠を一つ余したまま…

(6-269)は2014年1月21日のスポーツ報知の記事（Yahoo! JAPAN に転載）で見た。サッカーのイングランド・プレミアムリーグのマンチェスター・ユナイティッドの監督の采配について述べている。私なら「余す」と言うと思う。(6-270)参照。「余す」という動詞自体、あまり使わないが。

　以上、他動詞とサセル動詞が並存している場合に、サセル動詞が他動詞を駆逐して、他動詞が消滅の危機に瀕している場合があるらしいことを見た。「終える」と「終わらせる」の場合は、明らかにこのことが起こっている。私の日本語では「終える」を誘発使役または本来の使役の意味で用い、「終わらせる」を許容使役または放任・許可の使役の意味で用いる。しかし、私が見た、あるいは聞いた例の大多数では、「終わらせる」を誘発使役または本来の使役の意味で用いている。「終える」が消滅の危機に瀕している。この意味の区別も消滅の危機に瀕している。

　しかし、他動詞が消滅の危機に瀕しているとは限らない。元気な他動詞もある。1番目の例は「始める」である。(6-264)ではサセル動詞「始まらせる」ではなく、他動詞「始める」を用いている。2番目の例は「変える」である。(6-223)ではサセル動詞「変わらせる」ではなく、他動詞「変える」を用いている。

## 6.6 第6章、サセル文：使役文（第2部）のまとめ

　サセル使役文の使用頻度が上昇している。使用範囲も拡大している。その結果であろうか、様々な変化が起こっているようだ。

　第6章では、まず「漢語＋する」を見た。私の日本語では、「完成する」などを自動詞としても使い、他動詞としても使う。自動詞と他動詞の形の区別が無い点では不便である。「完成させる」などは使役の意味で使う。今、「完成させる」などを他動詞相当として使う人が大勢いる。自動詞「完成する」などと

他動詞相当「完成させる」などの形を区別するので、この点では便利である。しかし、この人達の日本語では「完成させる」などの使役用法が無くなった。この点では不便になった。

「漢語＋させる」には無駄な「させる」もある。「発揮させる」などである。自動詞に「発揮する」などが無いのだから、「発揮する」などで十分だ。

「成功する」と「成功させる」には様々な文型の例が見つかった。「成功させる」が最近広まったのであろうか、文型が固定していないようだ。「着氷する」と「着氷させる」についても同じことが言える。

文法研究では一般に、使役文には元の文を立てる。しかし、新聞やインターネットで見つけた例には、サセル動詞を用いた文の中には元の文が無いものがある。

私は、高橋(2003)が設定した他動詞相当の使役を下位分類することを提案した。下位分類の中には、サセル動詞を他動詞として用いたものと、無駄なサセル動詞がある。無駄なサセル動詞(正確には -sase- の部分と -ase- の部分が無駄)の多くは、意味の点から見て、使役の意味を表す要素が二つある。

なぜ無駄なサセル動詞を使うのであろうか？ 私の推測では、或る動詞が自動詞か他動詞か分からない時に、「この動詞を他動詞として使っていますよ」という印として使っているのだろうと思う。この場合、「させる」に使役の意味があるという意識は無いようだ。ラレル受動文とは違い、「させる」をおしゃれとは思っていないようだ。

他動詞とサセル動詞が並存している場合、他動詞が消滅に向かっている場合があるようだ。「終える」と「終わらせる」の「終える」は明らかに消滅しかけている。他動詞「終える」(誘発使役または本来の使役)とサセル動詞「終わらせる」(許容使役または放任・許可の使役)の意味の点での使い分けも消滅しかけている。

このように、今、日本語のサセル動詞・使役動詞とサセル文・使役文に大きな変化が起こっている。

# 第7章 「楽しむ」：意味の変化の例

## 7.1 はじめに

　本書は現代の日本語で起こっている変化を扱っている。第1章から第3章でラレル受動文を、第4章でテアル受動文を、第5章と第6章でサセル使役文を見た。これらの章では文法における変化を見た。現代の日本語では、文法の面だけでなく、意味の面でも変化が多数起こっている。本章では動詞「楽しむ」を見る。「楽しむ」に意味の面で三つの変化が起こっているようだ。三つの変化のうち、一つは文法に関係がある。人称に関することである。意味の点だけでも、三つの変化が同時の起こっているらしいことは興味深い。「楽しむ」は現代の日本語で、私が最も注目している語の一つである。

## 7.2 人称について

　まず、人称についておさらいをしよう。学校で英語を習った時に、代名詞の人称と数ということを習った。表7−1に示す。

表7−1　英語の代名詞の人称と数

| 人称 | 1人称 | 2人称 | 3人称 |
|------|-------|-------|-------|
| 単数 | I | you | he, she, it |
| 複数 | we | you | they |

　英語の代名詞を日本語に訳せば、「私」、「あなた」、「彼」、「彼女」などとなる。日本語のこれらの語を代名詞と呼ぶ人がいる。しかし、英語などと比べて、日本語では、代名詞という品詞を立てる根拠は弱いと思う。日本語のこれらの言葉は代名詞とはしないで、名詞の一種と見ることも妥当である。

　世界のかなりの数の言語で、動詞は主語の人称と数に応じて活用する。私は欧州の言語の中で、英語の他に、ドイツ語、ロシア語、フランス語などを少し勉強した。これらの言語では、動詞は主語の人称と数に応じて活用する。英語では人称と数による活用は殆ど無くなったが、be動詞には少し残っている。

現在形を挙げる。

　　1 人称単数： I am...
　　2 人称単数： You are...
　　3 人称単数： He/She/It is...
　　1 人称複数： We are...
　　2 人称複数： You are...
　　3 人称複数： They are...

単数形に限って言えば、am、are、is と、人称の区別がある。


### 7.3　日本語：動詞、形容詞と人称について

　日本語の動詞と形容詞には人称と数による活用は無い。しかし、人称による使い分けがある。まず、形容詞の例を挙げる。


　例 1.　「嬉しい」
　　1 人称：自分について言う時：
　　（7−1）　　ああ、嬉しい！
　　2 人称：相手について言う時：
　　（7−2）　　＊嬉しい。
　　（7−3）　　嬉しい（ですか）？
　　（7−4）　　嬉しそうですね。
　　3 人称：第三者について言う時：
　　（7−5）　　＊花子さんは嬉しい。
　　（7−6）　　花子さんは嬉しそうだ。

「嬉しい」は自分について言う時には、言える。例は（7−1）。相手について言う時には、そのままでは言えない。（7−2）参照。相手の気持ちを尋ねる場合は言える。例は（7−3）。相手の気持ちを推測する場合も言える。例は（7−4）。第三者について言う時は、そのままでは言えない。（7−5）参照。しかし、第三者の気持ちを推測する場合には言える。例は（7−6）。このように、「嬉しい」は人称によって用法が違う。この背景には以下のことがあるのだろう。嬉しいかどうかは、本人しか分からない。他の人の気持ちは、聞いて見るか、推測するしかない。例 2 も同様である。

例2.　「楽しい」

　　1 人称：自分について言う時：

　　（7-7）　　ああ、楽しい！

　　2 人称：相手について言う時：

　　（7-8）　　＊楽しい。

　　（7-9）　　　楽しい（ですか）？

　　（7-10）　　楽しそうですね。

　　3 人称：第三者について言う時：

　　（7-11）　＊花子さんは楽しい。

　　（7-12）　　花子さんは楽しそうだ。

次に動詞の例を挙げる。

例3.　「楽しむ」

　　1 人称：自分について言う時：

　　（7-13）　ああ、楽しんだ！

　　2 人称：相手について言う時：

　　（7-14）　＊楽しんだ。

　　（7-15）　　楽しんだ？

　　（7-16）　　楽しみましたか？

　　（7-17）　　楽しんだようですね。

　　3 人称：第三者について言う時：

　　（7-18）　＊花子さんは楽しんだ。

　　（7-19）　　花子さんは楽しんだようだ。

　　1 人称の「楽しむ」の実例を挙げる。

　　（7-20）　　でも、楽しんだよ。

1980 年代のことであったと思う。当時、巨人の選手だった中畑清選手が一試合にホームランを 3 本打った。もう 1 本打てば、一試合にホームラン 4 本となり、プロ野球タイ記録となるところであった。しかし、残念ながら 4 本目のホームランとはならなかった。試合の後、中畑清選手が（7-20）のような文を言った。これは、「1 人称：自分について言う時」の例である。

　このように、日本語は、気持ちは、本人しか分からない、他の人の気持ちは、聞いて見るか、推測するしかないということを繊細に表す言語である。私はこの点について、世界の諸言語を調べたことは無い。しかし、日本語のこの現象を豪州の或る言語学者が知っていた。日本語を専門とはしていないのに。もしかしたら、日本語のこの現象は海外の言語学者の間で話題になっているのかもしれない。

　しかし、この繊細な用法が現在の日本語で消え始めているかもしれない。7.4 で述べる。

### 7.4 「楽しむ」の変化：その1

　新聞記事やインターネット記事で見た「楽しむ」の例では、上で見た繊細な用法が消え始めているようだ。この変化には以下の点がある。

　　（a）他の人の気持ちについて、推測しないで、断定する。
　　（b）人称による使い分けをしない。

以下で例を挙げる。

　1番目の例は下記である。
　　（7-21）　？オバマ大統領は皇居で晩餐会を楽しみました。
2010年前後のことだったと思う。当時の米国大統領だったオバマ大統領が来日して、その日の晩に皇居での晩餐会に出席したというテレビニュースで聞いた。私はこの文を聞いた時、おかしいと思った。理由は下記である。

　理由1．オバマ大統領は時差ぼけで、疲れていたと思う。とても晩餐会を楽しむような状況ではなかったと思う。

　理由2．楽しんだかどうかは、本人に聞かなければ分からない。それなのに「楽しみました」と断定した。これもおかしい。

　報道には正確さが必要だ。（7-21）のような報道は正確さに欠ける。では正確に報道するにはどうしたらよいか？　方法はいくつかあると思う。一つの方法は（7-22）のように言うことであろう。（7-23）のように言う方法もあると思う。

　　（7-22）　オバマ大統領は皇居で晩餐会を楽しんだようだ。
　　（7-23）　オバマ大統領は皇居で晩餐会を楽しんだと報道陣に語った。

　2番目の例は下記である。

　　　　（7-24）　？安部総理はゴルフを楽しみました。

（7-24）は2017年1月3日にテレビ朝日のニュース番組で聞いた。当時の安倍晋三首相の休暇を報道したものである。この文もおかしい。楽しんだかどうか、本人に聞かないと分からないのに、「楽しみました」と断定している。（7-24）の報道も正確さに欠ける。（7-25）のように言っても良い。（7-26）のように言っても良い。

　　　　（7-25）　安部総理はゴルフを楽しんだようです。

　　　　（7-26）　安部総理はゴルフを楽しんだと報道陣に語りました。


　3番目の例は米国のオバマ大統領の次の大統領のトランプ大統領に関する報道で見つけた。2018年7月にトランプ大統領が英国を訪問した時に、夫人と共に、ウィンザー城でエリザベス女王と面会し、茶会に出席したという報道である。新聞社各社の報道を比べてみよう。

　初めの例は下記である。

　　　　（7-27）　夫妻は女王とのティータイムを楽しんだもようだ。

（7-27）は2018年7月14日の産経ニュースの記事で見た。「もようだ」を使っている。正確な報道である。

　次の例は下記である。

　　　　見出し：

　　　　（7-28）　？トランプ氏が英女王を表敬、一緒にお茶も楽しむ

　　　　記事の中：

　　　　（7-29）　　トランプ氏は…、城内でお茶を楽しんだという。

（7-28）と（7-29）は）は2018年7月14日のYOMIURI ONLINEで見た。記事の中では「という」と言っている。正確な報道である。

　しかし、見出しでは「楽しむ」と断定している。正確な報道ではない。

　次の例は下記である。

　　　　見出し：

　　　　（7-30）　？トランプ夫妻がエリザベス女王と面会、ティータイム楽しむ

　　　　記事の中：

　　　　（7-31）　？その後、夫妻は女王とのティータイムを楽しんだ。

（7-30）と（7-31）は2018年7月14日のロイター（Yahoo! JAPANに転載）で見た。見出しで「楽しむ」を使い、記事の中で「楽しんだ」を使って、断定し

ている。正確な報道ではない。（ただし、この記事は海外の通信社の記事の和
訳かもしれない。自然な日本語ではないかもしれない。）

　次の例は下記である。

　　　（7-32）　？…トランプ氏は…、茶会を楽しんだ。

(7-32)は2018年7月14日のJIJI.COMの記事(Yahoo! JAPANに転載)で見
た。「楽しんだ」を使って、断定している。正確な報道ではない。

　（朝日新聞、日本経済新聞、毎日新聞は「楽しむ」の表現を使っていなかった。）


　以上見たように、「楽しむ」の例の中に、人称による使い分けが消えかかっ
ているものがある。表現の豊かさが消えるという点では損失である。他人の気
持ちを断定していている例もある。報道の正確さに欠ける。これは報道として
は好ましくない。

　しかし、別の側面もある。人称による使い分けが無くなって、「ああ、楽に
なった」と喜ぶ人がいるかもしれない。また、報道の正確さが無い方が都合の
良い人もいるかもしれない。世の中には、正確に報道されたら困るようなこと
をしている人もいる。


## 7.5　「楽しむ」の変化：その2

　動詞「見る」と動詞「聞く」は同じような動詞に見える。しかし、私の日本
語では微妙な違いがある。

　まず、「見る」は(7-33)のようにも使えるし、(7-34)のようにも使える。

　　　（7-33）　花子さんを見た。

　　　（7-34）　花子さんの姿を見た。

　一方、「聞く」は(7-35)のようには使えない。しかし、(7-36)のようになな
ら使える。

　　　（7-35）　？花子を聞いた。

　　　（7-36）　花子の声を聞いた。

同様に、(7-37)のようには使えない。しかし、(7-38)のようになら使える。

　　　（7-37）　？鳥を聞いた。

　　　（7-38）　鳥のさえずりを聞いた。

このように、動詞「聞く」は「声」とか「さえずり」といったような言葉を挟
まないと使えない。

　私は動詞「楽しむ」はあまり使わない。しかし、使うとしたら、「見る」のようにではなく、「聞く」のように使う。

　しかし、新聞記事などを見ると、「楽しむ」を、「聞く」のようにではなく、「見る」のように使っている例がある。

　1番目の例は下記である。

（7-39）　？約6万株を栽培している中富良野町の農園「ファーム富田」では、大勢の観光客が訪れ、園内の小高い丘に紫色のじゅうたんのように広がるラベンダー畑を楽しんでいた。

（7-40）　…ラベンダー畑の眺めを楽しんでいたようだ。

（7-39）は2018年7月21日のYOMIURI ONLINEで見た。私なら（7-40）あるいは類似の言い方をする。即ち、「眺め」あるいは「景観」または似た語を挟む。（（7-39）では観光客の気持について断言している。（7-40）では「ようだ」を加えておいた。）

　2番目の例は下記である。

（7-41）　？春らしい陽気の中、訪れた人たちは華やかな桜並木を楽しんでいた。

（7-42）　…桜並木の眺めを楽しんでいたようだ。

（7-41）は2018年3月31日のYOMIURI ONLINEで見た。東京の上野公園の様子である。私なら（7-42）あるいは似た言い方をする。「眺めを」と「ようだ」を加えておいた。

　以上、まとめると、私の日本語では、「楽しむ」は「見る」のようにではなく、「聞く」のように使う。何か、語を挟む。例えば、「眺め」である。しかし、新聞記事などを見ると、「楽しむ」を「聞く」のようにではなく、「見る」のように使っている例がある。何かの語を挟まないで使っている。「楽しむ」が「聞く」型から「見る」型に移っているのかもしれない。この点でも「楽しむ」の用法に変化が起こっているのかもしれない。

## 7.6　「楽しむ」の変化：その3

　「楽しむ」の例の中には、楽しまないのに「楽しむ」を使った例がある。楽しむかどうかは関係無いのに「楽しむ」を使った例もある。「楽しむ」を使っ

たために、誤解を招く例もある。「楽しむ」の意味が分からない例もある。「楽しむ」を使ってはいけない場合に使った例もある。このように、楽しむという意味が無い例が多数ある。まさに「楽しむ」の乱用である。以下に例を挙げる。

1 番目の例は(7-43)である。
　(7-43)　？火星は10月まで楽しめます。
　(7-44)　　火星大接近の様子は10月まで見られます。
2003年に火星が大接近した。8月か9月頃に、NHKの番組で有働由美子アナウンサーが(7-43)を言った。私は「え！」と思った。火星を楽しむって何？考えてみると、(7-44)のようなことを言いたかったのであろう。(7-43)は動詞「楽しむ」の用法に、私から見て、おかしな用法があると気づくきっかけとなった例の一つである。

2 番目の例は下記である。
　(7-45)　？インターネットを楽しむには、…が必要です。
　(7-46)　　インターネットを使うには、…が必要です。
2000年か2005年頃、東京大学に勤務していた時のことである。ある日、生協のパソコン売り場に行った。そこにあったビラかポスターに(7-45)が書いてあった。私はインターネットを楽しむには特別なものが必要かと思った。店員に下記の趣旨のことを言った。「私はインターネットを楽しまない。仕事のために、いやいやながら使う。この場合に必要なものは何？」店員の答えを聞いて見て分かった。インターネットを楽しんでも、楽しまなくても、使うのに必要なものは同じである。私の考えでは、こういう場合に「楽しむ」を使ってはいけない。誤解を招く。例えば(7-46)のように言えば良い。

3 番目の例は下記である。
　(7-47)　？道無き荒野でドライブを楽しんだ後、行方不明になりました。
　(7-48)　　道無き荒野でドライブをした後…
これも2000年頃のことだったと思う。日本人の男子学生二人が豪州西北部で、多分、西オーストラリア州北部で、道無き荒野に車で入って行き、行方不明になったというニュースをテレビで見た。その時、アナウンサーが(7-47)か、そのような文を言った。私は(7-47)を聞いた時、「そんなことは無

い」と思った。私は1975年から2006年まで、西オーストラリア州北部などでJaru ジャル語など、現地の言葉を調査した。（その調査の結果の一つはTsunoda（1981）である。ジャル語の記述である。）この地域では道路から外れた所に行く時は普通の自動車では危ない。四輪駆動の自動車を使う。私も四輪駆動の自動車を使った。しかし、道無き荒野を行く時は、四輪駆動の自動車を使っても大変困難である。とてもドライブを楽しむという状況ではない。私は、この二人の日本人学生も、とてもドライブを楽しむという状況ではなかったと思う。現に行方不明になってしまった。私の現地での経験から判断して、(7-47)は報道の正確さに欠ける。私の考えでは、こういう場合に「楽しむ」を使ってはいけない。(7-48)のように言えば良い。

　4番目の例は下記である。
　　(7-49)　？ここまでは（スポンサー会社の名前）の提供でお送りしました。引き続きお楽しみください。
　　(7-50)　　…。引き続きご覧ください。
(7-49)は2018年8月26日に、テレビ東京の、池上彰という人が司会する「独占スクープ！池上彰 VS オウム6人の証言者」という番組で、途中のコマーシャルの時に、女性のアナウンサーが言った。私は(7-49)を聞いて呆れた。こういう番組を楽しむ人はいるのだろうか？　私はこの番組を真剣に見ていた。しかし、楽しんではいなかった。この場合に「楽しむ」を使ってはいけない。(7-50)のように言えば良い。

　5番目の例は下記である。
　　(7-51)　？17%の人がプレミアムフライデーを楽しみました。
(7-51)は2017年4月1日に、多分、NHKの「ニュースの深読み」という番組で聞いた。政府がプレミアムフライデーという運動を進めた。簡単に言えば、金曜日には羽を伸ばして、消費を増やしてくださいという運動である。この番組で、プレミアムフライデーについて行ったアンケートした結果を報道した。私は思った。では、プレミアムフライデーを実施したが、楽しまなかった人は何パーセントだったのだろうか？　以下の通りに分類して、結果を報道して欲しかった。
　　（a）プレミアムフライデーを実施しなかった人は何パーセント？

　　（b）プレミアムフライデーを実施した人は何パーセント？
　　　　（b-1）その中で、楽しんだ人は何パーセント？
　　　　（b-2）その中で、楽しまなかった人は何パーセント？
（7-51）の報道では不十分である。


　6番目の例は下記である。
　　（7-52）　？民主党の大畠章宏幹事長は11日、豪雨被害の視察に訪れた盛
　　　　　　　岡市で、10日にゴルフを楽しんだ安倍晋三首相を批判した。
　　（7-53）　…ゴルフをした…
（7-52）は2013年8月12日の日本経済新聞（インターネット版）で見た記事に
あった。大畠章宏幹事長は安倍首相がゴルフをしたことを批判した。実は、安
倍首相がゴルフを楽しんだかどうかは問題ではない。たとえ安倍首相がゴルフ
を楽しまなかったとしても、大畠章宏幹事長は批判したと思う。「ゴルフをし
ても、楽しまなければいいんでしょう」という反論もありうる。こういう場合
は「楽しむ」を使うべきではない。（7-53）のように言えば良い。


　7番目の例は下記である。2020年11月現在で、コロナウィルスが世界各地
で、そして日本でも、猛威を振るっている。外出自粛、旅行自粛、集会自粛、
バーベキュー自粛など、数多くの自粛要請があった。自粛要請を無視する不届
き者がいるという報道があった。この中には「楽しむ」を乱用した記事が多数
あった。しかし、「楽しむ」を使わない記事もあった。後者はまともな報道で
ある。
　まず、まともな報道の例を挙げる。
　　（7-54）　…、外出の自粛が呼びかけられている中、豊平川の河川敷では
　　　　　　　集まってバーベキューをする人たちが見られました。
　　（7-55）　…少なくとも5組がバーベキューをしています。
（7-54）と（7-55）は2020年5月3日の北海道放送のサイトの記事（Yahoo!
JAPANに転載）で見た。札幌市の豊平川の河川敷での状況についての報道であ
る。「楽しむ」を使っていない。
　次の例は下記である。
　　（7-56）　…バーベキューをする人たち…
　　（7-57）　…バーベキューをする人…

（7-58）　…バーベキューや宴会を実施した。

（7-59）　…バーベキューをしている人…

（7-60）　…バーベキューをしていたが、…

（7-56）から（7-60）は 2020 年 5 月 6 日の毎日新聞（インターネット版）で見た。これも札幌市の豊平川の河川敷での状況についての報道である。「楽しむ」を 1 回も使っていない。

　次の例は以下の三つの例である。ある女性感染者（同一人物）に関する記事である。ここでも「楽しむ」を使っていない。

（7-61）　…バーベキューをしていた友人…

（7-62）　…バーベキューなどをした。

（7-63）　…バーベキューを行う…

（7-61）は 2020 年 5 月 3 日の毎日新聞（インターネット版）で見た。（7-62）は 2020 年 5 月 5 日の毎日新聞（インターネット版）で見た。（7-63）は 2020 年 5 月 4 日のデイリースポーツ（インターネット版）の記事で見た。

　以上、「楽しむ」を使わない記事を挙げた。全部で五つ見つけた。まともな報道である。

　次に「楽しむ」を使った記事を挙げる。「楽しむ」を使わない記事を使わない記事より遥かに多い。約 12 あった。即ち、約 2 倍である。例を四つ挙げる。初めの例は下記である。

（7-64）　？…、市が期間中に禁じたバーベキューなどを楽しむ姿が見られた。

（7-64）は 2020 年 5 月 10 日の神戸新聞（インターネット版）で見た。兵庫県三田市にある公園の状況を報じている。

　次の例は下記である。

（7-65）　？新型コロナウィルスの影響で禁止された潮干狩りを楽しむ観光客が後を絶たない…

（7-65）は 2020 年 4 月 27 日に讀賣新聞（電子版）で見た。福岡県行橋市の海岸の状況である。

　次の例は下記である。

（7-66）　？…、新型コロナウィルスの感染拡大に伴い、全国に緊急事態宣言が発令される中、大型連休中に神奈川県の多摩川河川敷で約 50 人がバーベキューを楽しむ様子について報じた。

(7-66)は2020年5月4日のスポーツ報知の記事(Yahoo! JAPAN に転載)で見た。

次の例は下記である。

(7-67)　　?新型コロナウィルス対策で外出自粛が求められるGWだが、茨城県内の海岸には、サーフィンや潮干狩りを楽しむ人が後を絶たない。

(7-67)は2020年5月1日に朝日新聞社（電子版）で見た。

　(7-54)から(7-63)までは「楽しむ」を使っていない。まともな報道である。一方、(7-64)から(7-67)までは「楽しむ」使っている。例は他にもある。私は(7-64)から(7-67)と、他の例でここに挙げなかった例を見て思った。自粛期間中にバーベキューをしても良いし、潮干狩りをしても良いし、サーフィンをしても良いのだなと。楽しまなければ良いのだなと。楽しまなければ、バーベキューをしても、潮干狩りをしても、サーフィンをしても良いのだなと。しかし、実際には、たとえ楽しまなくても、バーベキューをしたら、あるいは、潮干狩りをしたら、あるいは、サーフィンをしたら、批判されたのであろう。このような状況の報道では「楽しむ」という言葉は使ってはいけないのである。私から見ると「楽しむ」の乱用である。

　このような「楽しむ」の用法について、或る人と話した。この方は、このような「楽しむ」の用法は付加価値を付けると言った。私の推測であるが、このような「楽しむ」の用法はおしゃれだと言っているのかもしれない。第2章で、私なら使わないラレル受動文を使う心理を推測した時に、ラレル受動文はおしゃれだと思っている人がいる可能性を2.5.3で述べた。「楽しむ」はおしゃれだと思っている人がいる可能性があるという点で、共通点がある。

　最後に、日本語の将来を示すような例を見つけたので、述べておく。第1章でラレル受動文を見た時に、私の日本語では使わないところで、ラレル受動文を使う例が多数あることを見た。7.4と7.5で、「楽しむ」について、私の日本語では使わないところで、「楽しむ」を使う例があることを見た。更に、驚いたことに、私なら使わないラレル動詞と私なら使わない「楽しむ」が一緒に出てくる例を見つけた。

(7-68)　　…がバーベキューの定番として、楽しまれる。

(7-68)は2016年12月31日にテレビ朝日の番組で聞いた。「楽しまれる」を

使っている。「…」の部分は正確にメモできなかった。アヒーシャというような食べ物の名前だったと思う。私から見ると(7-68)は日本語ではない。奇妙な表現である。しかし、将来の日本語ではこれは普通の言い方になるかもしれない。

## 7.7 第7章、「楽しむ」のまとめ

現代日本語で起こっている意味の変化の例として「楽しむ」に起こっている変化を見た。「楽しむ」に三つの変化が起こっているようだ。この変化は文法にも関係ある。人称である。

変化1. 日本語の動詞や形容詞には、主語の人称あるいは数による活用は無い。しかし、「嬉しい」、「楽しい」などの形容詞や動詞「楽しむ」には人称による使い分けがある。日本語は、気持ちは、本人しか分からない、他の人の気持ちは、聞いて見るか、推測するしかないということを繊細に表す言語である。

しかし、今、この繊細な使い分けが消滅し始めたかもしれない。新聞記事やインターネット記事を見た「楽しむ」の例では、この繊細な用法が消え始めているようだ。この変化には以下の点がある。

（a）他の人の気持ちについて、推測しないで、断定する。

（b）人称による使い分けをしない。

その結果、報道としては正確さに欠ける例もある。

変化2. 私の日本語では、「楽しむ」の使い方は「見る」型ではなく、「聞く」型である。新聞記事などで見る例で判断すると、「楽しむ」は今「見る」型に移行しているかもしれない。

変化3.「楽しむ」の例には、楽しむという意味が無い例が多数ある。「楽しむ」の意味が変化しているのであろう。「見る」、「使う」、「する」または「行う」と同じ意味で用いているようだ。「楽しむ」がおしゃれだと思っているのかもしれない。この点で、或る種のラレル受動文と同じかもしれない。

このように、「楽しむ」に今、三つの意味の変化が起こっているようだ。意味の点だけでも、三つの変化が同時の起こっているらしいことは興味深い。

更に、私なら使わないラレル動詞と私なら使わない「楽しむ」が一緒に出てくる例があった。「楽しまれる」である。将来の日本語の姿を示しているかも

しれない。

　「楽しむ」は現代の日本語で、私が最も注目している語の一つである。その
ために、一つの章を設定して、詳しく見た。(「失われる」にも注目している。
第3章の3.7.4で詳しく見た。)

# 第 8 章　本書のまとめ

　[1] 本書では現代の日本語で起こっている変化を見た。ただ表面を撫でるように述べるのではなく、できるだけ、表面の下にあるものを探るように努めた。

　よく「言葉の乱れ」ということを聞く。敬語の誤用や、ら抜きことばといった事柄である。文化庁もこういうことに関して調査を行っている。しかし、私から見て、不思議なことがある。例えば、以下のラレル受動文である。

　（1 - 12）　？熊がやむを得ず射殺されました。
　（1 - 14）　？魚が一生懸命運ばれています。
　（1 - 16）　？誤って発射されたミサイルは….

もし、言葉の乱れをと言うのだったら、これらの文こそ言葉の乱れではないか？　なぜ、このような文を言葉の乱れとしないのか？　文化庁もこういう文については調査しないようだ。これらの文について語るには、表面を撫でるだけでは不十分だ。表面の下にあるものを見ないと語れない。本書は表面の下にあるものを探ることを目指した。

　[2] 第 1 章から第 3 章でラレル受動文を、第 4 章でテアル受動文を、第 5 章と第 6 章でサセル使役文を見た。これらの章では文法における変化を見た。現代の日本語では、文法の面だけでなく、意味の面でも変化が多数起こっている。第 7 章で動詞「楽しむ」に起こっている意味の変化を見た。

　ラレル受動文の使用頻度が上昇し、使用範囲も拡大している。私の日本語では使わないところでラレル受動文を使った例が多数ある。これらのことに伴い、様々な変化が起こっている。その変化の一つは、ラレル受動文がテアル受動文を駆逐して、テアル受動文が絶滅危惧種になっていることである。

　サセル使役文も使用頻度が上昇し、使用範囲も拡大している。私の日本語では使わないところでサセル動詞を使った例が多数ある。これらのことに伴い、様々な変化が起こっている。

　「られる」が受動の意味を持たず、ただの飾りになっている場合がある。一方、「させる」が使役の意味を持たず、サセル動詞を他動詞相当として用いる

場合がある。

　「楽しむ」に、意味の面で三つの変化が起こっているようだ。意味の点だけ
でも、三つの変化が同時の起こっているらしいことは興味深い。「楽しむ」は
現代の日本語で、私が最も注目している語の一つである。（「失われる」にも注
目している。第3章の3.7.4で詳しく見た。）


　　［3］本書で、私から見て間違いである例を多数挙げた。原稿に基づかない
で、その場で言ったものには言い間違いがあるかもしれない。しかし、新聞記
事やテレビのニュース番組の原稿にある例は書き間違いではない。そういう日
本語を使う人がいるのである。例えば、3.8.1で述べたように、NHKの元アナ
ウンサーの方と（1-12）の文について話したことがある。

　　　（1-12）　？熊がやむを得ず射殺されました。

（1-12）はNHKの夜7時のニュースで聞いた。この元アナウンサーの方は
ニュース番組の原稿について以下の通り教えてくださった。「記者が原稿を書
く。ニュースデスクが原稿を見る。アナウンサーが原稿を見る。」従って、（1
-12）は書き間違いではない。3人が確認しているのである。

　ちなみに、NHKの日本語は日本語のお手本であると思っている人がいるよ
うだ。私は大学の授業で、（1-12）の文について話して、NHKの日本語はお
手本にならないと言った。学生は驚いた。しかし、納得した。


　　［4］本書の題は『日本語の地殻変動』である。やや大袈裟な題である。本当
に地殻変動が起こっているのか？　比喩的に言えば、地殻変動、あるいは、地
殻変動とまでは言わないものの、それに似た現象が起こっている。二つある。

　現象1.　3.2で見たように、連体修飾において、能動文で直接目的語を修飾
しないで、ラレル受動文にして、ラレル受動文の主語を修飾する例が増えてい
る。比喩的に言えば、日本語の連体修飾節はフィリピン海プレートに乗って南
下し、フィリピンを通り過ぎて、マダガスカルに達する方向に向かっている。

　現象2.　4.4で見たように、ラレル受動文がテアル受動文を駆逐して、テア
ル受動文が絶滅危惧種になっている。島と火山に例えると、ラレル受動文の島
が噴火活動で大きくなり、その溶岩でテアル受動文の島を飲み込んでいる。


　日本語は今後も変化し続けるであろう。どのような変化が起こるか、興味深い。

# 参照文献

奥津敬一郎. 1982. 何故受身か？——＜視点＞からのケース・スタディー——. 『国語学』132: 65–80.

金水　敏. 1991. 受動文の歴史についての一考察. 『国語学』164: 1–14.

柴谷方良. 1978. 『日本語の分析』. 東京：大修館書店.

高橋太郎. 1985. 現代日本語のヴォイスについて. 『日本語学』4巻4号：4–23.

高橋太郎. 2003. 『動詞九章』. 東京：ひつじ書房.

角田太作. 2003. 変な受動文：「熊がやむを得ず射殺されました。」. 田島毓堂・丹羽一弥(編)『名古屋・ことばのつどい、言語科学論集』35–42. 名古屋大学大学院文学研究科.

角田太作. 2004. 日本語の連体修飾節：フィリピンを通り過ぎてマダガスカルに達する？. 影山太郎・岸本秀樹(編)『日本語の分析と言語類型：柴谷方良教授還暦記念論集』555–571. 東京：くろしお出版.

角田太作. 2009. 『世界の言語と日本語(改訂版)』東京：くろしお出版.

仁田義雄. 1991. ヴォイス的表現と自己制御性. 仁田義雄(編)『日本語のヴォイスと他動性』31-57. 東京：くろしお出版.

村木新次郎. 1991. 『日本語動詞の諸相』. 東京：ひつじ書房.

村田美穂子. 2005. 『文法の時間』. 東京：至文堂.

Bloch, Bernard. 1946. Studies in Colloquial Japanese I Inflection. *Journal of the American Oriental Society* Vol. 66, No. 2: 97–109.

Jespersen, Otto. 1924. *The philosophy of grammar*. London: George Allen & Unwin.

Keenan, Edward L. 1985. Passive in the world's languages. Timothy Shopen (ed.), *Language typology and syntactic description*, Vol. 1, Clause structure, 243–281. Cambridge: Cambridge University Press.

Keenan, Edward L. & Bernard Comrie. 1977. Noun phrase accessibility and universal grammar. *Linguistic Inquiry* Vol. 8, No.1: 63–99.

Shibatani, Masayoshi. 1976. The grammar of causative constructions: A conspectus. In Masayoshi Shibatani (ed.), *The grammar of causative constructions*, 1–40. New York: Academic Press.

Shibatani, Masayoshi. 1985. Passives and related constructions: A prototype analysis. *Language* Vol. 61, No. 4: 821–848.

Tsunoda, Tasaku. 1981. *The Djaru language of Kimberley, Western Australia.* Canberra: Pacific Linguistics.

Tsunoda, Tasaku. 2005. *Language endangerment and language revitalization.* Berlin & New York: Mouton de Gruyter.

Tsunoda, Tasaku. 2008. Predicting a future change: Relative clauses of Japanese. In Elisabeth Verhoeven, Stavros Skopeteas, Yong-Min Shin, Yoko Nishina & Johannes Helmbrecht (eds.), *Studies on grammaticalization*, 209–216. Berlin & New York: Mouton de Gruyter.

Tsunoda, Tasaku. 2011. *A grammar of Warrongo*. Berlin & New York: De Gruyter Mouton.

# 索　引

## わ

和語　*22, 55–56, 127, 185–186, 189, 226.*

## 言語索引

英語 English　*1–2, 39–40, 59, 62, 84, 88,*
*93–94, 109, 127, 130–132, 153–155, 190,*
*195, 203, 217, 241, 249–250.*
ジャル語 Djaru, Jaru　*257.*
タガログ語 Tagalog　*92, 150.*
ドイツ語 German　*249.*

フランス語 French　*249*
マラガシ語 Malagasy　*92, 150.*
ロシア語 Russian　*249.*
ワロゴ語 Warrongo　*241.*

## 人名索引

イェスペルセン、オットー Jespersen, Otto
*39, 154–155.*
大坪一夫（おおつぼ・かずお）*156.*
奥津敬一郎（おくつ・けいいちろう）*1–3,*
*18, 39, 60–61, 125, 127–128, 135–138,*
*154–155, 157.*
金子尚一（かねこ・ひさかず）*ix, 5.*
キーナン、エドワード Keenan, Edward L.
*92, 155–157, 166, 168.*
金水敏（きんすい・さとし）*2.*
柴谷方良（しばたに・まさよし）Shibatani,
Masayoshi *155–157, 166, 172, 174,*
*179–180, 203–204, 220–221, 225, 228–*
*229, 231, 234–235, 238–240, 243.*
コムリー、バーナード Comrie, Bernard　*92.*
杉浦滋子（すぎうら・しげこ）*x, 199.*
鈴木泰（すずき・たい）*x.*
高橋太郎（たかはし・たろう）　*1–2,*
*124–125, 127–128, 135–138, 154–158,*
*179–180, 196, 204, 220–221, 225, 229,*
*239–240, 243, 247.*
角田太作（つのだ・たさく）Tsunoda,

Tasaku　*ix, 87, 93, 96, 124, 158, 173,*
*184, 241, 257.*
角田三枝（つのだ・みえ）*x, 26, 40.*
仁田義雄（にった・よしお）*124.*
ブロック、バーナード Bloch, Bernard　*172.*
村木新次郎（むらき・しんじろう）*126–127.*
村田美穂子（むらた・みほこ）*125, 127–129,*
*135–138, 154–155, 157, 222.*

## 角田太作 （つのだ たさく）

1946年群馬県生まれ。東京大学文学部卒業。Monash University
大学院修士課程卒業（MA 取得）、同博士課程卒業（PhD 取得）。
言語学専攻。主な研究分野は(i)オーストラリア原住民語学、(ii)
言語類型論、(iii)言語消滅危機と言語再活性化。Griffith University、
名古屋大学、筑波大学、東京大学、国立国語研究所を経て、国
立国語研究所名誉教授。
著書に *The Djaru language of Kimberley, Western Australia*
（Canberra: Pacific Linguistics 1981）、『世界の言語と日本語』
（くろしお出版、1991／改訂版 2009）、*Language endangerment
and language revitalization*（Berlin and New York: Mouton de
Gruyter 2005）、*A grammar of Warrongo*（Berlin and New
York: De Gruyter Mouton 2011）などがある。

日本語の地殻変動 ——ラレル・テアル・サセルの文法変化——

初版第 1 刷 ————2021年 9 月30日

著　者　————角田 太作

発行人 ————岡野秀夫
発行所 ————————株式会社くろしお出版
　　　　　　　　〒102-0084　東京都千代田区二番町 4 − 3
　　　　　　　　［電話］03-6261-2867　［WEB］www. 9640. jp

印刷・製本　藤原印刷株式会社　装　丁　折原カズヒロ